越文化研究丛书编委会

浙江省哲学社会科学规划课题成果

越文化研究丛书

王建华　主编

YUEDI JINGJI

WENHUA LUN

越地经济文化论

刘孟达　章　融　著

人民出版社

责任编辑:陈来胜
装帧设计:吕 龙
版式设计:王 舒

图书在版编目(CIP)数据

越地经济文化论/齐孟达 章融 著.
-北京:人民出版社,2011.4
(越文化通论)
ISBN 978-7-01-009559-2

Ⅰ.①越… Ⅱ.①刘…②章… Ⅲ.①经济思想史-研究-浙江省
Ⅳ.①F092

中国版本图书馆 CIP 数据核字(2010)第 257844 号

越地经济文化论
YUEDI JINGJI WENHUA LUN

刘孟达 章 融 著

人民出版社 出版发行
(100706 北京朝阳门内大街 166 号)

北京新魏印刷厂印刷 新华书店经销

2011 年 4 月第 1 版 2011 年 4 月北京第 1 次印刷
开本:710 毫米×1000 毫米 1/16 印张:16.5
字数:249 千字 印数:0,001-3,000 册

ISBN 978-7-01-009559-2 定价:34.00 元

邮购地址 100706 北京朝阳门内大街 166 号
人民东方图书销售中心 电话 (010)65250042 65289539

前　言

王建华

中国是一个幅员辽阔的国家。中华民族在其长期奋斗的过程中,既形成了大一统的中华文化,又形成了主要因地域差异所造成的地域文化。

谈地域文化,必须做三个区分:文化核心区、文化基本区、文化边界区。文化核心区是文化发源地,也是此文化最为集中的区域;文化基本区是此文化相对比较稳定的区域;文化边界区是此文化影响曾达到过但比较弱的区域。

文化核心区当然是最重要的,因此,首先要做的,是确定文化核心区。我们现在说的地域文化,其名多取自周代的诸侯国,这些诸侯国早在秦统一中国时就陆续消亡了,因此,这种国名实际上只是一个历史名词。显然,楚文化、越文化、吴文化都不等于楚国的文化、越国的文化、吴国的文化。不过,也毋庸置疑,以周代诸侯国取名的地域文化与原诸侯国有一种内在的联系。这种联系是十分重要的,从某种意义上讲,原诸侯国所创造的文化是该地域文化之源。因此,一般将古诸侯国的疆域划定为该地域文化的核心区。

问题是,古诸侯国的疆域是变化的,越国在灭吴称霸后,不仅据有现在的浙江全境,还拥有江苏、江西、安徽、山东之一部,其都城也一度北移至山东境内。显然,根据越国强盛时的疆域来划定越文化的核心区是不妥当的。

就越文化的实际来看,我们认为,将越文化的核心区划在以绍兴为中心的方圆一百公里左右的地区是比较妥当的。这块地区,亦称"越中"。绍兴,原名会稽,大禹时立的名,秦统一中国后,设会稽为郡,唐改会稽郡为越州,南宋绍兴元年,高宗南渡,驻跸龙山,命改州为府,冠以年号,即为绍兴。元、明、清三代均称绍兴(路、府)。关于绍兴府的范围,在清代,"属邑八:山阴、会稽、萧山、诸暨、余姚、上虞、嵊、新昌。东至宁波府慈溪县界,西至杭州府钱塘县界,南至金华府义乌县界,北至大海,东南至台州府天台县界,西南至杭州府富阳县界,西北至杭州府钱塘县界,东北至宁波府慈溪县界。濒海之邑凡五:山阴、会稽、萧山、余姚、上虞是也;濒浙江之邑一,萧山是也"①。

越文化的基本区是古越国领土比较稳定的区域,大致相当于今浙江省。浙江省因浙江(今名钱塘江)而得名。古越国的许多重要的历史事件都发生在浙江流域。《越绝书》载:"越王句践与吴战于浙江之上。"②又说,越王句践兵败后与大夫文种、范蠡去吴宫为奴,"群臣皆送至浙江之上"③。又据《史记·越王句践世家》说:"楚威王兴后而伐之,大败越,杀王无疆,尽取故吴地至浙江。"

越文化的边界区是越文化基本区周围的地区,它曾属于古越国的版图,也曾属于其他诸侯国的版图。值得指出的是,文化中的区域概念与行政中的区域概念是不同的,前者只是大致上的,其边界是交融的,模糊的;而后者是明确的,其边界则是清楚的。因此,即使我们将越文化的核心区确定在今绍兴地区,越文化的基本区确定在今浙江省地区,也不能将两者等同起来。

越文化的历史可追溯到大禹。据《史记·夏本纪》:"禹会诸侯江南,计

---

① 吴悔堂:《越中杂识·越中图识》。
② 袁康、吴平:《越绝书·勾践入臣外传第七》。
③ 《越绝书·勾践入臣外传第七》。

功而崩,因葬焉,命曰会稽。"大禹死后传位子启,夏朝开始。据史载:"启使使以岁时春秋而祭禹于越,立宗庙于南山之上。"①此是越的开始。不过,此时的越,虽有了大禹的宗庙,尚只是地,不是国,据《吴越春秋》:"禹以下六世而得帝少康。少康恐禹祭之绝祀,乃封其庶子于越,号曰无余。"②少康封无余于越,意味着越有了自己的地方政权。无余是越国的第一位君主。无余传世十多代后,因"末君微劣,不能自立,转从众庶为编户之民,禹祀断绝"③。十几年后,有奇人出,自称是无余之后,指着天空,向着禹墓,说着鸟语,立志要"复禹墓之祀,为民请福于天,以通鬼神之道"④。顿时,凤凰翔集,万民喜悦。大禹之祭恢复,越国开始强大。

大禹是中国古代全民族共同尊崇的帝王,是中国第一个国家政权——夏朝的实际奠基人。越文化源于禹,说明越文化不只是组成中华民族文化的诸多地域文化之一支,而且是中华民族主流文化的直接继承者。

在地域文化中,越文化是有着鲜明特色的,比如名士辈出,清人吴悔堂《越中杂识·越中图识》用了八个字概括越文化的特点:"风景常新,英贤辈出。"关于"英贤",吴悔堂《越中杂识序》说:"守斯土者,皆辅相之才;生斯土者,多菁华之彦。"毛泽东有诗咏越,诗云:"鉴湖越台名士乡,忧忡为国痛断肠。剑南歌接秋风吟,一例氤氲入诗囊。"虽然中国大地到处都出人才,但人才出得多、档次高、历代不中断,形成一种名士文化现象的,大概只有越了。

又如文武兼融。从越文化源头古越国历史事迹看,它是尚武的,后人概括其精神为胆剑精神,胆剑精神之剑,意味着勇猛进击。这种尚武的精神,发展为革命的精神,在近代反清革命中表现得鲜明突出。虽然越文化中有尚武的一面,但是越文化更多地表现出来的却是重文,此地出的文人多,在儒学、佛学、玄学、文学、艺术等方面,创造出辉煌的业绩。

再比如道器并重。道学代表人物明有王阳明、刘宗周、黄宗羲承前启后,脉系分明;实学是道学之外别一种学术⑤,此派重经世致用,古越有范

① 赵晔:《吴越春秋·越王无余外传》。
② 同上。
③ 同上。
④ 同上。
⑤ 冯友兰先生在《中国哲学史新编》(人民出版社1999年版)中将陈亮与叶适说成是"道学外的思想家",见该书第56章。

蠡、文种、计倪,重农倡商,开其先河,南宋有陈亮、叶适开宗创派。从而充分见出越文化道器并重的特色。

研究越文化,最早始于东汉,代表性事件是袁康、吴平整理《越绝书》。《越绝书》是越人在越世系断绝以后虑越史之绝而撰写的一部地方史书,袁康、吴平整理此书,增加了当时流传的于越故事,补充了先秦以后的资料,所以他们的工作属于早期的越文化研究。从袁、吴的工作联系到东汉初期,这实在是越人流散以后越文化研究的发端时期,也是一个很有成就的时期。从现存的成果来看,除《越绝书》之外,还有《吴越春秋》和《论衡》两种。从保存越文化资料的价值来看,《越绝书》无疑是首要的,但《吴越春秋》和《论衡》的价值也都远远超过先秦人的著作。① 其后,这种研究没有间断过,但没有出现标志性的成果。

越文化研究的跃进是从上世纪二三十年代发轫的,当时出现了一批思想活跃、见识宽广、根底扎实、治学勤奋的史学家,他们既深入钻研古代有关越人的大量文献,又细致地鉴别分析这些文献,先后提出了不少前无古人的科学创见。如顾颉刚、罗香林、卫聚贤、蒙文通、杨向奎诸氏,都发表过关于越文化的不同于前人见解的论文。80 年代以来,越文化研究有了很大的发展,研究队伍空前扩大,研究成果,包括专著和论文,大量涌现。同时借助于考古的发现,多学科交叉综合的研究也大量出现,获得了大量的成果。

一如越文化是一条绵延不息的历史长河,有关越文化的研究也是个没有尽头的学术之路。

我们认为,今后越文化研究需注意以下三点:一、历史研究与现实问题研究的结合,越文化是历史形态,但其发展则为现实形态。对越文化,我们不能只做历史的研究,也应做现实问题的研究,并且将这两者很好地结合起来,要注重从越文化的历史形态中发掘出更多的对当代有价值的启示。二、单项研究与整体研究的结合。在单项研究上,我们过去做得比较地多,整体研究相对较弱。三、多角度地研究。文化,本就是人类物质文明精神文明的总和,涉及人类生活的方方面面。文化研究应是多角度的,目前我们的越文化研究,角度还不够丰富。

---

① 参见陈桥驿:《越文化研究的回顾和展望》,《杭州师范学院学报》2004 年第 2 期。

本丛书名为"越文化通论",就是试图在以上三个问题上做一些新的探索。

本通论将遵循马克思主义的历史与逻辑相结合的原则,以历史唯物主义和辩证唯物主义为根本方法,建立文化地理学和文化生态学的理论框架,综合利用考古学、人类学、民俗学、历史学、社会学等各种方法,从纵横两个角度全面揭示越文化的历史演变真相和丰富内涵,并从形而下走向形而上,分析越文化的基本精神,论述越文化和整个中国文化的关系,指明越文化精华对当代中国先进文化建设的特殊价值。

作为一项综合性的研究成果,这套论著要在各卷次的专题探讨上保持前沿性,体现独特性,拓展越文化的研究领域,争取在越文化研究的方法论问题、越文化的发展演变、越文化在中国文化中的地位、越地特有的经济思想和行为模式、越文化在意识形态领域的精神特征、越地学术思想与学术流派、越地文学艺术成就、越地方言和民俗等一系列方面有较大的收获,力图让此项研究成果成为越文化研究史上的一块基石,通过此次探索为今后越文化的研究找到新的起点。与此同时,本通论的研究成果也可以为其他地域文化的研究提供一种模式以及一些有益的经验,甚或进而为国家整体文化的发展提供某种启示。

由于选题的内容部分是有交叉的,难免有些重叠;又由于作者认识上的差异,每部书的观点和看法不一定全然一致。我想这样也许有它的好处,有兴趣的读者可以互相参校,生发出自己的看法。

越文化是一块沃土,我们希望,为了越文化研究的繁荣,为了学术事业的不断创新,有更多的朋友参与到我们的队伍中来。

越文化
通论

目 录
CONTENTS

越文化通论

目录

越文化通论

绪　　论

著名的德国社会学家马克斯·韦伯(Max Weber)认为,特定文化(新教)是培养资本主义精神,促进资本主义产生和现代经济发展的最重要的因素。[①] 在经济全球化的今天,经济与文化在本质上是一种共生共荣的关系,相互之间交融互动日益深刻。可以说,文化是经济发展的摇篮,今日之文化即是明日之经济。

经济是文化的基础和载体,文化是经济的主导和升华。从文化视角来解读区域经济的发展规律,以及从经济视角来探究区域文化的演进轨迹,是一个亟待思考的重要课题。本书将以此为切入口,在揭示越地经济发展史及其文化底蕴的同时,从文化层面来探究越地经济演进的内因与规律。

越地,也称内越、大越或于越,是我国古越先民重要的活动中心。关于越人的起源,古代文献汗牛充栋,学者们也有不同的观点。《逸周书·王会

---

① 参见马克斯·韦伯:《新教伦理与资本主义精神》,彭强、黄晓京译,陕西师范大学出版社 2002 年版,第 271 页。

解》记述周成王二十五年"大会诸侯于雒邑",于越上贡一种称为鲔的水产,孔晁注:"于越,越也。"战国时史官所编的《世本》云:"越,芈姓也,与楚同祖。"《国语·吴语》中韦昭在注中写道:"句践,祝融之后,允常之子,芈姓也。"《郑语》也同意"芈姓夔越"的说法。据此,于越人应与楚人同祖,为祝融之后。另一种观点是"越为禹后","越王句践,其先禹之苗裔,而夏后帝少康之庶子也。封于会稽,以奉守禹之祀。文身断发,披草莱而邑焉"①。对上述记载,学者持有不同看法。我国著名的史学家蒙文通先生在《越史丛考》中从文献、封地、文化特征等各方面驳斥了楚越同祖及楚越同族的说法。"越为禹后"的观点得到了顾颉刚、董楚平、何光岳等学者的支持,却受到了蒋炳钊、陈桥驿等学者的批评。不过,尽管人们对于越人的起源尚有争议,但他们的共识是:于越是百越民族中最古老的一支,是远古时期泛分布于中国南方地区的"百越"族的其中一支,也是文化最发达的一支。在近万年的繁衍生息的过程中,于越人用自己非凡的智慧、坚韧的毅力和超人的勇气,在古越大地留下了一串串深重而厚实的脚印,谱写了一曲曲可歌可泣的英雄乐章。越地素被誉为中国的"文明之邦"。

我们认为,区域经济文化史研究不能单纯依据行政区划,而应着力于地域的文化、社会、历史等特点及其发展的内在逻辑性与一致性,从其系统性(时间)、联系性(空间)、特殊性(比较)、影响性(发展)等着眼。越地,即古越先民生活和生产之地。对古越的活动范围,学术界或历代文献历来众说纷纭,未有定论。本书主要是指今浙江省宁绍平原、杭嘉湖平原和金衢部分丘陵地带,核心区域是宁绍平原,其中心在今绍兴市。早期,古越人的活动范围甚广,"句践之地,南至于句无〔今诸暨〕,北至于御儿〔今嘉兴〕,东至于鄞〔今宁波鄞州〕,西至于姑蔑〔今浙江衢县北〕,广运百里"②。但是,其中心地区在今绍兴山会平原一带似乎已是学界之定论。历经漫漫史前时期,于越人几度迁移,兴衰起落。迄今所发现的文化遗址已逾一百余处。经考古证实,在绍兴偏西约100公里之建德山地发现的距今约10万年的"建德人",可能是迄今为止所发现的于越人的最早祖先。在绍兴偏东约70公里之余姚所发掘出来的距今约7000—5000年的河姆渡遗址,可视为

---

① 《史记·越王句践世家》。
② 《吴越春秋》卷八《国语·越语上》。

于越文化之嚆矢。绍兴西南50公里之余杭所发掘的距今约5000年的良渚文化遗址,可能也是于越人的一个部族聚居中心。这些都是这个原始氏族文化的典型遗存。到公元前11世纪之末,《竹书纪年》中有周成王二十四年记载的"于越来宾",是于越人第一次见诸历史文献。这是该地区史前时期与历史时期的分界线,此后于越文化之辉煌,则是世所共知。

马克思说:"人们自己创造自己的历史,但是他们并不是随心所欲地创造,并不是在他们自己选定的条件下创造,而是在直接碰到的、既定的、从过去承继下来的条件下创造。"[①]自古以来,越地人杰地灵、钟灵毓秀、物华天宝,是我国古代越民族生生不息的繁衍之地。早在距今七八千年的新石器时代,勤劳勇敢的越民先祖为繁衍生息,就在这块土地上拒海潮,疏江河,披荆斩棘,开荒拓野,在极其艰难的环境中,力事农桑渔猎,图谋山水之利。在小黄山、河姆渡文化遗址发掘中,发现了大量陶器、骨器、石器以及稻谷、骨耜、木耜等,说明在七千多年前的于越先民不仅较大规模地从事种稻、养畜等农副业生产,而且开始进行制陶等手工业活动。嗣后,在境内马鞍仙人山和凤凰墩文化遗址中,出土的石犁、石斧等大量新石器时代遗物,也进一步证明,在距今四千年前,于越祖先们已从原始农猎生活,逐步向耜耕农业发展。越国时期,是越地历史发展上的第一个高峰。这一时期,越地手工业中的青铜、铁器冶炼业在稽北丘陵和城郊各处出现。越国的冶锡、冶铜技艺高超,已达到了当时的先进水平,尤以善铸青铜剑而驰名天下。越地种植业、养殖业及加工业日兴,境内酿酒、织布和陶瓷等技术日臻成熟。经商致富已成为越国的一个重要经济思想。计倪之《内经》,堪称我国最早之商品流通理论;而范蠡"泛舟五湖",三致千金,更被后人尊为"商圣"。商品经济的发展,为越地增添了无限的魅力。越国也由原来的荒蛮之地一跃成为富庶之邦,一度成为能北上参与中原战争的"春秋五霸"[②]之一。秦汉以降,绍兴逐步成为郡之政治经济中心,商品集散相应增加。其时,铸剑业、制镜业迅速发展,会稽成为全国铜镜铸造之主要产地。越窑青瓷也由此逐步完成从陶到瓷的过渡,日臻完美。汉代越布已成为贡品,养

---

① 马克思:《路易·波拿巴的雾月十八日》,《马克思恩格斯选集》第1卷,人民出版社1995年第2版,第585页。

② 在历史上,对"春秋五霸"有两种不同的说法:一说"五霸"是指齐桓公、宋襄公、晋文公、秦穆公和楚庄王;另一说"五霸"是指齐桓公、晋文公、楚庄王、吴王阖闾和越王句践。

蚕业、织绸业也具相当水平。魏晋南北朝时期,因北方战乱频发,政治经济重心逐步南移,越地经济发展开始渐入佳境。以鉴湖为中心的灌排系统形成后,出现了历史上所描述的"今之会稽,昔之关中"①的繁荣景象。盛唐时期,越州已成为全国丝绸和粮棉的主要产区之一。晚唐时,越窑青瓷还是对外贸易的重要商品,越瓷开始行销世界各国。宋元时期,越地经济发展进入了高涨期。绍兴开始跻身于全面最发达地区的行列,并一度成为南宋经济重心。同时,还出现了一批较繁华的城镇和农村集市。明清时期,越地农业生产得到进一步发展,成为典型的江南"鱼米之乡"。更值得一提的是,越地境内一些带有资本主义生产方式的手工工场相继出现,民间工艺水平更高。纺织、酿造、制茶、锡箔等已形成产业优势,有的产品驰名中外。与之相适应,商品市场、钱庄店铺及交通运输业也迅速发展起来。鸦片战争以后,近代中国饱受帝国主义的疯狂侵略和封建主义的残酷剥削,越地经济萧条、社会动荡、民不聊生。农业和手工业处于瘫痪的边缘。"鱼米之乡"而粮食难以自给;手工业仅存"三缸"(酒缸、酱缸、染缸),苟延残喘,产量剧降。倒是迷信用品制造业——锡箔业却得到畸形发展,被外界称为"锡半城",风靡全国。

美国著名经济管理学家彼得·德鲁克(Peter F. Drucker)指出:"今天,真正占主导地位的资源,以及绝对具有决定意义的生产要素,既不是资本,也不是土地和劳动,而是文化。"在经济发展的背后,蕴藏着丰富的文化内涵。任何文化的产生和发展都要以一定的经济基础为前提,而文化形成之后就会反作用于社会经济的发展,决定并影响着社会经济发展的选择模式、政策措施、运行方式以及发展速度和质量。越文化是古代越族及其后裔所创造的一切文明成果。越地经济对越文化具有奠基性,越文化对越地经济具有前瞻性,并在交互作用中向前发展。从越地经济文化发展的演进轨迹看,文化对越地经济发展的作用是极为显著的。越文化是在特定区域中经过长期的积累和演化形成的,具有很强的凝聚力和号召力。它有利于凝心聚力,直接促进区域经济发展。从越地经济发展中,我们不难看出,一种先进的制度文化对于区域经济的发展具有极强的刺激作用。归根到底,

① 据《晋书》卷七十七《诸葛恢传》,恢为会稽太守,晋元帝语恢曰:"今之会稽,昔之关中,足食足兵,在于良守。"

越地经济的演进过程,其实就是越文化观念引导和作用的体现,它的每一个环节、每一个层面都蕴涵着文化基因。

经济是人的经济,文化是人的文化,两者相生共长,内在地统一于人类及其社会活动之中。就历史演绎的价值取向来说,经济与文化既具有历史的品格,又具有现实的维度。人类社会的发展就是在不断总结前人经验的基础上前进,使社会发展的进程更加符合历史发展规律和人类美好的愿望。毛泽东强调指出:"在中华民族的开化史上,有素称发达的农业和手工业,有许多伟大的思想家、科学家、发明家、政治家、军事家、文学家和艺术家,有丰富的文化典籍。"①对这些文化精品进行总结、继承和发扬,至关重要。正如马克思所指出的:"辩证法在对现存事物的肯定的理解中同时包含对现存事物的否定的理解,即对现存事物的必然灭亡的理解;辩证法对每一种既成的形式都是从不断的运动中,因而也是从它的暂时性方面去理解;辩证法不崇拜任何东西,按其本质来说,它是批判的和革命的。"②同样,我们认为,研究越地经济文化,也应当遵循科学的辩证法则,推陈出新,在继承中创新,在创新中超越,从而永葆越地经济文化发展魅力。

① 毛泽东:《中国革命和中国共产党》,《毛泽东选集》第 2 卷,人民出版社 1991 年第 2 版,第 622 页。

② 马克思:《资本论·第二版跋》第 1 卷,人民出版社 2004 年第 2 版,第 22 页。

第一章　新石器时期越地经济的考古发现

　　探究古代越地经济,其切入点应当是新石器时代的考古发现。大约距今2万年到4000年,我国古人类进入新石器时代,其最主要特征是开始制造和使用磨制石器作为生产和生活工具、发明了陶器以及出现了农业和养畜业。在这期间,我国南方出现了河姆渡文化和良渚文化。考古学家认为,在原始部落定居时代,越地当属河姆渡文化圈。从考古发现,自古以来,越地人杰地灵,农业历史十分悠久。早在河姆渡文化时期,越地的水稻种植已初具规模。到5000年前的良渚文化时期,钱塘江两岸已出现犁耕和锄耕。近年,考古资料显示,在钱塘江南岸萧山湘湖跨湖桥附近的下孙遗址,发掘出距今8000—7000年前的釜、罐、盘和石磨等陶、石、骨、木器,也有柱洞等建筑遗迹。① 据浙江大学地球科学系柳志青教授考证,那时的人们已经掌握了弓钻取火技术。这比以往认为最早的古埃及和两河流域的弓钻早了两千多年。

　　河姆渡文化和良渚文化遗址,为研究当时的农业、建筑、纺织、艺术等

---

① 参见《都市快报》2003 年 6 月 6 日。

东方文明,提供了极其珍贵的实物佐证,也说明越地古代文明源远流长,特别在我国稻作文化长河中创造了绚丽多彩的历史。

一、河姆渡文化时期的越地经济

在远古时期,最主要的经济形态就是原始耜耕农业。它是在原始的自然条件下,采用简陋的石器、棍棒等生产工具,从事简单农事活动的农业,主要使用石器工具从事简单活动的农业。

(一)河姆渡遗址的文化底蕴

据农史学家和考古学家推测,我国原始农业的发明大约是在距今近1万年前,最早种植成功的谷物主要是粟、黍和水稻。我国山西的下川文化遗址曾发现2万年前的石磨盘,可能是我国原始农业的起源地之一。[①] 浙江余姚的河姆渡发掘出的6950多年前的稻谷堆积层是我国南方稻作农业文化的源头之一。

河姆渡文化是中国长江流域下游地区古老而多姿的新石器文化。浙江省余姚市的河姆渡,旧时属于绍兴府境内,古代曾是百越先民的聚居地之一。在距今7000年前,那里已大规模植稻、养畜、制陶。河姆渡第四文化层除发掘出400平方米的稻谷堆积层以外,还发现了大量的骨耜(由动物的肩胛骨制成)、木耜、鹿角嘴锄及收割用的木刀。这些都说明,远古时代的越族祖先河姆渡人,已在长江下游创造出灿烂的耜耕农业,成为举世瞩目的中国稻作文化乃至世界水稻栽培的早期发源地之一。这对于研究中国水稻栽培的起源及其在世界稻作农业史上的地位,具有重大意义。

河姆渡遗址是新中国成立以来最重要的考古发现之一。它的发掘,为我们展示了一幅古代于越人生活的画卷。考古学家通过1973年至1978年经两次大规模发掘,认定河姆渡文化遗址为新石器时代文化遗存,是迄今浙江境内最早的原始文化堆积层之一。遗址面积约4万平方米,由四个相叠压的文化堆积层构成。据北京大学碳14实验室测定:第一文化层距今

---

① 参见孔令平:《关于农耕起源的几个问题》,《农业考古》1986年第1期。

5500—5000 年,发掘展示,先民已居住木结构建筑,石锛是主要工具;陶器有泥质灰陶、红陶、砂质红陶,三足器为多;装饰品有玉、石制块、璜、管、珠等,属于崧泽文化。第二文化层距今 6000—5500 年,木结构地面建筑以木柱下垫木板作柱础为特色;生产工具有骨器、石器、木器;出现石刀、骨耜、木耜等工具;陶器有夹砂陶、泥质陶两大类,制陶已用慢轮修整法,属于马家浜文化晚期。第三文化层距今 6141 年,属于河姆渡文化时期。第四文化层距今 7000 年左右,发掘展示,河姆渡先民已创造"干栏式"木结构长屋,稻谷堆积层有 400 平方米,经鉴定可确认为亚洲栽培稻种属的杂合群体。此外,还出土了大量动物骨骼,共 61 种属,其中猪和狗属家畜,水牛也可能是人工驯养;发现了大量骨耜和蚌壳(刈稻穗用);还有黑陶、苇席、饰件和雕刻等手工业制品①,全面反映了我国南方原始社会母系氏族时期的繁荣景象,这也表明长江下游地区同样存在着灿烂和古老的新石器文化,同样是中华文明的重要渊薮。

(二)河姆渡文化的农牧业

恩格斯说,原始农业是古代世界的决定性生产部门,在事实上就是一种流浪生活的终止。河姆渡先民选择在依水傍水的沼泽平原上建设村落,植稻养畜,制陶纺织,发展定居农业,创造出闻名世界的河姆渡文化。其实,"文化",作为词语,源于拉丁文,即"耕作"之意,与农业有着千丝万缕的联系。因此,河姆渡文化实质上就是河姆渡的农业文化。

河姆渡文化的经济形态是以稻作农业为主,兼营畜牧、采集和渔猎。那时,原始农业的显著特征是种植水稻和使用骨耜。河姆渡遗址的众多出土文物中,吸引众人眼球的,其一,是在第四文化层中出土有谷粒完整、数量众多的栽培稻炭化稻谷,而且农具、住屋、家畜等诸多生活要素齐备,又年代最早。迄今为止,在全国乃至亚洲范围内只有河姆渡是这样。② 其二,是在第二和第四文化层中出土大批骨耜、木耜、木锄等农具,共出土骨耜 200 件③,表明

---

① 参见《余姚市志》(浙江人民出版社 1993 年版)第 29 编第 1 章;林华东:《中国稻作农业起源与东传日本》,《农业考古》1992 年第 6 期。

② 参见游修龄:《中国稻作的起源、分化与传播》,《稻作史论集》,中国农业科技出版社 1993 年版,第 187 页。

③ 参见林华东:《河姆渡文化初探》,浙江人民出版社 1992 年版,第 212 页。

当时河姆渡的原始农业已进入熟荒耕作的耜（锄）耕农业阶段，与火耕农业相比显然是一大进步①。这与《汉书·食货志》中"神农之世，断木为耜，糅木为耒"的木质农具相比要进步得多。此外，这里的种植业虽已发生，但在相当长时期内保留着以捕捞采集为主要生产部门的经济特点。

1. 种植业

河姆渡遗址出土大量的植物遗存，其中人工栽培的有水稻、葫芦、薏苡等作物，尤其在河姆渡第四文化层（距今 6950 多年）有大量栽培稻谷遗存出土，400 多平方米范围内普遍发现一层乃至多层稻谷及其茎叶等堆积层，厚度从 10—20 厘米到 30—40 厘米不等，最厚达 70—80 厘米，换算成现在的稻谷达 120 吨以上，可充 400 多人一年的口粮，数量巨大，保存完好。稻谷出土时色泽金黄、颖脉清晰，有的连谷壳上的稃毛、隆脉及芒刺都清晰可见。稻谷粒形偏小，千粒重 22 克，谷形长宽比平均为 2.62，显属籼形。我国著名农史学家、浙江大学游修龄教授鉴定为籼亚种中、晚籼品种。据云南农科院周季维教授复鉴，有一部分属粳稻，其中籼稻占 60.32%—74.5%，粳稻占 20.95%—39.68%，中间型占 3.6%—4.41%，可确认为亚洲栽培稻，是一个亚洲栽培稻属杂合群体。② 游修龄教授指出，河姆渡与太湖地区罗家角、钱水漾、崧泽等遗址出土的稻谷或米粒一样，在外型上都有似籼似粳的不同，也有分化，是原始杂合群体，个别稻谷不属籼或粳，是一个过渡型。在第二次发掘出土的稻谷中，部分谷粒颖肩呈削尖状，现今我国国内已不见，但东南亚地区还有这种类型。水稻的栽培，使社会上大量的余粮屯积成为可能，随之而来的是贫富差别的出现。伴随稻谷出土的还有大量骨耜（类似后世的铲，是翻土、掘泥或开沟的工具）、蚌壳、骨镰（收刈稻穗用）等水稻生产专用农具，说明河姆渡原始稻作农业已进入"耜耕阶段"。此外，还出土了一批陶釜、陶钵等稻米炊具和米饭盛具，而且不少炊具中还留有烧糊的锅巴，说明稻米已是古代河姆渡人重要的食物之一。

在浅海沼泽地种植水稻，由于原始沉积土壤的肥力水平高、稻田水源充足。所以，水稻产量相对而言也比较高，才使古代河姆渡人有充足的粮食节余，可以腾出一部分劳动力从事制陶、编织、建筑等手工业生产，社会

① 参见张之恒：《中国原始农业的产生和发展》，《农业考古》1984 年第 12 期。
② 参见周季维：《长江中下游出土古稻考察报告》，《云南农业科技》1981 年第 6 期。

就有了分工,萌生了河姆渡古文化,这是古代河姆渡人水稻生产的自身社会贡献。河姆渡古人水稻生产的另一大贡献是历史贡献,据游修龄教授的考证,到 20 世纪 80 年代为止,长江流域及其以南共发现约 2000 多处的新石器时代遗址,出土有炭化稻谷、米粒或茎叶等实物遗存的约 68 处,加上黄河流域有稻谷的遗址 11 处,共 79 处。在众多的原始稻作遗址中,出土有炭化稻谷,其数量之多、谷粒完整,在其他遗址发掘中是绝无仅有的;农具、家畜、住屋等诸多生活要素齐备而又年代最早的,迄今为止只有河姆渡遗址。① 河姆渡遗址是已知的亚洲最古老的稻作遗址,它作为我国南方稻作农业文化的代表当之无愧,这就是河姆渡文化时期水稻生产的历史贡献。

河姆渡文化时期的古越人既是稻作农人又是植物采集者。考古表明,河姆渡遗址的植物遗存中,除了水稻、葫芦、薏苡属于栽培植物外,还有橡实、槐实、麻栎、锥粟、山桃(核桃)、酸枣、桃、菱角、芡实等野生可食用的植物。这就说明,河姆渡时期越人的生产活动以水稻种植为主,采集为辅,两者兼有。从被采集的野生植物种类繁多这一点分析,说明采集植物在当时人们的生活中还占有相当重要的位置。② 近 30 年来,"河姆渡"几乎成了中国稻作农业的代名词。

2. 畜牧业

河姆渡遗址出土的动物遗骨有上万件,说明在河姆渡古文化的发展中,以动物驯养扩充食物资源起到了重要作用。经浙江省博物馆的鉴定,遗址出土的动物共 61 种,其中无脊椎动物 3 种、脊椎动物 58 种,脊椎动物中尤以哺乳类的种类最多,共 34 个属、种。在这些动物种属中,只有猪、狗、牛是供宰杀食用的家养动物,其余都属野生动物。

饲养猪 考古发掘的许多新石器时代遗址表明,凡是主要从事农业生产的氏族部落,都饲养以猪为主的家畜。河姆渡遗址出土了 73 个猪体遗骸。经专家鉴定为人工饲养猪,还出土一件塑小猪,其形态丰满,腹部下垂,四肢短小,拱嘴,形态特征介于野猪与家猪之间,为目前所知的中国最早的家猪模型。③

---

① 参见游修龄:《中国稻作的起源、分化与传播》,《稻作史论集》,中国农业出版社 1993 年版,第 131 页。

② 参见李璠:《中国栽培生植物》,科技出版社 1984 年版,第 76 页。

③ 参见《余姚市志》(浙江人民出版社 1993 年版)第 29 编第 1 章。

饲养水牛　在遗址的第三、四文化层还出土有 16 个较完好的水牛头骨,经鉴定确认为家养水牛。另外在桐乡罗家角遗址、嘉兴马家浜遗址和江苏刘林大墩子遗址等都有水牛遗骨,原始稻作当时没有犁耕,水牛的用途除了肉食、骨骼可用于制作骨器外,可能还与原始的"午踩田"(踏耕、蹄耕)有关,即在播种前将牛驱赶入田中,踩烂泥土,然后播种水稻种子,这一现象在 20 世纪 50 年代还常见于我国黎族、傣族地区,东南亚的印尼,菲律宾、泰国至今还在采用。①

饲养狗、羊　遗址还出土 3 个完整的狗头骨,形态特征接近现代家狗,居住区内还发现狗屎,说明河姆渡人已饲养家狗,用于狩猎、守护庄稼、防备兽类虫蛇危害②,在陶器上塑成狗的形象及浮雕小狗。还有一只陶塑小羊,与现代家羊十分相似。

有必要指出,河姆渡先民动物性食物的来源,仍然以狩猎和捕捞野生动物为主,家养动物为补充。在遗址出土的众多的动物骨骼中,家养动物只占极小一部分,说明古河姆渡人的动物性食物的来源更主要的仍然是依靠狩猎和捕捞,在上万具(个)动物遗骸中,属于家养动物的骨骼只有上百个,不到 1%,这就足以证明这一点。由于河姆渡背靠四明山麓,当时气候温暖湿润,野生动物资源丰富,在遗址出土的 61 种动物种属中,属于狩猎和捕捞的野生动物达 58 种,既有密林深处的动物,也有沼泽地动物;既有淡水渔类,也有海洋渔类。由于河姆渡遗址在姚江江边,距杭州湾较近,古河姆渡人可以捕捞海洋动物,从第三、四文化层出土有木桨、陶舟及鲻、鲸、鲨鱼骨骸,就可说明河姆渡先民的海上捕捞与水上活动能力比较强。20 世纪 70 年代绍兴县寺桥遗址中也发掘出一批箭头(镞),说明渔猎生活占相当比重,这些石制工具是夏代于越先民"随陵陆而耕种,或逐禽鹿而给食"的农猎生活的有力佐证。

(三)河姆渡文化时期的非农产业

1. 手工业

农业的发展,不仅是聚落定居生活的基础,为手工业的发生、发展创造

---

① 参见游修龄:《中国稻作的起源、分化与传播》,《稻作史论集》,中国农业出版社 1993 年版,第 81 页。

② 参见《余姚市志》(浙江人民出版社 1993 年版)第 29 编第 1 章。

了条件。古河姆渡人采取种植水稻结合养畜的原始农业。虽然耕作粗放（一般只有种、收两个环节），产量极低（只相当于播种量的三四倍，很少超过十倍），是一种非常落后的农业，但毕竟开始了社会化生产，从而摆脱了采集、狩猎生活所完全依赖自然的被动局面。从遗址出土大量稻谷遗存就足以说明当时已有粮食剩余，这样就有剩余劳力进行手工业、艺术、建筑等行业的生产。从大量出土的文物类型分析，当时古河姆渡人的社会化生产除了农业以外，已经有了陶器制作、骨器加工、编织纺织、装饰艺术等种类。所有这些，为研究我国远古时代的农业、建筑、制陶、纺织、艺术和东方文明的起源以及古地理、古气候、古水文的演变提供了极其珍贵的实物资料。

陶器制作　遗址出土文物中陶器占 1/3 以上，主要是夹炭黑陶和夹砂红陶、红灰陶，偶见白地深褐色纹的彩陶。两次发掘出土的陶片达 40 万片之多，用同样的发掘面积作比较，是其他新石器时代遗址所不及的。代表性器物有釜、罐、带把钵、宽沿浅盘、垂囊式盉、支脚等。第一文化层陶器除手工制作外，已出现慢轮修整的轮制技术。装饰上出现圆孔、三角孔等镂孔装饰及陶衣、拍印绳纹、动植物形象摹写花纹等工艺。出土陶器除生活用器外，还有生产工具、装饰品、玩具、吹奏乐器和陶弹丸、陶纺轮等生产工具。第二期发掘完整器和复原器千件以上，质地大部分为夹炭黑陶。第三、四文化层陶质器皿主要有釜、罐、盆、盘、钵五种，其中釜、罐最多，用作炊煮、盛储、饮食等。工艺技术上比较原始，器物均为手制，不甚规整；据测试，烧成温度为 800—900℃，在缺氧的还原焰中烧制而成。胎质比较粗厚疏松，重量较轻，吸水性强。制作工序有配料、制坯、套接、器表处理，装配附件、晾干、焙烧等。器物表面处理已出现彩陶工艺，有茶褐色彩色图像等。

骨器加工　第三、四文化层出土各类文物完整复合器 5000 多件，其中骨器 3000 多件，是河姆渡先民使用最广泛的生产工具和生活用具，也是河姆渡文化不同于一般新石器时代遗址的一大重要特征。骨器种类有耜、镰、哨、箭、镞、锥、鱼镖、角锥、针、匕、棒、器柄、凿、笄梭形器、蝶形器、靴形器、牙饰、角饰等 20 余种，广泛用于种植、狩猎、捕鱼、纺织、缝纫、装饰等。其中，骨箭头最多，约 1800 件；骨耜出土 200 多件，形似南方农民使用的铣，系用偶蹄类哺乳动物野牛、猪、虎、鹿、象、犀牛、四不象的肩胛骨制成，中间打 2 孔，以绑扎棍棒，用于翻耕、挖土。骨镰长方形，一侧有锯状齿，用兽类肋骨制成，系收刈工具。角锥用以点种。镞（骨箭头）、哨、鱼镖用于渔猎采集。骨针、管状针、骨锥、梭形器等用来纺织缝纫。利用禽类骨管雕孔制成的骨哨，既是狩猎时模仿飞禽走兽鸣啼声以诱捕动物的捕猎工具，也是原始吹奏乐器。出土骨器中骨箭头与骨耜数量最多，占骨器总量的2/3，二者比例为9∶1，箭头消耗大，骨耜较耐用，反映当时农耕与狩猎同等重要，农耕甚至超过狩猎，和当时"发达"的水稻生产有关。

编结纺织　遗址出土的纺织工具数量之多、种类之丰富为新石器时代遗址考古所罕见。出土数量最多的是纺轮，有300多件。其他还有经轴、分经木、绕纱棒、齿状器、机刀、梭形器等十余种。纺织专家认为这都是原始踞织机的部件。这些部件陶质居多，也有木质与骨针、角梭形器、木经轴、木梳形器等，形状以扁圆形最常见，少量剖面呈梯形状。遗址还发现了据认为可能属于原始腰机部件的木质打纬刀、梳理经纱的长条木齿状器、两端削有缺口的卷布轴等。据此，可以复原当时的织机，其他的遗址就没有这么具体。缝纫用的是骨针，有90多件，最小的骨针长仅9厘米，径大0.2厘米，针孔大0.1厘米，与今天大号钢针差不多。遗址出土芦苇席残片上百件，采用二经二纬的编织法，经纬分明、密度均匀、手感光滑，出土时色泽金黄，可能被用作铺盖屋顶墙面及作卧具等。此外，遗址还发掘出用树皮、葛、麻等手工搓结绳子，用作绑扎、加固、穿拎串等。从苇编和器物上精致的图案看，当时织品为经纬线数量相同的人字纹和菱纹。

人体、器物装饰　河姆渡先人在解决"温饱"生活的同时也重视美的享受。遗址发现的原始艺术品以象牙雕刻为代表，可分为独立存在的纯艺术品和施刻于器表之上集实用和观赏于一体的装饰艺术两大类。以后一类数量居多，包括骨笄、块、璜、管、珠、环等，都是精心磨制而成，充分表现了河姆渡人的审美兴趣和文明程度。遗址出土了5件作人体挂饰用的"鸟形象牙圆雕"骨匕，其匕身设计、刻工颇为精细。而最为人称道的是"双鸟朝阳"纹象牙雕刻件，该器长16厘米、宽5.9厘米、厚约1厘米，形似鸟窝。器物正中阴刻5个同心圆，外圆上部刻火焰纹，两侧各有一只圆目利喙的鸷鸟相对而视，就像是精美绝伦的实用工艺品，具有强烈的江南美学特征。画面布局严谨，构图巧妙，线条虚实结合，图画寓意深刻，有人说它象征太阳，另有人认为是鸟在孵蛋，象征对生命、生殖的崇拜，说明该器物具有强烈的宗教意义，原始先民已有复杂的精神生活，为研究我国美术史提供了不可多得的资料,深刻地反映了河姆渡先民在不断的实践、积淀中,逐渐形成的写实性表现与对自然美的追求,以及线条的运用与对形式美的追求和象征性表现与对意蕴美的追求。此外,遗址还出土一件刻有 4 条宛若蠕动家蚕的牙雕小盅,以及小陶盅、小陶猪、小陶羊、小陶舟等。这些器物雕刻精湛、巧夺天工。可见,河姆渡先人的原始艺术活动十分活跃,从中可以找到中华民族工艺美术的源头。

木桨与漆器 遗址出土的柄叶连体木桨共 8 支,系用原木制作,形似后世的木桨,只是形体略小一些。由此,可以推测河姆渡人已划着独木舟在湖泊之中捕鱼采菱,也可能用于氏族间交流时的交通工具。它使人类的生产、生活活动扩大到了水域,增加了人类的交往和食物的来源,也说明长江下游是我国原始舟楫的发源地。遗址还发现漆器有二十多件,说明器物漆装璜修饰已很普遍。考古发现,早期单纯用天然漆漆于木器表面,稍后在天然漆中掺和了红色矿物质,使器物色彩更加鲜亮。第三文化层中出土的瓜棱状敛口圈足木胎漆碗是其中的代表作品。它外表有薄层的朱红色涂料,剥落较甚,微显光泽,经鉴定是生漆。经中国科学院高分子研究所的光谱分析,朱红色的光谱同马王堆汉墓出土的漆皮的裂解光谱图相似,这使我国髹漆历史从商代一下子推至 6000 年前的新石器时代,这是中国迄今最早的漆器。

2. 建筑业

随着农业和手工业的发展,人们在几块土地上,轮流倒换种植,不必经常流动到别处去重新开荒,这就能导致较长期的定居生活。这样,原始聚居村落便随之形成。考古发现,河姆渡文化时期越地先民的居住地已形成大小各异的原始聚居村落。由于该地是属于河岸沼泽区,所以房屋的建筑形式和结构与中原地区和长江中游地区发现的史前房屋(大多是半地穴式房屋)有着明显的不同。遗址两次发掘范围内发现大量干栏式的木结构长屋建筑遗迹,其栽桩架板高于地面。在河姆渡遗址各文化层,都发现了与这种建筑遗迹有关的圆桩、方桩、板桩、梁、柱、木板等木构件,共达数千件。特别是在第四文化层底部,分布面积最大,数量最多,远远望去,密密麻麻,蔚为壮观。建筑专家根据桩木的排列、走向推算,第四文化层至少有 6 幢建筑,其中有幢建筑长 23 米以上,进深 7 米,檐下还有 1.3 米宽的走廊。由此推知室内面积在 160 平方米以上。这种"长屋"结构,可以添加单元而延长。里面可能分隔成若干小房间,供一个大家庭住宿。建筑遗址中清理出来的构件主要有木桩、地板、柱、梁、枋等,许多建筑木构件上凿卯带榫,尤其是发明使用了燕尾榫、带销钉孔的榫和企口板,约有几百件,标志着当时建房时垂直相交的接点较多地采用了榫卯技术,代替简单的绑扎,房屋的牢固性提高了。

干栏式建筑是我国长江下游地区新石器时代以来的重要建筑形式之一,以河姆渡发现的为最早。这类建筑以大小木桩为基础,其上架设大小梁,铺上地板,做成高于地面的基座,然后立柱架梁、构建人字坡屋顶,完成屋架部分的建筑,最后用苇席或树皮做成围护设施。其中立柱的方法也可能从地面开始,通过与桩木绑扎的办法树立。通常下边饲养家畜,上面住人,与现在海南岛、广西和云南西双版纳黎族、傣族和浙江畲族的高脚楼房相似,使用寿命有数十年之久,所以迁徙的周期不像刀耕火种那样短促,是一种定居农业。[①] 这种底下架空、带长廊的长屋建筑,适应南方地区潮湿多雨的地理环境,因此被后世所继承,今天在我国西南地区和东南亚国家的农村还可以见到此类建筑。值得注意的是,建造庞大的干栏式建筑远比同时期黄河流域居民的半地穴式建筑要复杂,数量巨大的木材需要有专人策划,计算后进行分类加工,建筑时需要有人现场指挥,否则七高八低,弯弯曲曲的房子是不牢固的。从如此精湛的建筑技术中,可以看出河姆渡先人们已具有与现代人一样较高的智商。除干栏式建筑外,还出现了一种立柱式地面建筑,在柱洞底部垫放木板作为基础,有的则是填塞红烧土块、粘土和碎陶片等,填实加固形成臼状柱础,中间立木柱。

在河姆渡遗址第二文化层(公元前 3710±125 年)发现一眼木结构浅水井遗迹。这是中国目前所知最早的水井遗迹,也是迄今发现的采用竖井支护结构的最古老遗存。水井位于住房附近一处浅圆坑内,井口方形,边长约2米,井深约 1.35 米。该井修筑方法为挖井前先向地面打入四排木桩,组成方形木墙,而后挖去墙内泥土见水为止。为防排桩倾倒,内侧用一个榫卯套接而成的水平方框支顶。排桩上端平放长圆木,构成井口的框架。水井外围是一圈直径约 6 米呈圆形分布的 28 根栅栏桩。井的四周遗留一圈平面略呈

---

① 参见游修龄:《中国稻作的起源、分化与传播》,《稻作史论集》,中国农业出版社 1993 年版,第 76 页。

辐射状的圆木栅栏和苇席残片等,可能盖有井亭。我国的水井是距今 5500 多年前河姆渡先民的首创。[①] 这是我国迄今为止发现的时代最早的水井实例之一,证明了河姆渡先民定居生活的稳定,改善了饮用水质。

(四)从河姆渡遗址看越地带有偶然性的物物交换

商业及其交换现象产生的另一个条件,是各地区氏族、部门之间具有不同的经济特点和文化面貌,以及"制造武器和工具的特殊技能可能导致的暂时分工"[②],这就给偶然的物物交换提供了可能性。最早的交换,就在这时发生了。从出土文物中可以找到远古时代越地原始先民们物物交换的痕迹。在河姆渡遗址第四文化层中出土了作为装饰品的玉器。[③] 这种东西不是本地所产的,而是异乡之物。越地境内只有青田、昌化等地产玉,其他产玉地离河姆渡遗址较近的还有山东邹县、峄县和莱阳等地。由此推测,河姆渡先民使用的玉器是从附近或遥远的氏族部落辗转交换而来的。

与换进异乡之物相对应,越地的地理环境得天独厚,从而拥有大量的土特产品,可以与其他氏族、部落的产品相交换。这种情况在河姆渡遗址中也有所反映。河姆渡遗址中出土的陶片的数量大得惊人,第一期发掘就获陶片 10 万余片;第二期发掘更是成倍增加,其中单是完整器和复原器就多达千件以上。这在其他遗址,尤其是未发现葬地的遗址中,的确是相当罕见的。数量如此巨大的陶制品,看来绝不是本地居民能够消耗掉的,很可能供应更大的范围。把它看做用来商品交换的器物,似乎比较恰当些。当然,由于那时土地、树木、草场、住房、家畜、制造生产工具和陶器、玉器的作坊,以及其他生产资料,都是属于氏族公社公有的,实行的是原始共产制;劳动还不是私人劳动,生产物也不成为私人生产物,而几乎是在公社内平均分配的,私有制还没有产生。社会分工也不太明显,制陶、制玉等手工业只是在农事间隙中进行,还没有脱离农业成为专业性的分工。而且,那时的商品交换,是在部落双方都有剩余产品这种极其偶然的情况下发生

---

① 参见刘诗中:《中国古代水井形制初探》,《农业考古》1991 年 3 月。

② 吴慧:《中国古代商业史》第 1 册,中国商业出版社 1983 年版,第 18 页。

③ 参见浙江省文管会、省博物馆:《河姆渡遗址第一期发掘报告》,《考古学报》1978 年第 2 期;罗家角考古队:《桐乡县罗家角遗址发掘报告》,《浙江省文物考古所学刊》(1),文物出版社 1981 年版,第 37 页。

的，正如马克思所指出的：商品交换是在共同体的尽头，在它们与别的共同体或其成员接触的地方开始的，当属偶然的物物交换。为此，在氏族成员之间还没有真正意义上的商品交换关系。

可见，越地是中国文明发达较早的地区之一。越地原始商业的源头在7000年前，即河姆渡母系氏族公社繁荣时期。当时是在产品偶然有剩余的情况下，才在氏族之间偶然地、个别地发生交换，交换的形式主要是以物易物。

二、良渚文化时期的越地经济

在五千多年前的钱塘江下游，正当其南岸的河姆渡古越文化趋于衰落的时候，与它隔江相望的余杭良渚又升起一颗更为耀亮的史前越文化的灿烂新星，就是著名于世的良渚文化。属于这个时期的遗址发现颇多。除了良渚文化遗址外，还有位于钱塘江流域及太湖沿岸的吴兴钱山漾（下层）、杭州水田畈（下层）、余杭安溪（下层）、嘉兴雀幕桥、平湖戴墓墩等。

（一）良渚文化是中华文明的重要源头

良渚文化是我国长江下游太湖流域一支重要的古文明，属于铜石并用时代的文化形态，因发现于浙江余杭良渚镇而得名。考古发现，良渚文化的绝对年代为距今5500—4000年。其中心区域主要分布在长江下游南岸的太湖流域，大致范围是：北抵江苏的扬州、海安一带，南至浙江的宁（波）绍（兴）平原，东临舟山群岛，西达宁（南京）镇（江）地区。良渚文化是中国由原始社会向阶级社会过渡时期的一支高度发达的新石器时代晚期文化。

良渚文化遗址在1936年被发现。经半个多世纪的考古调查和发掘，初步查明遗址分布于太湖地区。在余杭市良渚、安溪、瓶窑三个镇地域内，分布着以莫角山遗址为核心的五十余处村落、墓地、祭坛等各种遗存，内涵丰富，范围广阔，遗址密集。现经发掘的重点遗址，还有江苏吴县草鞋山和张陵山、武进寺墩，浙江嘉兴雀幕桥、杭州水田畈，上海市上海县马桥、青浦县福泉山等。从良渚文化遗址的考古发掘中，出土了大量新石器时代晚期的陶器、石器、玉器、漆器以及稻谷、丝麻织物，还发现了一批玉殓葬及人工营建的祭坛高台、水井、村庄和市镇的遗址。显示出以良渚为中心的长江三角洲一带在原始社会的末期,物质文化已发展到了相当进步的水平,处于人类从野蛮向文明过渡,从原始社会向阶级社会的过渡时期。

从良渚遗址群的出土文物与其周围包括长江三角洲、钱塘江下游两岸众多的良渚文化时期的遗址分析,良渚文化遗址是部落联盟体,具有国家的雏形,其"首都"就在大观山。因此,一些著名考古专家认为良渚文化是中华文明的一个源头。① 良渚文化遗址以其犁耕的稻作农业、分工精细的手工业、大规模的营建工程、复杂的社会结构、玉器黑陶为代表的卓越的艺术成就,一直被称为"中华文明的曙光"。2007 年底,又新发现了良渚古城墙遗址总面积达 290 万平方米,堪称"中华第一城",可能将改变原来对良渚文化的认识。

(二)以犁耕为标志的良渚稻作农业

长江下游三角洲从河姆渡、罗家角、崧泽至良渚文化为止的新石器时期农业,已经连续绵延达 3000 年之久,稻的种植始终贯穿古文化的全过程,主食稻米逐渐代替渔猎采集物品,水稻生产工具由河姆渡及罗家角文化时期的骨耜、蚌镰发展为磨制精细的三角形石犁和斜把破土器以及石斧、有段石锛、石镰等。良渚石犁的出现为我国犁耕起源的演进历史提供了关键的实证。② 可以说,有了稻作、犁耕、纺织等先进的良渚古农业,使良渚古文明有了物质保证。

良渚文化时期的犁耕稻作农业有三个特点:

特点之一,稻田和稻作农具增加。从湖州钱山漾、江苏吴县龙南等遗址的发现,证实当时已有着大面积的水稻田,还出土"耘田器"和"千篰"等农具,虽然这些农具的用途尚需进一步考证,但毕竟与水稻生产有关,显然农具的用途分类已远比河姆渡时期增加。水稻是一种湿生作物,在温暖、湿润的气候条件下,繁殖系数高于其他粮食作物,单位面积产量在南方地区一般高于粟、黍、菽,所以种植水稻的土地产出率比起原始采集、狩猎、捕捞要丰富得多。考古表明,良渚文化时期的食物已经以水稻为主。

① 参见沈德祥等:《文明曙光在这里升起——良渚文化综述》,《文明的曙光——良渚文化》,浙江人民出版社 1996 年版,第 69 页。

② 参见游修龄:《良渚文化与稻的生产》,《文明的曙光——良渚文化》,浙江人民出版社 1996 年版,第 123 页。

绍兴县马鞍寺桥与会稽山区相继出土一批新石器末期良渚文化晚期的石制农具,其中马鞍寺桥凤凰墩、仙人山遗址出土的农具有石刀、石耘冠,斜把破土器,台阶式有段锛等;陶质器具有夹砂红陶鱼鳍形足鼎、豆、罐等;在会稽山区还零星出土石犁、石锛、石斧等农具。这些农具与器具都与水稻生产及稻米炊用有关。"石耘冠",呈等腰三角形,扁平,其用途可能是水田开沟用,也可用作除草,故有人认为是一种耘田器;石犁呈等腰三角形,扁平,两壁面呈尖刀,形状似犁,与后世的犁铧相似,用于水田翻耕;斜把破土器用于开沟,以上三种石制农具一般被认为是属于水田耕作农具。说明当时的水稻生产已很普遍,同样可以从绍兴马鞍寺桥遗址出土众多的陶釜支子、陶鼎、陶罐等稻米、米饭的煮盛器得到佐证,说明良渚文化时期的越先民已经以稻米作为主要食物。

从出土遗址和石制农具的地域分布分析,良渚文化时期的水稻种植范围已包括水网平原北部孤丘附近的沼泽地带以及会稽山、四明山区的山麓洪积扇和河谷地带。特别是绍兴马鞍镇寺桥村凤凰墩、仙人山遗址,地理位置不高,海拔只5—10米,说明其面临的杭州湾海平面已接近现在,或许还要低一些,否则,这样低的地形位置,在敞开于钱塘江潮的环境下,是难以抵御涌潮威胁的,也说明当时的钱塘江主水道远离南岸,趋于北部杭州、海宁一线。这样的条件下对沼泽地开发稻田自然是有利的,这种稻田可能是夏代越地所谓"鸟田"说法的起源与雏形。另外,在出土的石器中有石斧(绍兴坡塘朱华亭出土)、石刀、有段石锛(绍兴马鞍寺桥凤凰墩、仙人山)等石制农具,一般被视做用于旱地农业生产,表明当时是山地、水田开发及旱作农业与水稻生产相并存。

特点之二,出现了犁耕。在良渚遗址中普遍出土有一种平面呈等腰三角形、前端尖锐、腰部两侧磨成单面刃、中部有圆孔的犁形石器,是一种适应水田耕作的农具,多数学者称之为石犁,另外还有各式斜把破土器,表明良渚稻作农业耕作水平有了长足进步。石犁始见于崧泽文化(距今5800—5100年)晚期,但大量准广应用则在良渚文化时期,而中原地区最早的石犁仅见于龙山文化晚期,距今只有4000多年。[1] 良渚文化石犁和破土器的出

---

[1] 参见林华东:《从良渚文化看中国文明的起源》,《文明的曙光——良渚文化》,浙江人民出版社1996年版,第161页。

现,是从河姆渡、罗家角文化时期的耜耕农业向犁耕农业过渡的转折点,从良渚文化期以后,我国农业便逐渐转入有史以后的畜力犁耕。原始农业从最初的刀耕火种(距今一万年,华南万年仙人洞),然后转到耜耕或锄耕(河姆渡文化、马家浜文化,距今8000—6000年),再进入良渚文化时期的人力拉的犁耕农业(距今5300—4000年)①,生产力有了大幅提高。中国社会科学院李根蟠研究员认为,刀耕火种是烧除地面草木后播种,不翻土层,作物生产依靠浅层表土的肥力,不能持久,必须每年或隔年弃旧找新地。为此,刀耕农业的一个单位的播种面积需要7—8倍以上的土地面积作后备,才能轮转,一个人一生砍烧同一块土地只不过三四次。② 进入耜耕以后,因翻土改善土壤结构与肥力,土地可连续使用年限大大延长,并改以休闲取代撂荒。到了使用人拉的石犁,耕田效率更高,因为石犁耕地是连续翻上,中间无间歇,比耜耕或锄耕这种间歇性的翻土工效约可提高一倍。因此,良渚文化犁耕农业的出现和推广是我国古代水田耕作技术进步的转折点与里程碑,犁耕使良渚文化时期的稻作农业有迅速的发展。

特点之三,蚕桑生产较为发达。史前我国有关养蚕的实证有二处,一处在北方,即在山西夏县西阴村新石器时代遗址里,发现半个蚕茧;另一处更为直接的就是湖州钱山漾新石器时代晚期良渚文化遗址中发掘出的大量丝绸产品。钱山漾遗址还出土许多采桑、养蚕用的竹编农具,如篓、篮、笤、簸箕、席等遗物。这说明太湖地区的越族先民当时已采集桑蚕(野蚕),同时又驯养家蚕,并且已经掌握了较高水平的缫丝和织绢技术。

(三)以"黑皮陶"、丝绸和玉器为代表的良渚手工业

良渚文化时期的手工业也很兴旺,已从农业中分离了出来,有的可能已形成专业性的生产部门。不论是制陶、治玉,还是漆、纺织、酿酒和造船等,都已达到全面发展的昌盛时期,尤以后期的黑皮陶最负盛名。

良渚黑皮陶 良渚文化的陶器,以夹细砂的灰黑陶和泥质灰胎黑皮陶为主。制作工艺已普遍使用轮制,器形规整,制作精美,有的甚至涂漆。一般器壁较薄,器表以素面磨光的为多,少数有精细的刻划花纹和镂孔。圈

---

① 参见张之恒:《中国原始农业的产生和发展》,《农业考古》1984年第2期。
② 参见李根蟠、卢勋:《中国南方少数民族原始农业形态》,农业出版社1987年版,第73页。

足器、三足器较为盛行。代表性的器形有鱼鳍形或断面呈丁字形足的鼎、竹节形把的豆、贯耳壶、大圈足浅腹盘、宽把带流杯等。有的陶鼎上刻有旋涡勾连纹和曲折纹图案，有的贯耳壶上刻有简化鸟纹和曲折纹，或以圆涡和双线构成的编织纹。这些纹饰，线条精细，繁杂而富于变化，是陶器中的佳作。

良渚纺织（编织）业 1958 年在湖州钱水漾遗址出土的绸片，堪称世界丝绸之源。其中有绸片、细丝带、丝线以及麻布片、麻绳等，经中国科学院考古研究所测定，其年代为公元前 2750±100 年，距今约 4700 多年，是中国远古时代最重要的家蚕丝织物。纺织工具遗物有石、陶质纺轮、石（骨）质针等。同时出土的还有苎麻织品，标志着当时种植桑麻和纺织丝麻织品技术上已获得相当高的成就①，说明古越地环太湖地区及钱塘江下游两岸是我国丝、绸、麻织品的发祥地之一。在钱山漾遗址，共出土二百多件编织竹器。竹篾多数经刮光，容器类的下半部使用扁篾，接近口沿部分则用较细密的竹丝。编织方法多样，有呈一经一纬的人字形，也有二经二纬和多经多纬的人字形，还有菱形花格、密纬疏经的十字形等，特别是产生了梅花眼、辫子口这一类比较复杂的编织法。制品种类有捕鱼用的"倒梢"，有竹席，以及篓、篮、谷箩、簸箕、笭等，较广泛地用于生产和生活方面。

良渚玉文化 玉器，从河姆渡文化、马家浜文化、崧泽文化到良渚文化，经历了一个数量由少渐多、制作由粗糙到日益精致、形体由细小而日趋大型化的过程。与河姆渡文化遗址相比，良渚文化遗址的玉器不仅数量多，而且品种丰富。仅余杭反山发掘的 11 座墓葬中，随葬玉器就多达 3200件，为国内外绝无仅有，主要有琮、璧、钺、璜、镯、环、牌饰、三叉形饰、冠形器以及管、珠、坠饰、项饰与各种以鸟、龟、鱼、蝉为造型的饰件。这些玉器大体可分为礼仪、祭祀用器和装饰品三大类，尤以玉琮、壬钺及砭针最令人注目。② 其中玉琮个体大，高达 18—23 厘米，上面雕刻圆目兽面纹，工艺精湛，是中国古代玉器中的珍品，被誉为"玉琮王"。形状为内圆外方，与古代的天地相通思想相吻合。玉器上刻有似神似兽的神人形像和神人兽合一

---

① 参见陈云琴：《钱山漾遗址与杭嘉丝绸的起源》，《文明的曙光——良渚文化》，浙江人民出版社 1996 年版，第 79 页。
② 参见林华东：《从良渚文化看中国文明的起源》，《文明的曙光——良渚文化》，浙江人民出版社 1996 年版，第 169 页。

的形像,它们可能是当时人们的崇拜对象。玉器上的纹饰除神人兽面图像外,其他出现最多的图案是鸟。让人惊讶的还有,良渚先民居然在1毫米的范围里刻画出四五道线条匀称流畅的曲线。这种精细入微、鬼斧神工的琢玉技术至今无法还原。良渚玉器创造性的器型,为后代玉器的造型奠定了基础。

此外,良渚文化还有桨、槽、盆、杵锤等木器。木桨的使用,说明生活在河道纵横地区的原始居民,已有了舟楫交通工具。石器磨制精致,新出现三角形犁形器、斜柄刀、"耘田器"、半月形刀、镰和阶形有段锛等器形。昆山太史淀的水井还有木构井圈,系用4—5块长约2米的弧形木板凿孔连接而成。

以上表明,在农业、手工业发展的基础上,良渚文化时期已出现了财富占有差别,并且出现了只有特殊地位的人才拥有的玉琮、玉璧等刻有象征威武兽面纹饰的礼器,表明氏族社会已走上解体的道路。

(四)父系氏族公社时期越地物物交换的扩大

大约在距今5000年前,越地进入了父系氏族公社阶段。这时,社会生产力进一步发展,生产和生活水平比母系氏族公社阶段有所提高。特别是随着私有制度开始产生,物物交换就由偶然而逐渐发展为经常的现象,如陶器生产的发达,很大部分是直接用来交换的。

在农业生产方面,生产工具和生产技术都有改进,发明了农具石犁,原始农业进入了"石犁农耕阶段"①。由于物质资料比以前丰富,农业、畜牧业的剩余产品更加多了起来。社会分工也有了进步:先是畜牧业从农业中分离出来,成为独立的经营部门,完成了第一次社会大分工;后来是农业与手工业的分工,即第二次社会大分工。这是因为,随着农业生产的发展,手工业也进一步发展,石器、玉器、陶器、木器的制造,以及竹器编织都有了相当高的技术水平。制石、制玉掌握了切割、磨制、抛光、雕镂等工艺;制陶普遍使用陶轮,能烧制各种器物;竹器的编织方法各异,特别是使用"梅花眼"和"辫子口"等编织工艺,达到了相当熟练的技术水平。在钱山漾遗址已发掘的七百多平方米范围内,发现了二百多件竹器,其中有农业和日常生活用的竹篓、谷箩、竹篮、簸箕以及席子等,种类和数量都相当可观。从上述

---

① 王心喜:《从出土文物看浙江的原始农业》,《浙江农业大学学报》1983年第4期。

这些生产的发展状况可知，只有在产生了专业手工业者以后，才有可能生产出这些器物。

分工是社会生产发展的结果，又是交换发展的前提。随着第二次社会大分工的出现，不同氏族、部落之间的土特产品、农牧产品和手工业品的交换，就一步步趋于扩大，并开始出现了以交换为目的的生产。这种情况，在钱山漾遗址(下层)有所反映。譬如，甲区发现了两处居住遗址，其中一处是呈长方形的房屋，东西长约2.5米，南北宽约1.9米，面积约为4.75平方米，房屋的正中有一根"檩脊"，上面盖有大幅的竹席，遗址下层出土200多件竹器和植物种籽等。又如，乙区的一座房屋，长约3.18米，屋顶盖有大幅树皮、芦苇和竹席等，在它的东边散乱地堆放着许多青木冈木，木材旁还发现了多处红烧土灶穴。这两座房屋呈南北向排列，相距约40米。有人认为，"甲区的房子里和屋旁有大量的竹器，不大可能都是自己使用的，把它看作交换的商品，似乎比较恰当些"，这样的分析是合理的。

陶器制作技艺的进步，也扩大了交换的对象。因为，轮制陶器，除了需要当地有适宜的土质以外，更需要人们掌握比较复杂的生产技术，如黑陶、彩陶的器表纹饰的处理，都要有较好的着色技术。可见，当时一定有部分人长期固定、专门从事这项专业，生产的陶器自己不可能完全消费掉，是一种有很大部分为了交换而产生的商品。他们在同其他人发生交换关系中，还可增加自己的收益。

据《易经·系辞下》中记载："神农氏作日中为市，致天下之民，聚天下之货，交易而退，各得其所。"说的就是父系氏族社会晚期，每当太阳正中的时候，在当时交通能力所及范围内的各氏族部落来的人，聚在一起，拿出本氏族部落生产有剩余的东西，或辗转从远方换来的东西，相互进行交换，交易完成，大家都满意而归。交易有了一定时间、一定场所，参加交易的人和用来交换的东西更为广泛，交换的愿望也更容易实现。这段后人追记的文字，可作为当时越地境内原始先民的交换已有所发展的印证，说明物物交换不是过去偶然的、不稳定的交换可比了。从良渚文化遗物中可以看出，当时玉器制造也有专人专业，琢磨、雕刻都很精致，布局、花纹、表现手法各异。在余杭、海宁、嘉兴、平湖等地，曾先后发现良渚文化的大型墓葬，随葬品除猪下腭骨和穿孔石斧外，还有体型较大的玉琮、玉璧、玉钺、玉璜、玉镯以及玉管、珠、坠、带钩、鱼、鸟、豕、虎、龙、蚕、龟等饰件，大体可分为礼器、祭祀用器和装饰品三大类。良渚文化玉器不但品种丰富多彩,而且出土数量多,令人叹为观止。仅余杭反山发掘的 11 座墓葬中,随葬的玉器就达 3200 多件,为国内外绝无仅有。从雕刻技艺看,既有阴线刻镂、半圆雕,又有浮雕和透雕,甚至还采用微镂,工艺复杂而繁缛,技法娴熟而精美绝伦。尤其是余杭反山出土的"琮王",外壁中部微雕有 8 个头戴羽冠、两手叉腰的神人骑坐在神兽之上的"神徽",每个神徽图像高不足 3 厘米,宽不及 4 厘米,神人的羽冠与五官及手、胸和神兽的头部与前肢部刻得十分生动逼真,线条纤细如发丝,甚至能在 1 毫米宽度内精刻出四五条细线来,堪称微雕杰作,令观者啧啧称奇。

显而易见,生产如此大量技艺精湛的高度规格化、社会化、标志化的玉器,从玉材的选择、储运、研制、转运、交换、使用,没有专业化的琢玉劳动储备、严密的社会分工、集中指挥、分层管理、秩序化的体系,是不可能的。有学者据此认为:"在这些多工序、高技能的专业化劳动中,折射出脑力劳动和体力劳动分工的趋势。"①由于良渚文化分布的地区是不产玉的,所以玉器原料只能依靠外地供应。产品需要往外地推销,原料需要由外部提供,这样就必然导致商品交换比较正规地开展起来。此时,除竹器、陶器和玉器之外,石器、骨角牙器、木器、纺织品等也更多地生产出来,需要进行交换。所有这些都说明了过去偶然的、不经常的交换形式,到了父系氏族公社时期已难以满足人们的需要,逐渐被正规的、经常的、社会所必需的交换,即商业所代替。

以往有一种片面的观点,似乎我国的商业只起源于黄河流域的中原地区。大量的考古发掘材料充分证明,越地是我国商业起源较早和发展水平较高的地区之一。尽管越地的商业起源有自身的特点,但都是中华民族远古文化的有机组成部分。

三、新石器时期越地经济的历史地位

河姆渡和良渚文化遗址的发现和发掘,使人们拓宽了对新石器时代考

---

① 戴寅轩:《脑力劳动与体力劳动分工与对立问题的再认识》,《经济问题探索》1985 年第 4 期。

古的视野,在两大遗址的文化堆积层内,出土的遗迹、遗物十分丰富,展现了新颖的文化内涵,为历年来我国史前遗址考古发掘所罕见,是研究我国原始社会新石器时期的宝贵财富。

(一)河姆渡文化兴衰的环境地理学分析

根据河姆渡遗址孢粉资料和考古发掘材料分析,7000年前河姆渡的气候比现在温暖湿热,平均气温比现在高3—4℃,年降雨量比现在多500毫米左右,与现在的广东、广西南部和海南岛相似。在地理方面最大的差别就是遗址南面还没有姚江阻隔,只有芝岭溪水在遗址的西南流过。遗址的东面是一片平原,西面、北面濒临河姆渡——丈亭——二六市大湖,河姆渡处于湖泊沼泽、平原、草地、丘陵、山冈多种地貌的复杂环境,所以这里的动植物资源特别丰富,非常有利于河姆渡先民的生产、生活。值得一提的是,当河姆渡成陆时,"工字形"地貌两翼,即现在的余姚城区以西、宁波市西郊以东地区尚处于浅海之中,海水涨落有规律地推动湖水升、降,为河姆渡人的稻田创造了自灌条件,使河姆渡人以最少的投入获得最多的稻谷。因此河姆渡人可以腾出更多时间、更多劳力去建造庞大的干栏式建筑,有时间去发展纺织、漆木器生产。良好的自然环境是河姆渡文化繁荣的关键因素,而河姆渡人对自然万物的认识和利用则是决定因素。

那么,河姆渡文化是如何在宁绍平原消失的呢?考古发现,大约在距今6000年前左右,大沽塘古海岸线形成(今329国道南侧),并在海潮作用下不断淤高。这样,四明山北麓的雨水北排渐渐困难直至堵塞,河姆渡高地的优势逐渐丧失。姚江平原西部的曹娥江口北伸后,排泄流程增加,导致部分洪水东泄,加重了姚江腹地的内涝,河姆渡终于成为水涝灾害频发地区,当遭遇风、暴、潮结合的天文大潮时,河姆渡难免遭受没顶之灾,从而形成河姆渡遗址四个文化层。我们可以从河姆渡遗址四个文化层主要器物数量对比上发现环境恶化严重地影响氏族的生存。距今5000年前,全球范围又一次发生严重的水涝灾害,这就是古籍《尚书·尧典》记载的"汤汤洪水方割,荡荡怀山襄陵,浩浩滔天"。西方的《圣经》上也有诺亚方舟拯救人类的类似传说。从考古上,河姆渡遗址第一文化层之上覆盖着厚厚的一层淤泥层,北面最厚处达2.5米。这次特大洪水最后浸蚀了河姆渡——大隐之间的平地,姚江改道东流,河姆渡出露,海水上溯,从四明山下来的河姆渡人不得不退出这个地区,向南迁徙。

(二)河姆渡文化在人类发展史上的里程碑意义

长期以来,长江流域的远古文化被拒之于我国古代文明殿堂的门外,秦汉以前,越国的先世,也诸书异同,不易证信,至于原始社会,就更加没有什么资料可言了。因此,不少人认为长江以南是南蛮之地、荒服之地,似乎只有黄河流域才是中华民族文明的摇篮。河姆渡遗址的发现,表明长江下游地区"是中国早期文化发展的另一个中心,有它自己独特发展的过程"。确实,它不仅颠覆了人们的传统观念,使研究中华文化起源的观点从单一走向多元,而且还为多学科研究,特别是对许多学科史的研究提供了极为难得的实物标本,具有非常重要的科学价值。比如,原始稻作农业在河姆渡遗址的出现,纠正了中国栽培水稻的粳稻从印度传入、籼稻从日本传入的传统说法,在学术界树立了中国栽培水稻是从本土起源的观点。同时,也说明当时的河姆渡显然已不是处于原始农业的发生期,它把我国栽培水稻的历史推上了近 2000 年,阐明了杭州湾地区也是亚洲稻的起源地之一。它不但传播到我国广大地区,还远传到朝鲜、日本等地,极大地促进了亚洲文明的发展。

又比如,在河姆渡遗址中发现的干栏式建筑遗迹,是我国最早的干栏式建筑,在我国建筑史上占有重要的地位。从榫卯技术看,当时的建筑结构已相当科学了,为后世的木构建筑奠定了坚实的基础,并且纠正了只有金属工具产生之后的春秋战国时期才有可能出现榫卯技术的传统结论。干栏式建筑促成了穿斗式结构的出现,并直接启示了楼阁的发明,最终导致楼阁与二层楼房的形成。不言而喻,干栏式建筑遗址在中外建筑史上具有极其重要的历史地位。

河姆渡遗址丰富而灿烂的文化内涵,使长江下游地区史前考古跨上了一个新的台阶,改变了人们以往的认识,以事实说明长江流域与黄河流域一样,都是中华民族的摇篮,对中华文明,乃至对世界文明的发展,都做出了不可磨灭的贡献。

(三)河姆渡文化与越国经济发展的渊源关系

一位学者说:"浙江历史悠久,远在 7000 年前,培育了古老的河姆渡文化,继而发展为马家浜文化、崧泽文化、良渚文化,以至吴越文化。"①这就表明,河姆渡文化与吴越文化有一定的渊源关系。作为河姆渡文化重要组成部分的河姆渡人的经济活动,也必然与越国经济发展有其一定关系。或者说,越国经济是在河姆渡人的经济活动基础上发展起来的。

第一,从地域看。河姆渡人的经济生活是早期越国经济发展的一个部分。据考证,在句践灭吴之前,越国的疆域包括浙江的部分地区(主要是浙东),为越国土著先民生息之地。句践时,则视吴、越两国战争的胜负而定。句践灭吴,领土扩大,越国本土迁移到占领地的人数有限,被占领的原有的土著部族,其信仰、文化和习俗,并不因为战争造成的土地被占领而发生根本变化,只能受到传播和影响。楚灭越,越民族分散。部分土著的越民会继续留下来,保存着固有的某些信仰、文化和习俗。文献也记载早期于越人活动范围:"南至于句无〔今浙江诸暨〕,北至于御儿〔今嘉兴〕,东至于鄞〔今宁波市奉化、鄞县一带〕,西至于姑蔑〔今浙江衢县北〕。"②从文献资料看,河姆渡人的社会经济生活是古代越人生活的组成部分。

第二,从社会经济生活看。无论是生产工具还是生产技术,河姆渡文化与越国经济有着相似的地方。河姆渡"稻作文化"与越国农业经济有类似的习俗。从农业形态的角度加以研究,河姆渡人与越国先民有其共同的习俗和结构。越文化的一个重要标志是稻作文化。越国先民与河姆渡人一样重视水稻的种植。由于越地多江河湖泊,地卑气温,土地肥沃,适宜种植水稻。吴王夫差曾说"越地肥沃,其种甚嘉"。生产工具对于水稻种植起着重大作用。河姆渡人当时能够使用石制工具和骨制工具。用耜翻地,可以疏松土壤,有利于作物的生长。河姆渡文化遗址中发现了大量的稻作遗存。与其相隔几千年的越人的饮食也以稻米为主,吴越人"春种八谷、夏长而养、秋成而聚、冬蓄而藏"。越的稻作技术超过吴国。越国一次就向吴国借贷稻谷"万石"而且也有能力"复还斗斛之数,亦使大夫种归之",反映了越国以稻谷为主的农业的发达。

河姆渡人与越国先民都习惯于以船为车。这可能与江南的纵横的湖泊江河有关。考古工作者们在发掘余姚河姆渡遗址时,最早是发掘出六支

① 李学勤:《中国传统文化与越文化研究·序言》,《中国传统文化与越文化研究》,人民出版社 2004 年版,第 3 页。
② 《国语·越语上》。

木桨。在第二期发掘中发现了"陶舟"。陶舟是以独木舟为题材的作品。从木桨和陶舟的发现可以看出,河姆渡先民对于独木舟的刳制已经相当成熟。交通以船为车的风俗在越国也很兴盛。《淮南子·齐俗训》云:"胡人便于马,越人便于舟。"《越绝书》卷八记载了句践的话,他说:"夫越性脆而愚,水行而山处,以船为车,以楫为马,往若飘风,去则难从。"《周书》也说:"周成王时,于越献舟。"浙东在越地就有港口,鄞、句章为越之地,靠近海滨。据上述文献分析,在周代,鄞、句章已经能够造船了。

河姆渡人与越国先民都有较高的纺织技术。浙江纺织开发很早。余姚河姆渡遗址曾经出土过大量的纺纱、纺织工具。纺纱工具主要是石制、木制和陶制纺轮。河姆渡人所纺织的大约是以葛为原料的布类。春秋时期,由于金属器的使用,加之越王句践"卧薪尝胆"进行改革,推行发展工商政策,重视发展纺织业的水平,使越国纺织业进一步发展。越国的葛布十分精美,享受盛誉。有一次就献给吴王夫差十万匹作为贡品。

第二章　越国时期的经济特点和经济思想

我国新石器时期晚期至秦朝以前的历史,史称先秦时期(从公元前21世纪至公元前256年)。经历夏、商、周三代,是奴隶社会向封建社会过渡的阶段。先秦后期的春秋末期,统治浙江大部和江苏南部的越国开始兴起。据《管子·轻重甲》记载,当时盛极一时的霸主齐桓公,曾经赞许说"天下之国,莫强于越"①。到战国时,越国更直接与中原列强争雄逐鹿。绍兴作为于越民族(部族)的聚居地,也是当时越国政治、军事、经济与文化的中心。越文化在继河姆渡文化和良诸文化之后,为长江下游地区又开启了一个繁荣昌盛的时代。

一、夏商周时期于越部族经济述略

一般认为,夏(约前21世纪至约前16世纪)、商(约前16世纪至约前

---

① 《管子·轻重甲第八十》十二计,水豫之谋篇。

11 世纪)、西周(约前 11 世纪至前 771 年)时期,是石制农具与青铜农具交相使用的时期。这个时期的经济形态,以氏族部落农业为主。20 世纪 70 年代以来,越地出土的一些夏商周时代的遗存,为探索和研究先秦后期于越部族经济状况提供了一些踪迹。

(一)尧舜禹时期的越地经济

有关唐尧、虞舜、夏禹在绍兴活动踪迹与传说颇多,不但留下许多传说故事,而且还有不少遗迹。正如宋沈因在《越问》中所说的:"越,舜禹之邦也,古有三圣,越兼其二焉。"①

在古代舜、禹的传说中与经济活动有关的,就是大禹治水与会稽鸟耘。从这两个传说故事中隐约可见这个时期越地经济之一斑。

1. 从会稽鸟耘看越地的稻作农业

鸟耘又称鸟田,是夏禹时代在绍兴地区的神话传说。据《越绝书》记载:"大越海滨之民,独以鸟田,小大有差,进退有行,莫将自使,其故何也?曰:禹始也,……尚以为居之者乐,为之者苦,无以报民功,教民鸟田,一盛一衰。当禹之时,舜死苍梧,象为民田也。"②《吴越春秋》中亦有"百鸟佃于泽"、"天美禹德,……使百鸟还为民田,大小有差,进退有行,一盛一衰,往来有常"的记载。《汉书·地理志》有群鸟耘田的记载,《水经注》有"鸟为之耘,春拔草根,秋啄其秽"的更为具体的记述。这些就是夏代越地鸟田说的记载。

那么"鸟田"是否有其事,"鸟田"或"鸟耘"究竟是何含义,历来就有不同看法。东汉时期会稽思想家王充(27—约 97,字仲任,上虞人),在《越绝书》问世约半个世纪后,就对"鸟田"的传说作出了精辟的解释。他说:"禹葬会稽,鸟为之田。……鸟田象耕,报枯舜、禹非其实也。实者,苍梧多象之地,会稽众鸟所居。……象自蹈土,鸟自食苹。土蹶草尽,若耕田状,壤靡泥易,人随种之,世俗则谓为舜禹田。"③现代不少学者对"鸟田"的解释众说纷纭。刘志一先生认为,"雒田"是利用海边或入海口的滩涂开辟出来

---

① 引自《绍兴市志·大事记·概述》,浙江人民出版社 1996 年版,第 5 页。
② 《越绝书》卷八。
③ 王充:《论衡·书虚篇》。

的随潮水涨落而存在的农田,它可包括"潮田"、"涂田"等。① 徐南耕先生认为,"鸟田"其实是"以鸟为图腾的越族先民在会稽海滨耕种的水田"②。

其实,从大量古文献资料看,"鸟田"不是别的,而是钱塘江河口和杭州湾沿岸的"涂田",就是《尚书·禹贡》中说的"涂泥厥土"。由于滩涂水草、小鱼、小虾等饵料充足,常有候鸟飞来啄食,使田土糜糊,十分有利于播种。或者说,这是古越先民的原始稻田。《辞源》"鸟夷"条载:"古岛字写鸟,读为岛。"由此,"鸟田"即"岛田",是水中的孤丘,也就是海水包围中的涂田。绍兴北部的马鞍山、壶瓶山、金帛山,有古文化遗址,这些所谓的"山"其实都是平地上的孤丘,北临海,或称为"岛田"。

在远古时代的绍虞水网平原,曾是数百丘海涂。四千多年前,大禹率领古越民率先在此从事海涂开发——"教民鸟田"。其时,大越已由狩猎业向原始农业过渡。种子、农具等人事俱备,缺少的就是能够种植水稻的农田。会稽山下有数百座海水、湖泊包围的孤丘,也就是广阔的海涂平原。"禹至此者,亦有因矣,亦覆釜也。覆釜者,州土也,填德也。禹美而告至焉。"这些海涂,形状像"覆釜",是海水四面包围的"州土",由江水和海水冲击而成的冲积层。大禹看到这一片片的海涂十分高兴,就"告至"越民,亲自率领越民开发利用这些"鸟田"。这是世界史上首次记载对滨海涂地进行的农业开发,是古代海涂从事农耕活动的伟大开端。《越绝书》记载了这段光辉的历史:"大越海滨之民,独以鸟田,小大有差〔大小不等〕,进退有行〔采取"二圃制",即土地耕作一年,休耕一年,耕作与休耕交替进行的耕作方法〕,莫将自使〔以后古越民就自发地开发海涂〕。"这样,"兴鸟田之利",就成为古越农业的独有特色。以后,"岛田"不断开发,海涂利用不断增加,继而成为越地的"第一粮仓"。

2. 从大禹治水的传说看越地的水利环境

大禹③是夏代部(氏)族联盟首领。《越绝书》记述了大禹在治水后期"到大越,上茅山,大会计,爵有德,封有功,更名茅山曰会稽"的情景。《吴越春秋》记述了大禹治水后期到大越以及死后墓葬的事,即"……周行天

---

① 参见刘志一:《象田、鸟田考》,《中国农史》1991 年第 2 期。

② 徐南耕:《井田制起源于鸟田说》,《学术月刊》1987 年第 4 期。

③ 姒姓,名文命,传说为帝颛顼的曾孙,黄帝轩辕氏第九个玄孙。据近年来的考古研究表明,大禹出生在四川省绵阳市北川羌族自治县。

下,归还大越,登茅山,以朝四方群臣,观示中州诸侯,防风后至,斩以示众,方天下悉属禹也,乃大会计治国之道……遂更名茅山曰会稽之山。……国号曰夏后。封有功,爵有德,……安民治室居,靡山伐木为邑……调权衡,平斗斛,造井示民,以为法度",并命群臣,"吾百世之后,葬我会稽之山,苇椁桐棺……"。从上述两记述看,大禹治水似确有其人其事。从一些出土遗存和大量古籍记载都足以说明大禹治水传说的可信程度很高。古代越人为了生存和发展农业的需要,面对滔滔洪水,进行不懈的抗争,这是十分必然的。

20世纪20年代,我国历史地理学和民俗学的开创者、现代著名历史学家顾颉刚(1893—1980)在《古史辨》中提出了"禹是南方民族神话中的人物","这个神话的中心点在越(会稽)"等观点,得到一些学者的赞同,并且以地史学、第四纪学、古地理学、考古学等方面的研究成果和新式检测手段,对东南沿海第四纪晚更新世假轮虫海退时,越族在今宁绍平原繁衍生息和全新世卷转虫海进时宁绍平原沦为海域的过程进行了研究,认为禹的传说表达了海进时期移居于会稽山区的越族祖先的希望而为世代所传播,以致被移植到中原。从一些文献分析,大禹治水与越文化之间确实有着密切的联系。《越绝书》载:"越之先君无余,乃禹之世,别封于越,以守禹冢"①,即越为禹后的传说。《史记》载:禹死后葬会稽,少康封庶子于越,掌管禹的祭祀;《吴越春秋·越王无余外传》载:无余始受封及子孙兴衰等事,似有所据。《越绝书》记述的农作物有"粢、黍、赤豆、稻粟、麦、大豆、矿、果"八货,其中粢、黍、麦、大豆、穄五种作物原产地在北方,说明夏代越民与北民有交往。②

其实,大禹治水治的并不是滔滔的长江、黄河之水,而是距今约六千多年前的卷转虫海侵,导致海平面上升,海水倒灌到陆地上来造成的洪水泛滥。洪水退后,地面一片淤泥,不加以治理,就不便耕种。大禹所治理的,正是这种田间水渠的管理。这和孔子所说的"尽力乎沟洫"(即利用灌溉技术种植水稻)是大致符合的。《孟子·滕文公上》中说:"当尧之时,洪水横流,泛滥于天下。""当尧之时,水逆行,泛滥于中国","草木畅茂,禽兽繁殖,

---

① 《越绝书·记地传》卷八。
② 参见范文澜:《中国通史简编》第1编,人民出版社1965年版,第73页。

五谷不登,禽兽逼人,兽蹄鸟迹之道交于中国"。而我国江河,大都是发源于西部,滚滚东流。不论水大水小,只有在海侵时,海水由东向西倒灌,才会出现"横流"、"逆行"的现象。"越之水重浊而洎,故其民愚极而垢"①,勾画了当时生活在沼泽中的越人与潮汐和湖水搏斗的困顿状态。

当然,在大禹治水的传说中,最难能可贵的是大禹"三过家门而不入"的公而忘私的品德,一直鼓励着历代绍兴人民与恶劣环境的抗争,春秋时期的"富中大塘"②、东汉时鉴湖、明代的三江闸等,一代代规模宏大的农田水利工程在越地建成,使昔日咸潮出没、苇茅丛生的沼泽平原,成为今日沃野万顷、阡陌纵横、良田万畴的鱼米之乡,就是依靠和发扬了大禹治水的崇高精神。

另外,从古文献记载可以看出夏禹时期会稽地区的林特生产比较发达。《尚书·禹贡》载:扬州之域"篠簜既敷,厥草惟夭,厥木惟乔",种植贡筱(小竹)、簜(大竹)、橘、柚等。据考证,在夏禹时期,越地属于扬州之域。说明会稽一带不仅是一片竹木茂密的原始森林,而且已有橘、柚等水果。又据《淮南子》记载:"禹会诸侯于涂山,执玉帛者万国",说明继良渚文化时期以后,夏代蚕桑生产在会稽地区已十分繁荣。

(二)商周时期的越地经济

从目前发现的文化遗存看,于越部族是一支山地部族,他们的活动足迹已遍及会稽山、四明山地和海滨丘陵。那时的主要经济特点有:

一是狩猎与迁徙农耕相结合的生产方式。《吴越春秋》载:"无余始受封,人民山居,虽有鸟田之利,租贡才给宗庙祭祀之费。乃复随陵陆而耕种,或逐禽鹿而给食。"③这说明,那时的越族先民不可能建立固定的聚落,部落首领无余"不设宫室之饰,从民而居",部族驻地经常迁移。由于卷转虫海侵后越地先民失去宁绍平原这块沃土而避入山区,生产和生活条件恶化使越民大批流散。于是,越族先民游弋在人烟稀疏的会稽山南部的诸暨和北部秦望山南,极其艰苦的生活与生产条件,阻碍了于越部族生产力的发展。

---

① 《管子·水地》。
② 汉袁康《越绝书·外传记地传》:"富中大塘者,句践治以为义田",指肥沃的田地。
③ 《吴越春秋·越王无余外传》。

二是稻作农业开始兴起。从绍兴马鞍寺桥遗址等地出土的农具分析，早在2700多年前，绍兴滨海平原已经有了水稻生产。《吴越春秋》载："人民山居，乃复随陵陆而耕作，……"这里的"山居"与"陵陆"不仅是指会稽山区和四明山区，也应包含散布于宁绍地区滨海平原的游山孤丘与其近旁高地。这可能是"鸟田"、"骆田"的证据。另外，嵊州市崇仁镇下西山出土有商代石耜，即用来挖土翻地的石制锹形农具。1994年发掘的绍兴安昌后白洋遗址，分布在高出水田约1米的三块高地，海拔仅5米，是一处西周晚期至六朝的村落遗址。

三是制陶业得到较快发展。20世纪70、80年代，绍兴马鞍寺桥、嵊州市三界遗址出土了夏代红陶罐；绍兴陶里朝阳村壶瓶山遗存出土了商、周时期的陶器；上虞樟塘严村凤凰山发掘出的商代印纹陶龙窑窑址；诸暨璜山溇山村水口山遗存，出土了一批商代陶器；新昌蓝沿文化遗址出土了印纹陶罐。绍兴、诸暨的会稽山区至今尚保存的周代印纹硬陶窑场就有23处。[1] 绍兴府属的余姚和萧山皆发掘出夏商周时期文化遗存，特别是余姚市姚江沿岸新石器时期至商周时期的文化遗址有9处之多。1994年，在绍兴县安昌后白洋遗址出土了一批西周到战国时期印纹硬陶、夹砂红陶和灰陶，器型有圆锥形、鱼鳍形足鼎、坛、罐、盆、三足盘、碗、盂，以及陶纺轮等器具[2]，说明那时的制陶业发展到了较高水平。

二、越国时期的经济特点

正当中原地区进入夏商周三代时，我国东南地区的百越民族开始逐步兴起。越国，是古代于越部族（百越的一支）以宁绍平原为中心创立的一个诸侯国。绍兴是于越部族的聚居地。自夏帝少康为祀禹祠封庶子无余至越始，文身断发，披草莱而邑，长期处于比较落后的状态。春秋时期楚灵王时（公元前540—前529），越为楚的属国。楚让文种、范蠡来越，助越攻吴，越君允常（即句践之父）得到楚国的帮助而称王。公元前497年，允常子句

① 参见《绍兴市志》，浙江人民出版社1996年版，第386页。
② 参见《绍兴县志》第37编，中华书局1999年版，第179页。

践即位后吴越争战不息。公元前494年,吴王夫差攻越大胜,许越为属国。越王句践罢吴返国,"卧薪尝胆",经"十年生聚,十年教训"后,于公元前473年灭吴,北进至徐,大会齐晋等诸侯,共尊周天子,号称霸主①,即所谓"越兵横行于江、淮,天下莫敢争锋"。战国时期,越国衰弱,公元前333年楚威王大败越兵,夺取浙西大片土地。公元前222年,秦始皇平定江南,降越君,秦以越地为会稽郡。这就是越国兴衰的基本过程。

春秋时期(公元前770—前476),越国逐渐强盛,至句践即位后,越国政治、经济、军事、文化得到空前壮大与繁荣,越国的疆域也由原来的会稽山区及其北部平原不断向四周拓展,至伐吴前达现今浙江省的大部分,"句践之国,东至于鄞,今之奉化、鄞县也;西至于姑蔑,今之龙游、衢县也;南至于句乘,今之诸暨也;北至于语儿,今之崇德也"②。现今浙江绍兴、宁波、嘉兴及金华、衢州一带都属其管辖范围。据我国著名的历史地理学家、浙江大学终身教授陈桥驿先生的研究,越灭吴时(公元前473年),越国人口约30万,疆域为5万平方公里。虽然在句践灭吴后,越国势力北上江淮,但其政治、经济文化、军事的中心仍然在今绍兴一带。

春秋后期,继河姆渡文化和良渚文化之后,越族先民在长江下游地区又开创了灿烂辉煌的越文化。在经济形态上主要表现为:以水稻种植为中心的稻作农业和渔盐生产,以印纹陶为特征的陶瓷制造业,以铸造精良的青铜剑闻名的冶炼业,以及发达的葛麻蚕丝纺织业、造船航海业等。那时,堪称为越地在先秦发展史上的鼎盛时期。

(一)向平原稻作农耕转移的越国农业

自从距今6000多年前的卷转虫海侵以后,部分越先民被迫从富饶、平坦的宁绍平原迁移到会稽山、四明山区,成为一个山地部族,过着"火耕水耨"、农猎结合的迁徙农业生活,而且狩渔猎在生活中的比重也比较大。绍兴马鞍寺桥遗址中出土大量的距今3500多年前的柳叶形石箭头就说明渔猎在生活中的比重。在深山密林中,山地农耕以旱粮为主,水稻为辅,而且产量极低。靠石器和青铜器为主要生产工具的于越部族,原先"随陵陆而

---

① 参见范文澜:《中国通史简编》第1编,人民出版社1965年版,第173页。
② 《国语·越语上》。

越文化通论

第二章 越国时期的经济特点和经济思想

耕种"已不能适应人口繁衍和社会发展。于是,选择光温条件和水土资源相对较好的丘陵河谷地带开展生产活动,实现向平原稻作农业转移成为当务之急。

越国农业重心的战略性转移是伴随政治、文化中心的转移同时进行的。于越后期,越王句践即位后,都城由秦望山南的嶕岘大城(诸暨境内的埤中、勾乘、大部曾是越国部城)迁至山麓洪积扇地带的平阳(今绍兴县平水镇境内)。公元前490年,越王句践采纳范蠡"不处平易之都,据四达之地,将焉立霸王之业"的建议①,又将国都从平阳迁至山会平原地带,建以"小城"。从此,越国农业生产的重心实现了从山区到平原、从旱粮到水稻的两大关键性转移。这不仅是越国社会发展、实现强盛的需要,也是生产力发展的必然结果。到了春秋后期,越国的青铜器和铁器冶炼制造业在会稽山北的上灶、王化、东关、漓渚一带发展起来,铜制铁制农具的发展,使越民有能力在平原地区进行水稻生产和相应的农田水利建设。宁绍平原稻作农业自河姆渡文化后,由于海侵的原因,平原被海冰淹没,以后海水退去,有"鸟田"的传说以及沿海高地出土一些石锛、斜把破土器等用于水田作业的石制农具,但未发掘出河姆渡文化以后的有稻谷遗存的遗址。春秋后期,宁绍平原才开始有种稻的历史记载。最早的记载在吴王僚时期,即公元前515年,据《会稽先贤传》记载:"贺本庆氏,后稷之裔,太伯始居吴,至王僚,遇公子光之祸,王子忌挺身奔卫,妻子进渡浙水〔钱塘江〕,隐居会稽上,越人哀之,予湖泽之田俾擅其利,表其族曰庆氏,名其田曰庆湖。"②当时称湖泽之田为"庆湖",即现在的湖田。周敬王三十年(前490年),越国都迁至小城(绍兴)后,平原农耕活动速度加快。

宁绍平原在春秋时期尚是一片浅海湖沼地,地势平坦,土地肥沃,气候温和,光照充足,雨量充沛,适宜水稻生长。稻作农业的重点从山区转向平原,从旱粮转向水稻是越国农业生产的重大转折。它表明,越国既继承了河姆渡稻作文化的光辉历史,又开创了越地以平原水稻为主体,粮、林、牧、渔、副等全面发展的繁荣时期。

种粮业 自迁都平原后,越国加速对宁绍平原的开发,农业重心继续

---

① 参见《越绝书》卷八。
② 谢承:《会稽先贤传》,会稽周氏藏本。

转向平原,大量修筑堤塘和围城,建设一批小型农田灌区和圩田,水稻田面积迅速增加。以种植水稻为主的农业生产得到迅速发展,越国的稻作农业进入鼎盛繁荣时期。《吴越春秋》记载:公元前495年,越国水旱不调,年谷不登,越王以国内发生饥荒为名,派大夫文种向吴王请籴,借粟(稻谷)万石。"二年,越王粟捻〔稻谷丰收〕,拣择精粟而蒸,还于吴,复还斗斛之数,亦使大夫文种归之吴王。"由此可见,越国水稻只要有一年丰收就可以腾出一万石稻谷归还吴国,足见其水稻种植规模之大了。所以,越国殷富,"十年不收于国,民俱有三年之食"[1]。从人口与社会需求及土地开发程度进行推测,越国在伐吴前,每年耕种超过184万亩。仅仅在越国活动中心地区的会稽山区和稽北平原,其耕地面积也超过12万亩。[2] 除水稻外,越国的粮食作物有粢(小米)、黍、赤豆、麦、大豆等。

农副业 越王句践根据越地山水地形和自然资源分布,合理进行经济布局,开展多种经营。越国普遍种植的经济作物主要有桑、麻、葛,以及漆树、蔬菜、兰花等。桑用以喂蚕,麻、葛直接用于纺织或编结。越地种桑历史悠久,有文字记载的蚕桑生产起源于春秋时期的越国。《越绝书》记载:"畴粪桑麻"。计倪向越王建议:"图吴必先省赋敛,劝农桑。"将农与桑并提,农比作粮食生产,桑比作衣着原料生产,说明蚕桑在越国的重要地位。当时,越国民间的丝绸纺织业已较为普遍,在绍兴县袍谷里谷社遗产址中就出土有陶质纺轮。丝绸花色品种有帛、丝、罗等多种。据文献记载:"麻林山,一名多山。句践欲伐吴,种麻以为弓弦,使齐人守之,越谓齐'多',故曰'麻林多'。……葛山者,句践罢吴,种葛,使越女织治葛布,献于吴王夫差。"[3]诸暨城郊的苎萝山也是盛产苎麻和苎麻布的地方。这说明,春秋时期,越国已开始人工种植麻,以用作纺织和制作弓弦。据史料记载,越国的漆树栽培和利用已有所发展,印山越王陵出土的墓室墙板、底板、木棺的外表都经过生漆涂抹。[4]

此外,越国蔬菜有葫芦、竹笋及蕺等。百姓以采食野菜为主,栽培蔬菜尚属部族集体种植。据《吕氏春秋》载:"和之美者,越辂之菌。"据北魏贾思

---

[1] 《国语·越语上》。
[2] 参见洪惠良、祁万荣:《绍兴农业发展史略》,杭州大学出版社1991年版,第168页。
[3] 《越绝书》卷八。
[4] 参见陈元甫、田正标:《印山越王陵》附录五,文物出版社2002年版,第73页。

飀《齐民要术·笋》中引高诱注"菌,竹笋也"。说明春秋时期,竹笋已上越民的餐桌。越国的园圃蔬菜种植已专业化,据宋嘉泰《会稽志》引《旧经》曰:秽山,一名稷山,越国种菜于此。当时采集蓼、蔌等野生菜十分盛行。另据《旧经》记载:兰渚山,句践种兰之地。这表明当时的越国已有花卉种植。

畜牧业 《越绝书》中所记录的饲养动物,以牲畜为主,禽只有鸡,无鸭、鹅的记述。主要畜禽种类有牛、马、羊、猪、犬、鹿、鸡等。对此,《越绝书·吴地传》记载:"桑里东,今舍西者,故吴所畜牛、羊、豕、鸡也,名为牛宫。""娄门外鸡陂墟,故吴王所畜鸡,使李保养之。""麋湖城者,阖庐所置麋也。"这里虽记的是吴地,越地也当相同。据文献资料记载:"犬山者,句践罢吴,畜犬猎南山白鹿,……""白鹿山,在犬山之南。""鸡山、豕山者,句践以畜鸡豕,将伐吴,以食士也,鸡山在锡山南,……,豕山在民山西,……洹江以来属越,疑豕山在余暨〔今萧山〕界中。"①相传当年越王句践从吴国运来一批山鸡养在宫中,取名为越鸡,是一种小型蛋用鸡种。越鸡不仅肉质细嫩鲜美,是御膳中的珍品,而且羽毛鲜艳,啼鸣如歌,养在宫中,作为宫中妃子王孙们的观赏之物。庄子曾经说过,"越鸡不能伏鹄卵,鲁鸡固能矣"②,似乎是一种抱孵性弱的鸡种。又据文献记载,范蠡到定陶后在经商之余,还和农民一起开荒种田,饲养五牝。

水产业 春秋后期,越王句践将都城从会稽山北部的平阳迁至平原地区的山阴小城、大城,政治、经济的重心从山区转向平原后,长期与平原河湖、沼泽地打交道,越人的水上活动能力增强,加上越王句践引属东海、内、外越这些长期生于海滨、海岛的越民,越民族自然成了习于水上生活的民族。喜食鱼类是越民的嗜好,河姆渡文化遗址中出土大量淡水和海洋鱼类及蚌、蛤等软体动物壳,袍谷里谷社遗址出土有网锤等捕鱼工具。所以,越人捕捞野生鱼类的历史十分悠久。《越绝书》中记载越王句践对孔子说的一段话说:"夫越性脆而愚,水行而山处,以船为车,以楫为马;往若飘风,去则难从;……"③在《吴越春秋》中也有越王句践语"身为鱼鳖"的记述。长期的水乡生活,"民食鱼稻,果隋蠃蛤,食物常足",鱼虾、蚌蛤是越民的重

---

① 《越绝书》卷八。
② 《庄子·庚桑楚》。
③ 《越绝书》卷八。

要食品。春秋战国时，越人在后海捕获海鱼加工成鲞，以石首鱼（大黄鱼）鲞为上乘，已有渔品粗加工。

越地人工养渔业起源于春秋时期。据宋嘉泰《会稽志》引《旧经》云："句践栖会稽，谓范蠡曰：'孤在高山上，不享鱼肉之味久矣'。蠡曰：'臣闻水居不乏干犒之物，陆居不绝深涧之宝'。会稽山有鱼池，三年致鱼三万，今上坡塘村乃上池。"坡塘鱼池遗迹在今绍兴鉴湖镇坡塘村。又载："会稽山上城者，句践与吴战，大败，栖其中。因以下为目鱼池，其利不租。"目鱼池即为南池。南池、坡塘属于小型水库。据邱志荣、盛鸿郎考证，南池面积约 0.53 平方公里，坡塘水面面积约 0.24 平方公里，两者合计约 1155 亩，三年致鱼三万，三年亩产约 26 市斤，年亩产约 9 市斤。另据张克银考证，南池属半封闭水域，范蠡南池养鱼，实为堰塘养鱼，乃外荡养鱼的初级阶段。无论是池塘、水库还是堰塘养鱼，范蠡开创了绍兴养鱼之始。后人以范蠡名义编写的《陶朱公养鱼经》①虽然仅仅 500 个字，但它以精练的文字对养鱼的收益、鱼池规格、鱼种的选择，以及对鱼类繁育、饲养技术和饵料利用均做了详尽叙述，概括了养鱼建池、孵化、混养、轮捕轮养等方面经验，提出鱼池规模"以六亩地为池"比较适宜；鱼种以鲤鱼为最好，"鲤不相食，易长，不费也"。虽然后人对作者和成书年代众说纷纭，但是从一个侧面反映了越国养鱼业的发达。这部名著对后世的养鱼业起了推动作用，即便对今人养鱼也颇有借鉴意义。

（二）以民间为主的越国手工业

恩格斯说过："青铜可以制造有用的工具及武器，但是还不能完全代替石器，这只有铁才能做到。""铁使广大面积的田野耕作，开垦广大的森林地域，成为可能；他给了手工业者以坚牢而锐利的器具，不论任何石头或当时所知道的任何金属，没有一种可与之相抗。"②当时，越国最具优势的是冶炼业。其他手工业门类有纺织、造船、制陶（瓷）、酿酒等。这些行业部分属于官办，大部分则为农村手工业。

---

① 《陶朱公养鱼经》全书已佚，现今只靠北魏贾思勰《齐民要术》的摘录，得知它的内容。一般认为，该书并不是范蠡所作，系后人伪托之书，可能是汉代作品。

② 恩格斯：《家庭、私有制和国家的起源》，《马克思恩格斯选集》第 4 卷，人民出版社1995 年第 2 版，第 24 页。

纺织业　据文献记载,越王句践采纳大夫计倪之谋,"省赋敛,劝农桑,饥馑在问……",把"劝农桑"作为立国之本,且"君自耕,夫人自织",以示倡导①,使蚕桑生产和纺织业有迅速发展,越国的蚕丝织品有币、帛采、罗、縠、纱等。除丝织品外,更多的是葛麻和苎麻织品。越国有专门生产麻纺织品原料的生产基地"麻林山"、"葛山"以及"苎萝山"。当时民间纺织葛布与苎麻布是很普遍的。《越绝书》与《吴越春秋》中皆有记载。《越绝书》记述:"葛山者,句践罢吴,种葛,使越女织葛布,献于吴王夫差。"②《吴越春秋》记述越王为讨好吴王,乃使国中男女入山采葛,以作黄丝之布献于吴,得到吴王增封疆土后,又使大夫种索葛布十万,以复封礼。③ 这说明当时越国葛布纺织的规模之大,葛布生产完全是民间产业,从该书记述的采葛之妇作的苦诗就可印证。除了葛布外,还有苎麻布,《吴越春秋》中记载了越王向吴王施美人计,"乃使相者国中,得苎萝山鬻薪之女,曰西施、郑旦。饰以罗縠,教以容步,习于土城,……三年学服而献于吴"④。苎萝山位于诸暨城郊,是产苎麻的地方,山下有浣沙石,用于漂洗,精炼苎麻。显然,葛布与苎麻布是民间生产的大众纺织品,不但生产量大,而且品质也上乘,其工艺已达到"弱于罗兮轻霏霏"、"当暑是服轻飘飘"的程度。⑤

造船业　越人性习于水,善于水上活动。《越绝书》称:越"水行而山处,以船为车,以楫为马,往若飘风,去则难从"⑥。淮南王刘安在上武帝书中也说:越人"习于水斗,便于用舟"。为此,越国造船历史悠久,余姚河姆渡文化遗址和良渚文化遗址皆出土有船桨。《艺文类聚》引《周书》曰:"周成王时,于越献舟。"春秋战国时,造船业兴盛,有专门管理造船的官署,有专业造船基地,正如《越绝书》中所说的"方舟航买仪尘者,越人往如江也。治须虑者,越人谓船为'须虑'"⑦。越国造船规模庞大,句践兴师伐吴,就有"戈船三百艘",使"楼船卒三千馀人造鼎足之羡",按船体大小有大翼、中

---

① 参见《越绝书》卷四。
② 《越绝书》卷八。
③ 参见《吴越春秋》卷八。
④ 《吴越春秋·勾践阴谋外传》。
⑤ 参见嘉泰《会稽志》卷十七《葛歌》。
⑥ 《越绝书》卷三。
⑦ 同上。

翼、小翼之分。①另外,《越绝书》卷八中记载,在句践父允常冢初徙琅琊时,曾使楼船卒2800人到木客伐松柏为桴,也可说明越国官方造船业的发达。民间造船的普遍程度可从该书地传中句践与孔子的对白中看出,句践曰:"夫越性脆而愚,水行而山处,以船为车,以楫为马,往若飘风,去则难从。"②说明越国船只像中原马一样多,越人乘船尤如北人骑马那样普遍,没有众多的民间造船是不可能的。

制陶(瓷)业 春秋战国时期,越国是印纹硬陶和青瓷的烧制中心。境内绍兴、诸暨、上虞、嵊州、新昌以及余姚、萧山等县(市),在新中国成立后出土的遗址、窑址、墓葬中皆发现大量印纹陶器和原始青瓷。绍兴诸暨两地窑群集中,窑址范围较大,绍兴富盛长竹园、诸暨柁山坞和老虎山头窑场,现存面积都在8000平方米以上,尤以长竹园窑址更为典型,有南北二窑,能充分利用自然抽风,升温快,窑温高,在高温下烧出印纹硬陶。在众多的春秋时期窑址中,一部分属于大型官窑,也有不少民间小型窑。在战国墓葬的随葬品中,陶瓷品比例极高,在绍兴县漓渚的23座战国墓中,随葬印纹硬陶占50.7%,原始青瓷占46.8%,器皿有坛、罐、盂、釜等。绍兴富盛等地在20世纪50年代发现东周原始青瓷窑址20多处,在皋埠镇的吼山也发现2处。

冶炼铸造业 春秋后期,随着越地农业经济重心的转移,平原水田的大量开垦和农田水利事业的发展以及与吴国争战之需,越国将铜原料主要用来制造农具和兵器,而当时中原则重礼仪,铜材主要用作制造礼器和生活用具。当时,越国的金属冶炼业比较发达,不仅有铜、锡采选业,还有发达的冶炼业和兵器、农具制造业。越国南部山区矿藏资源丰富,有较多的铜、铁、锡、金等金属矿物和白云石、石灰石等冶炼辅料。《越绝书》有"赤堇之山,破而出锡;若耶之溪,涸而出铜"的记载。当时,冶炼用炭出自锡山,据史料记载:"练塘者,句践时采锡山为炭,称炭聚。……"③会稽山北麓的东关、平水、王化、漓渚是当时越国的冶炼基地。据考证,练塘毗邻浙东运河,在上虞东关、道墟之间。吴越二国冶炼技术十分高超,是我国最先发明炼钢的地方。当时,吴越涌现出诸如干将、莫邪、瓯冶子等铸剑大师,以及

---

① 参见《绍兴市志》卷十一,浙江人民出版社1996年版,第772页。
② 《越绝书》卷八。
③ 《越绝书》卷八《越绝外传记地传》。

薛烛、风胡子等名剑鉴赏家。《吴越春秋》记载冶金师干将与莫邪夫妇在铸剑时，乃断发剪爪，投于炉中，制成"干将"和"莫邪"阳阴两剑，就是碳钢冶炼方法。20世纪50年代在绍兴城东北的西施山还出土了冶炼用的钳锅。

越国的青铜农（工）具以生产操作用途可以分为春播、夏锄、秋收三大类：春播（耕）农具有犁铧、大锄、镵等，夏锄农具有锄、铲等，秋收农具有镰刀等。在西施山出土的一批青铜制农具，有犁、锄、镵、锛等；铁制农具有锄、镵、镰刀等。20世纪70年代，在绍兴城南稽山门下畈发现锄、镵、凿等大量青铜工具；在市区仓桥出土青铜锄、铲形器、削等。另外，在禹陵黄墩头、望仙桥、岸头、罗家庄和平水寒溪山、冯家山、杨滩及福全、棠棣、南池、柯桥、夏历、江桥以及斗门雾露墩、杨望等地皆发现有青铜农具。[1]

从冶炼业经营体制分析，有官办工场，主要用来生产兵器。据史料记载："越王句践有宝剑五，闻于天下。"[2]1965年12月在湖北省江陵望山一号楚墓中出土的"越王句践自作用剑"，全长55.6厘米，剑格正面用蓝色琉璃，背面用绿松石镶嵌有美丽纹饰。该剑制作工艺精湛，质量优异，剑身中脊起棱，饰有黑色的菱形花纹，锋锷弧线内收，呈两度弧曲。它虽已深埋地下2300多年，却仍毫无锈蚀，光洁如新，寒气逼人。有人将20层叠成一扎的白纸，用剑轻轻一划，便截成两半，足见其剑刃锋利。经过科学测定，发现其主要成分是铜和锡，还有少量的铅、铁、镍和硫等，剑身的黑色菱形花纹是经过硫化处理的，剑刃精磨水平可同"精密磨床得到的产品相媲美"。充分显示出越国铸剑技术是何等的高超，从而证实史籍所载并非溢美之辞，越王剑堪称国之瑰宝。此外，当时也有民间工场，大多以生产农具、工具为主。据《考工记》记载："越无镈，……非无镈也。夫人而能为镈也。"郑玄解释"言其丈夫，人人皆能作是器，不须镈工"。说明越民间以制作器具为主的冶炼业亦甚发达。

绍兴县平水镇的上灶村，相传就是越国著名的铸剑大师欧冶子为越王铸剑设灶之处，亦称欧乡。瓯冶子造剑，乃因天之精神，悉其技巧，"赤堇之山，破而出锡；若耶之溪，涸而出铜；雨师扫洒，雷公击橐；蛟龙捧炉，天帝装炭；太一下观，天精下之"，一派天助玉成的神奇景象。据《越绝书》记载，薛

---

① 参见沈作霖：《绍兴越国遗物概述》，《绍兴学刊》1990年秋季号。
② 《越绝书》卷十一《越绝外传记宝剑》。

烛对越王宝剑价值的一番品评,曰:"虽复倾城量金,珠玉竭河,犹不能得此一物;有市之乡二、骏马千匹、千户之都二,何足言哉!"反映出当时越国的冶炼铸造业已达到极高的水平。

酿酒业　由于"越国炽富"、"民有三年之食",稻米充足,以稻米为原料的酿酒业也相当发达。这在《越绝书》、《吴越春秋》等文献中都有记载。比如,越王句践为了奖励百姓生儿育女,都要奖励一壶酒,说明官办作坊业非常兴盛。另据宋嘉泰《会稽志》载:"箪醪河,在府西二百步,一名投醪河。"华安仁考古云:"句践谋霸,拊存国人与共甘苦,师行之日,有献壶浆,跪受之,复流水上,士卒承流而饮之,人百其勇。"说明当时的民间酿酒也非常普遍。

制盐业　在人类文明的发展史上,盐几乎和火有着同等的重要性。由于越地近海,北部就是钱塘江河口滩地和杭州湾海涂,地域条件赐予越国具有熬制海盐之利。《浙江通史·先秦卷》曾有如此叙述:"越国也重视采伐和制盐业的发展……在离都城 35 里的朱余建立盐场,派盐官监督,进行盐业生产。"①朱余《越绝书》卷八:"朱余者,越盐官也。越人谓盐曰'余'。去县三十五里。"越语"余"即汉语"盐",常出现于越的地名之中,除了朱余以外,还有余姚、余杭、余暨(萧山)等等,这些越国的沿海聚落,都和朱余一样,和当时的盐业生产有密切关系②,皆为越国的海滨盐场。

(三)越国时期的商贸业

越国的商业活动文献有明确的记载,但从越国与吴、楚的几次交换和句践灭吴迁都时的规模,可见其一个侧面。比如,公元前 490 年,越王为了报答吴王夫差"增之以封",便派文种给吴国送去"葛布十万、甘蜜〔越椒〕九党〔盆〕、文笥七枚、狐皮五双、晋竹十艘"。这虽然是专门使国中男女入葛山采葛,把葛做成黄丝而成的细布,但作为纺织品业在民间肯定已成规模,不再是单纯的家织布了。即使到了公元前 333 年越为楚所败,诸族子散居各地的时候,在古越地维持旧统的"越王使公师隅来献舟三百,箭五百万,及犀角、象齿"③等。由此可见,当时越国的商品生产及商业活动规模宏大。

---

① 《浙江通史·先秦卷》,浙江人民出版社 2005 年版,第 183 页。
② 参见陈桥驿为点校本《越绝书》(上海古籍出版社 1985 年版)所作序。
③ 方诗铭、王修龄:《古本竹书纪年辑证》,上海古籍出版社 1981 年版,第 217 页。

越国确切的商业场所尚缺乏考古资料的佐证。但是,从《越绝书》等文献看,史载的四处越国旧都是一个由南部深山谷地向北部山麓古丘,呈扇面辐射的变迁,如无余旧都"岘里大城"(嶕岘)、允常之都"埤中"、句践之都"平阳",句践小城和山阴大城(统称蠡城)等,既是政治、文化中心,又是山乡与平原进行经济活动、商品交流的集散地。比如,山阴大城靠近山阴小城的西、北部为越国的生产中心,密布着各种手工作坊和养殖场;其东、北部为越国的商业中心,都亭桥一带是越国集市之所在。

从文献记载看,越国的商业活动集中反映在计然和范蠡两人。《越绝书·计倪内经》载,计倪(即计然)原来是楚国亡公子,游于吴、楚、越之间,从事商品买卖,"渔三邦之利"。后定居郭,帮助句践兴越灭吴,主持商品生产和交易活动,并为越制定了一套兴农利商的政策。至于范蠡晚年的商业实践,则见诸《史记·越王句践世家》和《国语·越语下》中,尤以《史记》为详。据《越绝书》记载:初,范蠡邀文种入吴,后入越进言,遭到越大夫石买的反对,"于是退而不言。游于楚、越之间"①,从事商业活动。在帮越灭吴返国后,"乃装其轻宝珠玉,自与其私徒属乘舟浮海以行",从事农耕和商业活动②。后到了当时的商业中心陶(即今山东的定陶县西北),"以为此,天下之中,交易有无之路通",于是"约要〔邀〕父子耕畜,废居,侯时能物,逐什一之利。居无何,则致赀累巨万"。③ 可见,被人们称做陶朱公的范蠡堪称我国历史上弃政从商的鼻祖和开创个人致富记录的典范。

(四)越国经济发展的主要特点

春秋后期至战国初期是越国经济发展最活跃的时期,不但有较为发达的稻作农业、林特业、畜禽业,而且渔盐业和农村手工业等经济活动也非常活跃。

1. 十分重视农业生产

越国君臣认识到"人之要,在于谷,故民众则主安,谷多则兵强"和"五谷者,万民之命,国之重宝"④的道理。公元前 490 年,越王句践罢吴回越,

---

① 《越绝书·记范伯》。
② 参见《史记·越王句践世家》。
③ 《史记·货殖列传》。
④ 《越绝书》卷十三。

遂师八臣与其四友,问政治国之道①,采取了一系列重农政策,致力于农业生产,使越国经济迅速发展。一是奖励耕作。句践"身自耕作,夫人自织,食不加肉,衣不重采,与百姓同其劳"②。君王与王后亲自男耕女织的作风,对越国在短时期内扩种水稻,发展纺织业,内实府库民富国强起精神支持作用。《吴越春秋》记载了当时一采葛妇女的诗:"葛不连蔓棻台台,我君心苦命更之。尝胆不苦甘如饴,令我采葛以作丝。女工织兮不敢迟。弱于罗兮轻霏霏,号绤兮将献之。"③反映了越民众对越王以身作则精神的崇敬。二是轻徭薄赋。为了发展生产,富民强国,越王句践听从大夫文种之谏,"乃缓刑薄罚,省其赋敛",以减轻人民的经济负担,让百姓安心致力于发展农业生产。"于是人民殷富,皆有带甲之勇。"④三是奖励生育。由于吴越长期争战,损人耗丁,人口锐减。句践为了鼓励百姓生育,繁衍人口,增加农业劳动力,立法规定:"令壮者无娶老妻,老者无娶壮妇。女子十七未嫁,其父母有罪。丈夫二十不娶,其父母有罪。将免者以告于孤,令医守之。生男二,贶之以壶酒、一犬。生女二,赐以壶酒、一豚(犬,阳畜;豚,阴畜)。生子三人,孤与乳母。生子二人,孤与一养。"⑤由于越王采取奖励生育的措施,遂使越国在较短时间内人口迅速增加,经过十年生娶,十年教养,越国其民殷实,以多甲兵。在伐吴前,越国人口已达 30 万左右,能发兵 5 万,其中习流(水军)0.2 万人、俊士(教士)4 万人、君子(官员)0.6 万人、诸御(后勤军官)0.1 万人。四是平籴积谷。越国通过限定粮食的最高价与最低价的办法,正确处理农商关系。计倪提出"籴石二十则伤农,九十则病末〔商〕。农伤则草木不辟,末病则货不出,故籴高不过八十,下不过三十,农末俱利矣"⑥。这样,使粮价控制在一定范围之内,既有利于提高农民种粮积极性,又能照顾商人的利益,有利于推动经济发展。五是兴修水利。越王句践采纳了大夫计倪"饥馑在问,或水或塘,因熟积以备四方"⑦的建议,发动民众,修筑堤塘。《越绝书》卷八和诸多方志史志中较详细地记载了越

① 参见《吴越春秋·勾践归国外传》。
② 《史记·越王句践世家》。
③ [先秦]无名氏《乐府·采葛妇歌》。
④ 《吴越春秋》卷八。
⑤ 《吴越春秋·勾践伐吴外传》。
⑥ 《越绝书·计倪内经》卷五。
⑦ 《越绝书》卷四。

国的主要水利工程。这些水利工程按照地形大致分为三类:一是山麓水利,如"吴塘"、"苦竹塘"、"秦望塘"、"富盛塘"、"城墉"等;二是平原水利,"富中大塘"、"练塘"、"山阴故水道"和"山阴城墙";三是沿海水塘,如"石塘"。比如,据《越绝书·记地云》载:"句践已灭吴,使吴人筑吴塘,东西千步,名辟首,后因以为名曰塘。""富中大塘者,句践治以为义田,为肥饶,谓之富中,去县二十里二十步。""石塘者,越所害军船也。塘广六十五步,长三百五十三步,去县四十里。"①吴塘在今绍兴城西南方向的柯桥湖塘古城村,至今大部分塘址尚存;其筑成年代约在公元前 473 年左右,是一个小型灌区,起到拒咸蓄淡、灌溉农田的作用。② 富中大塘在五云门至东郭之间的护城河东岸,大致相当于今之皋埠镇。在围堤筑塘的基础上,广辟田野,有力推动了越国农业的发展。石塘是一处军用码头,据考证其旧址在今萧山区的杭坞山,是一处抛石护坝的堤埂。这些水利工程大多数遗存至今,其址可考,其迹可寻,是句践越国改造沼泽平原、发展农业生产的产物,也是绍兴地区得到大规模深度开发的历史见证。

2. 生产专业化、基地化和军备化

文献资料和出土文物表明,越王句践时期,越国的农业生产规范有序,基本完成了农具革命,开始采用性能先进的青铜农具,且功用齐备、配套。这表明越国的农耕技术从选种、翻耕、种植、管理、收割、贮藏,呈现出专业化态势。与此同时,蚕桑业、葛麻业、果蔬业、畜牧业、养鱼业已较发达。越国以兴建基地方式进行农业与多种经营的专业化生产,出现了中国最早的农业集约化生产雏形,使发达的多种经营与发达的稻作农业交相辉映、相得益彰,成为越国农业经济的一大特色。据《越绝书》卷八载,各种生产基地有上百处之多。这些基地所属地均有史迹可考,基本是环越城而布局,其地域分布因地制宜,山区、半山区营建畜牧和经济作物基地,在山麓湖泊设立水产基地,在沼泽平原围筑粮食基地,在沿海滩涂开辟晒盐基地。其中,粮食基地有富中大塘、练塘、苦竹塘,木材基地有木客山,种麻基地有麻林山,种葛基地有葛山,养鱼基地有目鱼池,晒盐基地有朱余;"鸡山"、"豚山"、"犬山"、"鹿山"及"牛宫"皆为专业畜牧场,一山一畜,一山一禽,专人

---

① 《越绝书》卷八。
② 参见邱志荣:《鉴水长流》,新华出版社 2002 年版,第 321 页。

饲养,饲养专业性强,劳动力省,生产效果好。而且,生产规模大,数量多。从越王句践为了繁衍人口,所规定的奖励生育政策看,当时饲养犬、豚的规模是很庞大的。更难能可贵的是,有的手工业还初步形成了一定规模的产业链。比如越国的青铜冶炼业。据史志记载,当时越中各种冶铸加工作坊井然有序,有采燃料的"炭聚",冶炼提取原料"练塘",往来槽运的"炭读",铸造而未明产品的"六山铺",一日便可铸成铜剑的"日铸岭",以及冶官衙署所在地"姑中"等。① 当然,越国兴建这些专业化的生产基地,都是为了伐吴复国的需要。比如,畜犬为了猎南山白鹿,献给吴王,麻痹吴王;养鸡、豚为食将士;畜养牛、马则用于运输与驾车等。这在战时起到了保障部队供给、鼓励士气的积极作用。可见,各类专业化生产基地的建立,构成了越国门类齐全、结构合理的"块状经济体",推动了越国经济日趋繁荣,成为越国在短期内兴越灭吴称霸所凭借的重要实力支撑。

3. 先进的农业技术发挥重要作用

越国以水稻为主的农业生产迅速发展,离不开越国农业技术的进步。由于稻谷生产受制于天气,当时范蠡与计倪已经通过天象观察,意识到天气变化造成粮食丰歉,提出要顺应季节,不违农时。并且,对旱涝规律有了一定的认识,对旱涝灾害提出相应对策。范蠡曾提出了"春种八谷,夏长而养,秋成而聚,冬蓄而藏"②的农事准则,注重顺应季节运行规律从事农作,指明了一年四季的农事要领。这是一种农时与农事紧密结合的农时观,为绍兴传统农业的农学思想奠定了基础。计倪指出:"故散有时积,敛有时领,则决万物不过三岁而发矣……水则资车,旱则资舟"③,认为农业丰补歉,不会超过三年,因此平时要有积蓄,以应对丰歉,有备无患。当时,越国的畜禽饲养技术也有一定进步。据《齐民要术》记载,范蠡曾劝百姓养畜致富,还写了专著,对百姓教导饲养技术。越国的水田耕作方式尚无古籍记载可查考,但从绍兴各地出土青铜犁和青铜锄、青铜耨等耕作农具分析,越国的水田耕作方式是犁耕与火耕水耨相结合。田间管理已初具精耕细作传统农艺技术。计倪认为必须"……留意省察,谨除苗秽,秽除苗盛"④,反

---

① 《战国策·魏策》、《越绝书·记地传》和嘉泰《会稽志》等均有记载。
② 《吴越春秋》卷九。
③ 《越绝书》卷八。
④ 《吴越春秋·句践阴谋外传》。

映了农业生产管理上的精细程度。另外,在《越绝书》中也有"畴粪桑麻,播种五谷……"的记载,说明越国农业已有了精耕细作的传统农业的因素,从出土的青铜耨等中耕除草农具可以得到印证。

此外,当时的越国还呈现出了官办或官督民办实业的经济模式。这也是越国经济的重要特点之一。比如,封建传统农业进入了萌芽状态,出现了土地私有制。在越国的青铜冶炼业生产体系中,生产者有"国工"和"民匠"两类,国工民匠,各扬所长。少数"国工"技艺高超,侧重于生产兵器,服务于军事。据史料记载,越国著名铸剑大师欧冶子曾经为越王句践铸造了"湛卢、纯钩、胜邪、鱼肠和巨阙"五把三长两短锋利无比的利剑,反映出越地铸剑工匠高超的锻造技艺,令人叹为观止。① 另外,《庄子·刻意篇》、《荀子·强国篇》、《淮南子·修务训》等,也有关于欧冶子铸造名剑的记载,并视其为国工的典范。而人数众多的"民匠"则主要从事农具制造,服务于农事。《周礼·考工记》载,越"人人能而为镈"。"镈"就是铲,是一种常用农具,它的制作无须匠工完成,人人可以为之。可见,常用农具制造呈大众化现象,亦即能工巧匠寓于民间。

三、越国时期的经济理论

春秋末期的越国,涌现出了以范蠡、文种、计然(计倪)为代表的思想家、军事家和政治家。让世人津津乐道的是,尚处在子爵的越国,居然在越王句践被吴王夫差打败后,"修之十年,国富,厚赂战士,士赴矢石,如渴得饮,遂报强吴,观兵中国,称号五霸"②,乃是因为句践用了范蠡、计然的谋略。其中,他们的经营思想及其经济理论,内涵深邃,博大精深,不仅是当时越国兴越灭吴称霸的指导思想,而且至今也有其积极的现实意义。

(一)计然本末并重的经营之道

计然是于越文化史上一位杰出的经济学家和伟大的思想家。关于计

---

① 参见《越绝书·外传记宝剑》卷十。
② 《史记·货殖列传》卷一二九。

然的经济思想,只散见于《史记》、《越绝书》、《吴越春秋》等史料中。裴骃《史记·集解》引用徐广曰:"计然者,范蠡之师也,名研,桑心筭。"又引《范子》云:"计然者,葵丘濮上人,姓辛氏,字文子,其先晋国亡公子也。尝南游于越,范蠡师事之。"颜师古曰:"计然者,濮上人也,博学无所不通,尤善计算,尝游南越,范蠡卑身事之。事见《皇览》及《晋中经簿》,又《吴越春秋》及《越绝书》,并作计倪。此则然、倪、砚声相近,实则一人耳。"①

据史料记载,计然天资聪慧,博学强记,满腹经纶,尤善于出谋划策,曾著有《万物录》13卷,"著五方所出"。这是一种商业用书,可惜已经亡佚。他出身于晋国没落的贵族家庭,经营商业,游说国君。由于得不到各国君王的宠信,才"处于楚、吴、越之间,以渔三邦之利"。越王句践"既得返国,欲阴图吴,乃召计倪而问焉"。《吴越春秋》也记载了越王句践讨教群臣,讨论反吴雪耻之策,"计倪年少,官卑列坐于后,乃举手而趋,蹈席而前进"献策的事。这些史料表明,计然不仅仅是个经纪人,而且是越国与文种、范蠡同等重要的功臣。范蠡为句践制定安国复邦、称霸中原之大计,计然则为句践谋划振兴经济、富国强兵的发展规划,为越国兴越灭吴立下了汗马功劳。

越王句践在困于会稽时,计然多次为之献策。他提出了强国必先富国之策,其根本点是发展生产,经营商业,从中取利。《史记》说"修之十年",《吴越春秋》说"三年五倍,越国炽富"。句践称赞他为"吾之霸矣。善!计然之谋也"。范蠡也曾喟然叹曰:"计然之策七,越用其五而得意。"这里,所谓的"计然之策"主要指"六岁穰六岁旱"的农业循环学说、农末俱利的平籴论,以及物价观测、贵出贱取等经商致富的"积着之理"。

1."时断则循,智断则备"

计然的经济思想之一,就是按照天时变化的客观规律发展生产,做到有备无患。《史记·货殖列传》引计然的话作"知斗则修备,时用则知物,二者形则万货之情可得而观已"。这里,"斗"是"断"的通借词。计然认为,农业生产是受天时支配的,天时的变化有一定的规律。人们若能认识这些规律,"循"这些规律办事,才能获得丰收而致富足。农业收成的好坏,跟岁星(木星)的运行有关系:"岁在金穰;水,毁;木,饥;火,旱。旱则资舟,水则

---

① 颜师古撰:《匡谬正俗》卷八,上海商务印书馆1937年版。

资车,物之理也。"①"天下六岁以穰,六岁以康〔饥〕。凡十二岁一饥〔大饥〕,是以民相离也。故圣人早知田地之反,为之预备。"这当然是没有科学依据的。但是,他不讲天,只讲"天时"。认识到自然界的事物,如"银牙膏万物","日月星辰","五行"等虽然时常变动,但都有"常"(即一定的规律)。人们必须遵循这些规律,或生产,或做事,才能获得丰收,取得成功,并且悟到了人们因田时变化而有所防范,这是难能可贵的。可见,计然在经济思想中还蕴涵着闪光的朴素唯物主义因素。更为重要的是,计然主张在掌握商品流通信息的基础上,根据市场上货物盈余或缺乏的状况进行买卖,才能取天下之利。因此,他对越王句践夫妇"自耕自织"的做法颇不以为善。他说:"臣闻君自耕,夫人自织,竭于庸力,而不断时与智也。时断则循,智断则备,知此二者,戒于体万物之情,短长逆顺,可观而已。"②他认为这是不懂得商品流通规律。

2. "农末俱利,平粜齐物"

计然竭力主张摆正"本"(农)与"末"(商)的位置,提出农业、手工业、商业各业并举,综合经营。春秋末期,有了铁制农具,开始用牛曳犁耕田。随着农业生产的发展,手工业、商贸业也得到了快速发展。在这样的形势下,计然审时度势,意识到:作为国家的君王,摆正农业、手工业和商业三者的位置,是十分重要的。他从攻吴出发,认为"兴师者,必先聚积食钱布帛。不先畜〔蓄〕积,士卒数饥,饥则易伤,重迟不可战"③。所以,务必"本""末"俱利。他还从越国"山林幽冥","西则迫江,东则薄海"的地理环境出发,主张国家经营商业,急功近利,以促进农业生产的发展,使"本"、"末"相得益彰,共同发展。他说:"粜石二十则伤农,九十则病末,农伤则草木不辟,末病则货不出。故粜高不过八十,下不过三十,农末俱利矣。故古之治邦者,本之货物,官市开而至。"④就是说:一石谷值二十钱的时候,农民就要吃亏。值九十钱之间,商人就要吃亏。农民吃亏了,田地就会荒芜;商人吃亏了,就会影响商品流通,所以必须把粮价保持在每石八十至三十钱之间,使农民和商人都得到利益,各自都有积极性。

---

① 《越绝书》卷三。
② 同上。
③ 《越绝书》卷四。
④ 《史记·货殖列传》卷一二九。

计然认为,要保持这样合理的价格,办法有二:一是"平粜",既明码标价。他规定:"甲货之户曰粢,为上物,贾〔通价〕七十;乙货之户曰黍,为中物,石六十;丙货之户曰赤豆,为下物,石五十;丁货之户曰稻、粟,令为上种,石四十;戊货之户曰麦,为中物,石三十;已货之户曰大豆,为下物,石二十;庚货之户曰糖,比疏食,无贾;……"①其余类推,做到价格公平合理,促进"齐物",即各业协调发展。二是"官市开而至",即"关市不乏"。他认为:"阴且尽之岁,亟卖六畜货财,以益收五谷。以应阳之至也;阴且尽而岁,亟发籴,以收田宅牛马,积敛货财,聚棺木以应阴之至也。此皆十倍者也,其次五倍。"②这里,阴喻穰,阳喻歉。穰则粮价偏贱,官吏就收买粮食,买牧畜及其货物;歉则粮价上涨,官吏应出卖粮食,收买宅牛马,积敛货物。这样,就可以保持粮价的稳定,国家也可以从中取得五到十倍的利益。越国在计然以"农末兼营"为立国思想的指导下,农业手工业都得到了空前的发展。

3."有余不足,则知贵践"

计然经济思想的又一主要内容,是根据贵贱互相转化的规律,来从事商业经营活动。计然说:"积著之理,务完物,无息币。以物相贸易,腐败而食之货勿留,无敢居贵。论其有余不足,则知贵践。贵上极则反贱,贱下极则反贵。贵出如粪土;贱取如珠玉,财币欲其行如流水。"这里,"积著"就是积微小为显著。他认为,经营商业活动要把握两个要领:一是货物的进出一定要快,不能堆积起来,不要求完备,只要求流转得快,积压起来就无利可得;二是要摸清行情,了解有余和不足,因为货物的贵贱是由于有余和不足。不足就是供不应要求,价格就要上涨;有余就是供过于要求,价格就要下跌,会影响生产,有余反变不足,物价由贱变贵。一种商品的价格贵到极点时,必然会贱,因而应把它看成粪土一样,赶紧抛售出去,以防"息币";当一种商品价格贱到极点时,必然会贵起来,反而应把它视如珠玉,赶紧把它收进来,以待价而沽。这样"财币"才会"行如流水",国家才能富足。这里,计然主张通过对社会经济现象的观察,在从事商业贸易活动中实现富国强兵。

---

① 《史记·货殖列传》卷一二八。
② 《史记·越王句践世家》。

(二)范蠡在我国古代经济学领域的突出贡献

范蠡字少伯,生卒年不详,春秋楚人。出身低微,特立独行,唯与文种相识,遂成至交,后一起弃楚归越。范蠡前半生苦身戮力,"与文种同事越王勾践深谋二十余年",帮助越国强国富民、兴越灭吴。在完成大业后,范蠡急流勇退,"浮海出齐,变姓名,自谓鸱夷子皮"。"范蠡既雪会稽之耻……乃乘扁舟浮于江湖,变名易姓,适齐为鸱夷子皮。"①据史料记载,范蠡到了齐国之后,"耕于海畔,苦身戮力,父子治产"。后"止于陶,以为此天下之中,交易有无路通,为生可以致富矣。复约要父子耕畜,废居,候时转物,逐什一之利。居无何,则致资累巨万"②,成为富甲一方的"陶朱公"。他将政治军事的谋略用于管理经济,可谓"居官为卿相,居家则富翁"。他既有丰富的实践活动,更有精辟的理论学说,被尊称为"中华商祖"。

1."农末兼营"的经济观点

在"重农抑商"的社会大环境中,范蠡提出"农末兼营"的主张,尤其难能可贵。这些观点主要包括:一是大力发展农业生产。"谷乃国之宝,民以食为天。"历代统治者都把发展农业作为富国强兵的经济基础。在对待土地的认识方面,范蠡曾对越王勾践说过:"节事者于地。唯地能包万物以为一,其事不失。生万物,容畜禽兽,然后受其名而兼其利,美恶皆成,以养其生。"他还指出,要动员越国男女百姓,来进行"田野开辟",以达到"府仓实,民众殷"。二是多种经营、全面发展的方针。在范蠡的经济思想中,一直认为应当人尽其力,物尽其用。他提倡多种经营,全面发展,通过发展多业,活跃经济,为民造福,形成国家经济的良性循环。在他和计然、文种的苦心经营下,农业、手工业等得到迅猛发展。仅《越绝书》记述的就有养殖业、畜牧业、纺织业、冶铸、造船业、采伐业、盐业等。由此可见,越国当时的多种经营生产已经具备相当规模,商品十分丰富。三是为"末"正名的商业观点。我国自古以来,就有"士、农、工、商"的等级秩序观念,把商业视为"末业"。范蠡认为,资产乃立业之本,经商是财富之道。他在执政时,大力发展越国商业,不仅重视农业,而且倡导农业和商业相辅相成,农末俱兴,全

① 《史记·货殖列传》。
② 《史记》卷四十一。

面振兴越国经济。他弃官经商后,率先垂范,以自己的商贸理论和实践,最早为"末业"活动"正名",成为我国历史上第一位著名的经济学家和公认的商业鼻祖。

2. 有规可循的"经济循环论"

范蠡在经济学领域的最大贡献就是他提出的"经济循环论"。这一理论的科学依据是古代天文学。据史料记载:句践自吴返越后,在筑山阴小城时,选址龟山(今绍兴市区塔山)起游台、立层楼,冠其山巅,以为灵台。"龟山者,句践起怪游台也。……又仰望天气,观天怪也。"①范蠡经过长期的观察和研究,从农业收成统计的资料中总结出天气变化与农作物生长之间的关系。由于我国自古以来就是一个典型的农业大国,农业经济占国民经济的主导地位,所以这一理论也称为"农业经济循环论"。这种观点认为,农业收成情况是呈周期性运动的,有"六岁穰"、"六岁旱"的规律,还表现出"十二岁一大饥"的循环。农业是万物之本,农产品收成的好坏,直接影响到其他商品,农产品的波动价格必将影响整个市场。在农业仍在全社会经济活动中起着支配作用的年代,农业的丰歉必然导致整个社会经济的繁荣和衰败的出现。这一学说,不是单一的谈经论道,而是振兴国家的经济国策。

3. 以备后用的"待乏"原则

"待乏"即"等待货物缺乏"之意。这是"经济循环论"在商贸领域的具体应用。其表述为"夏则资皮,冬则资𫄨,旱则资舟,水则资车"②。这里的"皮"、"𫄨"、"舟"、"车"都是一种形象性的比喻说法,可以泛指同类性质的一切商品。这几句话的大意是,夏天要预备贩卖皮毛商品,冬天要预备贩卖葛麻商品,旱灾过后,要有做船只生意的准备,因为水灾过后,车将成为特别需要而又缺乏的商品。这一原则告诉人们,在准确预测商情动态的基础上,下一步经营的物资,必须是迫切需要而又不被一般人们所重视的,因为它有利可图。范蠡从"待乏"原则中总结出来的宝贵经验,就是讲究节令,超前预测,捕捉机遇,适应市场。只有这样,才能在竞争中胜人一筹,就能获取利益,得到发展。

---

① 《越绝书·地传》。
② 《国语·越语上》。

4. 辩证统一的"积著之理"

"积著"就是储存货物,"积著之理"就是储存货物的道理。这是一种猎取高额利润的经营原则。这个原则本是范蠡的老师计然提出来的,后来成为范蠡的指导思想和具体实践。所谓"积著之理",表述为"务完物,无息币……论其有余不足,则知贵贱。贵上极则反贱,贱下极则反贵。贵出如粪土,贱取如珠玉。财币欲其行如流水"。在这里,范蠡告诉人们一定要使所经营的物品质量完好,货币资本不能死滞,而应使货物与货币不断流动。通过库存商品的多,就可以预测价格的增高和降低。"物极必反",当某一商品价格昂贵时,就应将存货像粪土一样毫不吝惜地抛售出去,不能留着等待更高的价格;当某一商品的价格低贱时,就要像金玉宝物一样立即收购,以等待高昂的价格。只有这样加快周转速度,才能获取较高的利润。即使在今天的商业流通领域,"积著之理"所强调的控制"物流",加快资金流转速度也十分重要,仍是商家尊奉的"重要商业法则"。

5. 平粜齐物的价格理论

粮食是一种特殊商品,更是一种战略物资。"平粜齐物"本指粮食而言。"平粜"即采用公正、平等的价格出售粮食,"齐物"即货物完备。"平粜齐物"其实就是"平抑物价",是发挥政府宏观调控作用的理论基础。这种价格理论,已经认识到商品经济规律并主张由官府实行"宏观调控"。他说:"夫粜,二十病农,九十病末。末病则财不出,农病则草不辟矣。上不过八十,下不减三十,则农末俱利,平粜齐物,关市不乏,治国之道也。"①范蠡是一个自由商人,但他主张官府对物价应有管制,把物价波动置于国家指导之下。物价的波动必须限定在既不伤害生产者,又不伤害经营者这一合理幅度内,让其既有利于生产,又有利于流通。让"农商俱利",既重视农民,又重视商人,使二者平衡协调发展。范蠡认识到价格对商品流通的重要作用,指出不适当的价格会影响流通,从而影响生活。与计然一样,范蠡是我国历史上最早提出平粜理论并付诸实践的人,对于研究和应对经济发展中的新动态,具有很高的参考价值。

6. 选择合适的经商时机和环境

范蠡认为:"从时者,犹救火、追亡人也,蹶而趋之,唯恐弗及。""得时无

---

① 《史记·货殖列传》。

怠,时不再来,天予不取,反为之灾。"①时机稍纵即逝,范蠡在商业活动的各个环节都能捕捉有利时机,由此获取了丰厚的商业利润。他还提出"候时转物",即根据季节、时令变化而转运不同的商品。范蠡之所以"止于陶",选择"陶"作为经商之地,是经过慎重考虑的。首先,他"以为此天下之中,交易有无之路通,为生可以致富矣"②。"以为陶天下之中,诸侯四通,货物所交易也。"③便利的交通利于陶与各诸侯国的车旅往来,加上商品信息丰富,故能推动商品的转运买卖,是经商的极好位置。其次,陶之东为齐国,多文采布帛鱼盐;北为赵,富鱼、盐、枣、栗;南有邹、鲁,颇有桑麻之业,上述各国在春秋末战国初都是比较富强的国家,它们丰富多样的物产可为范蠡经商提供充足的货源。第三,陶地土地肥沃,物产丰富,气候适宜,既为经商奠定了良好的物质基础,又可为商人提供良好的生活环境。于是他在这里囤积货物,垄断居奇,把握时机,聚散适宜。

7."富好行其德"的经济伦理

两千多年来,人们一直奉范蠡为商业鼻祖,很重要的原因是范蠡具有良好的职业道德,能"富好行其德"。在世俗眼里,商人是逐利阶层,唯利是图是他们的天性。范蠡却不然,他舍弃了越国的高官厚禄,到齐、陶艰苦创业,孜孜不倦地从事农业、畜牧业、水产养殖业和商业等,都取得了巨大的成功,其目的不在于赚钱而在于实现其自我价值。正是基于这种考虑,他不为金钱所累,去齐止陶时便"尽散其财,以分与知友乡党";居陶经商,"十九年之中三致千金,再分散与贫交疏昆弟"。更可贵的是,范蠡还不搞垄断,慷慨指导齐国国君在后苑治池养鱼,一年得钱20万;指导鲁之穷士猗顿赴西河畜牛羊于猗氏之南,十年之间遂成巨富。太史公司马迁深为范蠡这种超然物外的境界所折服。从现代眼光看,范蠡具有"先富带后富,走共同富裕道路"的经济思想,并且身体力行,是世人值得学习的榜样和典范。此外,范蠡还认为"善治生者,能择人而任"。意谓善于经营的商人,应该是能恰当地选择助手,采用任贤使能的用人原则。这就是要任用那些既熟悉商务,而又忠信可靠的能人,来作为自己的经纪人和合作商家。

尽管史籍中保存下来的关于范蠡经济思想的材料不多,但通过这些不

---

① 《国语·越语下》。
② 《史记·越王句践世家》。
③ 《史记·货殖列传》。

多的材料,可以发现,范蠡继承、发展了我国古代的农本思想,开创了多种经营的经济管理模式,是春秋末战国初新兴商人的突出代表。他不仅是一位足智多谋、济世安民的谋臣楷模,也是一位经营有方、生财有道的商业大师。他先后撰著了《陶朱公商训》、《致富奇书》、《范蠡养鱼经》等著作流传于世,成为中华民族的骄傲的文化宝藏。范蠡不愧为我国先秦时期最伟大的经济理论奠基人,他的经济思想和商业实践是中华民族宝贵的文化遗产,特别是他在经济学领域里具有开创意义的那些真知灼见,不仅堪称我国古代经济史上的闪光亮点,而且也是中国人对世界经济理论的卓越贡献。

第三章　秦汉六朝时期越地经济的发展

　　秦汉六朝时期,即秦汉魏晋南北朝时期(前 221—589),是我国封建社
会的开端和发展时期。秦汉时期,在继春秋越国辉煌鼎盛之后,会稽郡的
经济发展历经从衰落到发展的转折阶段。与魏晋南北朝相当的"六朝",指
的是以建康(建业)为都城的三国东吴、东晋,以及南朝的宋、齐、梁、陈六个
朝代。总体而言,秦至西汉时期越地经济的发展比较缓慢,东汉以后发展
速度加快。汉末,我国传统经济重心——黄河中下游地区正处于"无月不
战"的极度社会动荡之中,政权更替频繁,经济处于停滞和衰退状态。为躲
避兵祸,大批北民向相对安宁的南方地区迁徙,推动了南方经济的发展。
东晋时期,会稽经济可与昔日关中相比。会稽郡发达的地主庄园,带动了
整个地区的经济发展,成为江南富郡之一,为唐宋时期越地经济的繁荣奠
定了坚实的基础。

一、秦汉时期的越地经济

公元前221年,秦王嬴政以雷霆之势一举荡平六国,结束了春秋战国以来长达五个多世纪的分裂局面,建立了我国历史上第一个统一的封建集权制国家——秦朝(前221—前206)。秦始皇统一中国后,在经济上采取了一些积极的、有效的措施,推动了经济的发展。尤其是公元前356年,秦孝公下令商鞅变法,"废井田、开阡陌",实行重农抑商、奖励耕织、兴修水利、统一度量衡等一系列措施,破坏了奴隶制的生产关系,进一步促进了封建经济的发展。汉代继承秦朝的封建集权制度,发展私有制,扩大自耕农,改进农业生产工具和技术;大规模兴修水利,使汉初的社会经济从贫穷、疲惫状态中解脱出来,到汉武帝时出现了"国家无事,非遇水旱,则民人给家足,都鄙廪庾尽满,而府库余货财"的繁荣景象。① 但是,秦汉两代朝廷轻南方、重北方,经济重心在中原地区,并将大量南方百姓迁移到北方,造成江南广大地区人口稀少,耕作相对粗放,导致经济落后于北方。直到东汉后期,包括会稽郡在内的江南经济才得以重现生机。

(一)秦朝时期的越地经济

秦朝时期,秦始皇曾东游至会稽,立碑刻石,并作出许多有深刻影响的决定和措施,客观上对越地经济的发展起了积极作用。

1. 以越地置会稽郡,更名大越为山阴

统一六国后,秦始皇于公元前222年派大将王翦遂定荆江南地,降越君,以越地置会稽郡,治吴(今苏州),更名大越为山阴。属县有山阴、诸暨、上虞、余姚等二十多个县。从此,于越作为一个民族逐步融入中原民族大家庭中,成为汉民族的一部分。同时,越地从一个诸侯国成为以封建制统一国家的组成部分。从各诸侯国家长期分裂、战争状态到统一国家的一个建制郡,使越地的经济、社会、文化领域发生质的飞跃,这在客观上对当时越地经济的发展起了积极的推动作用。

---

① 参见《汉书·食货志》。

2. 巡游会稽山,立石刻颂秦德

据史料记载:"三十七年十月癸丑,始皇出游","上会稽,祭大禹,望于南海,而立石刻颂秦德"①。又据《越绝书》记载:秦始皇"以其三十七年〔前210〕,东游之会稽。道度牛渚,奏东安〔今富春〕,丹阳、溧阳、鄣故、余杭轲亭南,东奏槿头,道度诸暨、大越。以正月甲戌到大越,留舍都亭,取钱塘浙江'岑石'。石长丈四尺,南北面广尺六,西面广尺六寸。刻丈六于越东山上,其道九曲,去县二十一里"②。书中详细记述秦始皇来会稽的时间、路线和会稽刻石的经过。据宋嘉泰《会稽志》载:"刻石山在县西南七十里,一名鹅鼻山,自诸暨入会稽……秦皇刻石宜在此山。"③后二十余年,鹅鼻山仅存插碑石屋,而碑已无。梁安世至秦望东南何山,见一碑,但字迹已磨灭。1341年,元代绍兴路总管府推官申屠駉以家藏旧本摹勒小篆。清康熙年间为石工磨损,1792年清代知府李享特以申屠氏本重刻,置于郡庠之稽古阁(今稽山中学内)。20世纪80年代末移入禹陵碑廊。④ 从《会稽刻石》内容看,前半部分是颂扬秦德,六国无道,灭之有理;后半部分是提倡法治,宣扬伦理道德规范天下,在客观上对越地居民进行法制和社会道德教育,对促进会稽郡地区社会安定、推动越地经济发展起到了一定作用。

3. 强迫越民北徙、中原民族南迁

据史料记载:"始皇尝曰:东南有天子气。"⑤认为越地民性剽悍好斗,民族意识特强,不服秦朝统治,容易造成越地动荡局面。于是,秦始皇决定借"东游"来抑制越地的反抗情绪和活动,并且强制性地将越人迁徙到浙西和皖南地区,将中原民族移至越地。"徙大越民置余杭、伊攻、口故鄣","因徙天下有罪适吏民,置海南故大越处,以备东海外越,乃更名大越曰山阴"。⑥ 从此,进一步推动了于越和其他越族,以及与中原民族的杂居和融合,越地加入了全国版图,并逐步被中原民族同化。中原人的到来,把北方先进的农耕技术、铁制农具和优良品种带入会稽越地,促进了越地经济的

① 《史记·秦始皇本纪》。
② 《越绝书》卷八。
③ 宋嘉泰《会稽志》卷九。
④ 参见《绍兴县志》(中华书局1999年版)第37编,第467页。
⑤ 《秦会要订补》卷六。
⑥ 《越绝书》卷八。

发展。另外,秦并六国以后,兴建了一些水利工程,交通方便,有利于全国的农作物品种交流。比如,茶叶原产于云贵巴蜀一带,秦并六国、开通灵渠以后,茶种遂由水道传到荆、楚、吴、越。其他一些旱粮和蔬菜品种,也是秦朝后期由北民带入越地的。① 因此,可以说越地是浙江茶叶史的发祥地。

4. 开凿两条通向越地的水陆通道

在秦始皇东巡会稽期间,透过其王气之说的附会表象,为了加强对吴越地区的控制,开凿了丹阳至镇江的丹徒(曲阿)水道和杭州至嘉兴的陵水道。"《神异传》曰:由卷县,秦时长水县也……秦始皇恶其势王,令囚徒十余万人,其土表,以恶名,改曰囚卷,亦曰由卷也。"②这里的"由卷",即《汉书·地理志》所说的"由拳",在今嘉兴市西南。在这里,可以看出秦始皇在长水县掘破原来河道,使其折向西南,并修筑、开凿了水陆两条通向钱唐、越地的直达通道。这样,初步形成了江南运河水运网的雏形,既促进了太湖平原上的水上交通,又加强了江南地区与中原地区的经济、文化往来和交流。

(二)西汉时期的越地经济

汉代(前202—220)是我国历史上继秦朝之后出现的朝代,分为"西汉"与"东汉"两个历史时期,历时426年。汉朝是我国历史上强盛的帝国,创造了辉煌灿烂的文明。西汉时,会稽郡治吴,辖领山阴、诸暨、余姚、上虞等县。汉初国力尚弱,到汉武帝时(前140—前88),中原农业在耕作方法上采用代田法,广泛使用铁制农具与牛耕技术,修建了许多引水渠等水利工程,生产力得到迅速发展。与此同时,土地买卖盛行,兼并趋于激烈。由于汉王朝重西北,轻东南,北方中原地区发展较快,南方发展则相对缓慢。文景时期会稽郡越地的农业还处在"蹠耒而耕"的原始的粗放阶段,直到汉武帝时,这种状态虽然有所改变,但总体上仍落后于中原地区。

1. 西汉时期越地经济概况

汉武帝时,太史公司马迁曾"上会稽,探禹穴"。他对会稽越地进行考察后说:"楚越之地,地广人稀,饭稻羹鱼,或火耕水耨,果隋蠃蛤,不待贾而

---

① 参见陈文华:《长江流域茶文化》,湖北教育出版社2004年版,第135页。
② [北魏]郦道元:《水经注·沔水中》,华夏出版社2006年版,第73页。

足,地势饶食,无饥馑之患。以故呰窳偷生,无积聚而多贫,是故江淮以南,无冻饿之人,亦无千金之家。"①这里,司马迁从四个层面反映当时越地的经济状况。

一是越地人口稀少。司马迁认为"楚越之地,地广人稀",没有中原地区那样人丁旺。其原因有二:其一,自然人口少。"江南卑湿,丈夫早夭"②,死亡率高。春秋末,吴越长期战争,人口减员严重。据越史专家孟文镛教授的研究,越灭吴前,人口也只有30万,每平方公里6人。③ 其二,人口迁徙。春秋末至汉武帝时期,有史可稽的迁徙就有三次:第一次是越国于公元前473年灭吴后,迁都琅琊,与齐晋争霸中原,迁都时带去越地居民3万户④,占越国人口的1/3以上,加上楚败越后,大批越民南徙,造成越地人口骤减。第二次是在约公元前210年,秦始皇推行人口南北迁徙,将大批越居民迁至今浙西北、皖南地区,又将中原罪适之民移到越地,但出多入少。第三次是汉武帝时期,也曾经有两度移民。经过三次大规模的迁徙,越地人口剧减,地广人稀是必然的。

二是越地"火耕水耨",耕作较为粗放。汉武帝时期,北方已广泛使用铁制农具,推广代田法和耦耕,而越地还处在"火耕水耨"阶段,农业生产比较落后。所谓"火耕水耨",据《货殖列传·集解》解释,为"烧草,下水种稻,草与稻生,高七八寸,因悉芟去,复下水灌之草死,独稻长"。公元前400多年前就采用这种耕作方法,而后经历秦、汉、晋到南北朝时仍用此法,时间长达900多年。虽然汉代时越地冶铁和铁制农具已相当发展,并逐步淘汰非铁质农具,绍兴县漓渚镇汉代冶铁遗址中,也发掘出一批铁锄、镢等铁制农具,但当时使用的犁是一种扁平犁,只能碎土不能深耕,越地在西汉时又无牛耕技术。晋时虽引进能深耕的直辕犁,在永兴(今萧山)也有耦耕的记载,但因直辕犁笨重,需二牛三人操作,不适应水田耕作,难于推广。越地真正改变"火耕水耨"的粗放耕作习惯是在唐代引进、推广"曲辕犁"和水稻育秧移栽后才消失。

应当指出,"火耕水耨"不能笼统地说成是一种落后的耕作方式。其

---

① 《史记·货殖列传》。
② 同上。
③ 参见孟文镛:《绍兴越文化》,中华书局2004年版,第76页。
④ 参见陈桥驿:《绍兴史话》,上海人民出版社1982年版,第92页。

实,"火耕"和"水耨"是水稻生产的两个重要环节,"火耕"即烧草免耕,是解决土壤疏松度,改善土壤物理性状,提高水稻根系活力的措施;而"水耨"则是一种用淹水方法杀灭杂草的除草技术。从史书记载和出土农具分析,越地牛耕出现比较迟,到晋代江南还不穿牛鼻,但是耨草工具(青铜耨刀)在春秋战国时已有,说明水田用农具锄草的技术在越国已广泛应用,就是《吴越春秋》中说的"留意省察,谨除苗秽,秽除苗盛"。从另一视角看,越地的"火耕水耨"是因地制宜的产物,是适合在人少田多、水田牛耕技术不完善,以及水稻直播栽培条件下推行的耕作方法。

三是渔猎和采集业在越地居民生活中仍处于重要地位。西汉时期,水产捕捞是西汉越地居民的重要食物来源。据史料记载,越人"民食鱼稻,以渔猎山伐为业,果蓏蠃蛤,食物常足"①。说明汉代越地的果木(当然也包括采集、驯化野果)相当多,果品种类除了橘、柚、李、榧、栗外还有柿、梅、杏等,非养殖或种植的食物来源占一定比重。虽然,当时越地的生产力比中原地区落后,但是由于越地天然食物来源丰富,故无饥馑之患。在客观上农业生产也并非显得至关重要。越地居民仍处在一种"靠海吃海、靠山吃山"的自然经济状态。

四是社会贫富差别不突出。西汉时期,由于越地人少地多,可开垦的土地资源比较丰富,土地和粮食矛盾并不突出,土地兼并不激烈。于是,越地居民"无积聚而多贫,是故江淮以南,无冻饿之人,亦无千金之家"。处在自然经济状态之下的老百姓生活,穷富差别不大。

2. 西汉时期越地的产业发展

西汉时期,会稽郡治在吴(苏州),辖领 26 县,包括山阴、诸暨、上虞、剡和余姚、余暨(萧山)在内。

——种植业

西汉时期,会稽越地的水稻品种当以白稻系统为主的晚籼品种,已出现粗米即粳稻。旱粮种类仍沿袭越国的"粢、黍、赤豆、穄"等。西汉时期会稽越地的粮食产量,史籍中没有确切记载。古代产量是以容积为计量单位而非重量计算,一锺为五石,一石为二斛,斛以下为斗、升。汉制一斛稻谷

---

① 《汉书·地理志》。

约为30市斤。① 秦汉时期面积以顷、亩为单位,一顷为百亩,一亩约合现制0.69亩。据汉史学家估算,西汉全国平均粮食亩产约为261市斤。《汉书·地理志》记载,会稽郡领26县,约24万人。汉代人均年口粮1080市斤,越地6县24万人需口粮25920万市斤,需汉亩1.44万顷土地才能满足需求,考虑到土地轮休因素,就需要2万顷以上土地产出才能维持粮食基本需求。当时,会稽越地的耕地约为2.1万顷。分布大致如下:会稽山北部平原,在鉴湖未筑成前约有耕地1万余顷;虞北平原约有耕地0.6万顷,剡溪一带的河谷盆地有耕地0.1万顷,诸暨的枫桥、浦阳江流域的河谷盆地,以及余暨的中部平原约有耕地0.3万顷;另外在四明山、稽山区的山麓冲积扇和溪河谷地带及山坡旱地约有0.1万顷。由此推算,当时会稽越地的年粮食总产量约32886万市斤,可以基本满足越地居民的生活保障。

值得一提的是,随着移民的增加,汉代会稽越地居民还栽培和采集葫芦、竹笋、荠、蓼、蕺等蔬(野)菜,并且一些北方蔬菜品种,包括从西域引进的蔬菜品种,如菘(白菜)、葱、姜等蔬菜也随着南北居民交往而传入越地。特别是茶桑生产有了较快发展。西汉时会稽越地四明山一带就已经开始制茶。东方朔《神异经》载:丹丘子在瀑布岭(今上虞与余姚交界处)发现大茶树,告知虞洪采制。又据鲁迅《古小说钩沉》辑《王浮神异记》载:"余姚人虞洪,入山采茗,遇一道士,牵三青牛,引洪至瀑布山。"陆羽在《茶经》中也有类似记载:"余姚县生瀑布泉岭,曰仙茗,大者殊异,小者与襄州同。""仙茗"是一种野生茶树,说明西汉时境内已经有采茶、制茶等生产活动。另外,自越王句践实行"劝农桑"政策以后,到汉代,蚕桑生产已在会稽农家盛行。

——畜牧业和捕捞业

西汉时期会稽郡物产富饶,农村畜牧业在继越国遗风基础上又有一定的发展。比如,在西汉会稽越地的农家已经广为饲养六畜(马、牛、羊、狗、猪、鸡)。饲养方式在汉代有了根本性转折。如前所述,春秋战国时期越国是国家集体饲养为主,即国家专门设立"鸡山"、"豕山"、"犬山"、"白鹿山"、"牛宫"等专业化养殖基地,派专人饲养,产品归国有,由越王

① 参见王忠全:《西汉亩产量管见》,《农业考古》1986年第1期。

奖励给将士、百姓生育或作外交之用。到了汉代,则转为民养为主,由一家一户饲养,普及广而且量大,这种畜牧的私有化是与土地私有化发展相对应的。尤其是养鸡业较为发达,《汉书·艺文志》已有"相鸡经"的记载,并利用巢性强的鸡来孵育雏鸭的技术已渐趋成熟,这一技术汉以后逐步传入绍兴。① 在饲养方法上采取放牧与散养相结合形式,白天放于野外,晚上圈栏合。

西汉时会稽越人"民食鱼稻,以渔猎山伐为业"。古代的会稽河湖密布,水域辽阔,又近钱塘河口与杭州湾,渔类资源相当丰富,所以捕捞是农民的主要生产方式之一。当时,不仅有淡水捕捞,也有发达的海水捕捞。由于越人习于水上活动,自古又有发达的造船业,所以海水捕捞,尤其是近海捕捞是沿海越民的重要生产活动。早在河姆渡时期,越地先民就能捕捞鲸、鲨等深海动物和鲻、裸顶鲷等滨海河口鱼类;春秋战国时,越人在后海捕的鱼加工成鲞,以石首鲞为上品。汉代亦大致如此,而且捕捞规模有所扩大。至于养鱼业,西汉时期仍以池塘与堰塘养鱼为主,主要在山区和半山区;养殖品种多以杂食性鱼类为主。会稽越地近海,盐业生产较为发达。春秋至秦汉,余姚,余暨(萧山)、余杭皆设有盐场。据史料载:"〔汉〕高祖立濞为吴王,煮海水为盐,以故无赋,国用富饶。"武帝"元狩四年〔前119〕冬,置盐铁官"②,其时,会稽成为全国 28 个设盐官的县之一。这说明盐业对西汉国家经济收入所起的重要作用。

——手工业

西汉时期的手工业,主要有纺织、酿造、陶瓷、冶炼及金属加工等行业。从纺织业看,西汉的纺织生产以家庭为主,有丝织和麻织两类,当时蚕桑与丝织生产成为会稽农家主要劳动内容,所产丝织物已经进入流通领域。麻织业也较发达,主要产品织葛麻与苎麻布,曾经名闻国内,《淮南子》有"于越生葛绵"③的记载。据《后汉书·陆续传》记载,当时,会稽麻布已列为贡品,光武帝曾多次催贡。④ 由于原料供应的充裕,使越地成为当时全国范围

① 参见王铭农等:《关于养鸡中几个问题的探讨》,《中国农史》1988 年第 1 期;王铭农等:《历史上的家禽孵化技术》,《中国农史》1991 年第 1 期。
② 《浙江通志》,商务印书馆 1934 年影印本,第 320 页。
③ 《淮南子·原道训》。
④ 参见《绍兴市志》卷十一,浙江人民出版社 1996 年版,第 711 页。

内的重要麻织工业之一。① 从陶瓷制造业看，在春秋战国前主要以生产生活器具的陶器为主，以印纹硬陶著称；到秦汉之交，开始出现原始青瓷，但规模很小。原始青瓷采用瓷石或原生高岭土为原料，器形规整，厚薄均匀，胎质细腻，呈灰白或灰色，通体施釉，釉色青中泛黄，制品多为碗、盘、碟、钵等饮食器皿。西汉早期，越地的陶瓷种类以鼎、壶、盒等大型器物为主。② 尔后，由于越人北迁，制陶业开始衰退。到西汉中期，陶瓷生产又有发展，窑场增加，龙窑烧制高温硬陶和釉陶大量出现，器物种类以壶、罐为主，也出现了灶、釜、甑、仓，以及牛、马、羊、狗等冥器。③ 20 世纪 90 年代中期，从绍兴县漓渚出土 250 件墓葬陶瓷制品中，高温硬陶和釉陶占 90%。窑场以上虞最多，已发现 37 处汉窑址，主要生产高温硬陶和釉陶。此时，原始青瓷开始逐渐代替陶器。当然，这些陶瓷产品有的出自官窑，大量的还是民间乡窑。从酿酒业情况看，西汉朝廷实行减役赋，与民休息政策，酒的消费量增加。朝廷为防止私人垄断酒业，又有利国库收入，于汉武帝天汉三年（前 98）"初榷酒酤"，酿酒、卖酒实行专卖，促进酿酒业发展。其时，按酿酒原料分酒为上尊、中尊、下尊三类。会稽不产稷粟，而以糯米为酿酒原料，所产会稽酒列为上尊。据史料记载：西汉末年，官酒的料、酒比为"粗米（可能是粳米）二斛，曲一斛，得成酒六斛六斗"④，即米、曲原料与成酒比例为 1∶0.5∶3.3，与今绍兴淋饭酒的原料与成酒比例相近。由此可见，今日的绍兴酒在酿造方法的某些方面，是继承了汉代以来的传统而加以发展的。西汉虽实行官酿，但民间酿酒仍十分普遍。此外，西汉在漓渚一带已有冶铁，用作制造农具，而青铜农具则被逐步淘汰。铜的冶炼业重心转为日用品与装饰品生产。当时会稽已成为全国铜镜制作中心，从新中国成立后越地境内出土的数百面汉代铜镜看，其制作工艺相当精巧，工匠大多为民间艺人。还有，由于会稽山区盛产竹，以竹编为主的竹制品生产成为汉代的重要手工业。在众多竹编产品中，尤以竹簟著称，据史料记载："会稽贡竹簟，号流黄簟。"⑤

---

① 参见陈义方：《纺织史话》（三），《我国最早的纺织中心》，《大公报》1962 年 7 月 26 日。

② 参见《中国陶瓷》，文物出版社 1994 年版。

③ 参见周燕儿、沈作霖、周乃复：《绍兴越窑》，中华书局 2004 年版。

④ 《汉书·食货志》。

⑤ ［东晋］葛洪：《西京杂记》，罗根泽校点，中华书局 1983 年版。

（三）东汉时期的越地经济

东汉时期（25—220），是秦汉时期越地经济加速发展的启动期。东汉永建四年（129），朝廷为了便于管理，以钱塘江为界，会稽郡分置吴郡，移治山阴，领浙江境内山阴等 14 县，隶属扬州。绍兴府属会稽郡有山阴、诸暨、上虞、余姚、剡、余暨等 6 县，其余有浙江 7 县、福建 1 县。东汉时期，尤其是汉末三国时期，由于中原地区战火连绵，大批士民、豪富避乱南迁，史称："是时，四方贤士大夫，避地江南者甚众。"①比如，北海营陵（今山东潍坊南）人是仪一族定居于会稽。② 又比如，"中州士人避乱而南，依〔全〕琮居者以百数"③。北方大批流民以及士大夫的纷纷南迁，促进了会稽及整个越地经济发展，为增强孙吴国力抗衡魏、蜀具有重要意义。

1. 土地买卖盛行，官僚豪强兼并土地日甚

其时，会稽郡越地人口增加较快，原因有两个方面：一是朝廷（政府）有组织的移民，在西汉元狩四年（前 119）和东汉建武年间（25—57），多次迁徙关东贫民充实到陇西、北地、西河、上郡和会稽郡等地，人数达 72.5 万，其中会稽郡就有 14.5 万北民迁入④；二是西汉后期和东汉时期，包括士大夫阶层在内的北方士民为逃避战乱，纷纷踏上南迁之路。而在当时，处在政治边缘化的会稽地区则相对安定，加上气候温和、土地肥沃、物产丰富，自然成为北民向往的定居地。

由于移民增多，"楚越之地，地广人稀"的局面发生逆转。到东汉时耕地日趋紧张，土地逐步值钱，买卖土地的现象开始盛行。现今位于绍兴县富盛镇乌石村跳山东坡的"建初买地"摩崖石刻（又名大吉碑、建初买山地记刻）就是历史见证。该摩崖石刻是我国现存时代最早的地券刻石，也是我国现存体积最大的一处"买地券文"，上方题额"大吉"，下刻文曰："昆弟六人，共买山地，建初元年〔76〕，造此冢地，直三万钱。"字为汉隶阴刻，四周无刻框。额字径高 21 厘米，宽 24 厘米，全额高宽 56×25 厘米。从实地考

---

① 《三国志》卷十三裴注引华峤《谱叙》。

② 《三国志》卷六十二《是仪传》。是仪（？—81），为三国孙权重臣，后封都乡侯。

③ 《三国志》卷六十《全琮传》。全琮（198—249），为三国孙权重臣，官拜偏将军，后封钱唐侯。

④ 参见《绍兴市志》卷三，浙江人民出版社 1996 年版，第 294 页。

察,这是一块面积约数十亩的丘陵坡地,上面刻石处为露岩,下部是泥层尚厚的山坡,且坡度较陡,土地的质量不佳,这么一块山地尚值三万钱,说明当时会稽的地价已相当不菲。

与西汉时期相比,随土地兼并的加剧,东汉时期土地的占有关系发生了根本性变化。地主豪强势力迅猛扩张,大规模兼并占有土地,在农村形成一个个土地私有化的"独立王国"。这就必然造成中小自耕农的破产,包括南下的穷人,大多依附豪富,出现了封建地主庄园经济。依附农民一代又一代挣扎在饥寒交迫、贫病交加的死亡线上,成为庄园主长期奴役压榨的对象。倘遇荒年歉收,农民在租、债的逼迫下,出卖妻子儿女,造成家破人亡,出现了"豪人之室,连栋数万,膏田满野,奴婢千群,徒附万计"的局面。[①]

2. 农业生产技术有了新的进步

主要表现在两个方面:一是耕作、治虫与灌溉技术有了改进。东汉时期,越地的农民对农田地力的高低与作物生长、产量的关系已有较深刻的认识,懂得土地深耕与施肥可以改良土壤、培肥地力。东汉会稽唯物主义思想家王充(27—约97)曾经指出:"地力盛者,草木畅茂,一亩之收,当中田五亩之分。苗田,人知出谷多者地力盛",指出土壤自然肥力有肥、瘠之分,可以通过"深耕细锄,厚加粪壤,勉致人力,以助地力"。通过深耕施肥,可以使"硗而埆者性恶"的贫瘠土地获得丰收,就是"树稼与彼肥沃者,相似类也"。这不仅是对当时农民实践经验的总结,而且是对绍兴传统农业土壤培肥技术的深化。王充在农作物病虫害的发生规律和防治技术上也有深入的研究,在著作《论衡·商虫篇》中指出"夫虫,风气所生",风气意为"温湿天气,常在春夏",春夏温湿度高,易发生病虫害,另外作物的食性、品质也影响病虫害的发生程度,在《商虫篇》中说:"甘香渥味之物,虫生常多,故谷之多者粢也。稻时有虫,麦与豆无虫。必以有虫责主者吏,是粢乡部吏常伏罪也。"这里的粢,即粟(小米),《尔雅》释草曰:"粢,今江东呼粟为粢。"因粢粘性优于稻、麦,故易招致虫害。王充还对虫灾作出含义规范,认为"虫食他草,平事不怪","夫蛊食粟米不谓之灾","食五谷叶,乃谓之灾"。在虫害防治上也提出不少防治办法,如"马尿渍种,令禾不虫";采取

---

① 参见[南朝]范晔:《后汉书·窦宪传》。

"驱蝗入沟"消灭蝗虫;"藏宿麦之种,烈日干暴,投于燥器,则虫不生";"桑有蝎,宜治",已经注意林木虫害防治。《论衡·商虫篇》是古代越地最早的农业植保专著,对农作物虫害的发生与防治作了较详细的论述。因此,王充不仅是我国东汉时期杰出的思想家,也是一位博学的农学家。到东汉末的三国时期,孙吴政权采取了奖励耕织、鼓励垦荒的一系列政策。强调"民非谷不生",规定"当农桑时,以役事扰民者,举正以闻"①,以保证春耕正常进行。二是推广牛耕技术和改进农具。据《史书》记载,东汉建武二十九年(53),会稽太守第五伦禁屠牛,就是宋嘉泰《会稽志》卷二记载的"会稽俗多淫祀,好卜巫,民常以牛祭神,百姓财产以之困匮,伦移书属县,巫祝有依托鬼神诈怖,愚民案论之,有妄屠牛者,吏辄行罚,百姓以安",被认为是保护耕牛之举。在西汉末至东汉初任会稽太守的任延,后调任九真太守(今越南北部),文献上说任延在九真推广牛耕有很大成绩,可见会稽早已有牛耕。当然,东汉时期,越地牛耕的推广程度是有限的。当时水田的耕作方式主要还是"火耕水耨",这与越地种植水稻土质的汀僵性、犁具的适应性、土劳负担及水稻播种方法等因素有关。至晋朝,牛还没有被农民派上大用场。据《晋书·食货志》载:"东南以水田为业,人无牛犊"以及"典牧种牛不供耕驾,至于老不穿鼻,无益于用"。可见,当时南方养牛主要用于肉食或挤奶制乳酪。据史料记载,越地牛耕的普及在唐宋时期。汉代铁制农具代替非铁农具,劳动效率提高,东汉灵帝时(168—184),华岗创造灌溉提水农具——龙骨车,几经改良,被山阴、诸暨等地沿用。三国时期,孙吴政权积极兴修水利,推广北方先进的耕作技术。如乌程八年(245),发"屯田及作士三万凿句容中道"②,有利于沿河两岸地区大片农田的灌溉。稍后,又在乌程等地修筑青塘、皋塘、孙塘等。③ 同时,两牛一犁的犁耕法也日益推广,使单位面积产量不断提高。据史料记载,当时会稽山阴人钟离牧在永兴(今萧山)开垦荒田二十余亩,一年可收米60斛(约合290市斤),平均亩产高达3石。④ 这是越地粮食产量最早的历史记录。那时,越地的水稻就能"一年收两季,每亩三斛左右",以致东吴出现了"谷帛如山,稻田沃野,民

① 《三国志》卷四十七《吴主传》。
② 同上。
③ 参见《嘉泰吴兴志》卷五、卷十九。
④ 参见《三国志》卷六十《钟离牧传》。

无饥岁"的繁荣景象。①

3. 鉴湖筑成推动了平原农业综合开发

越地依山傍海，平原地形狭长，南部易受洪水威胁，北部常遭海潮侵袭，时有洪涝、干旱、风潮之灾。因此，越地农业生产的发展必须与洪涝、干旱、风潮等自然灾害作抗争。春秋时期，虽然兴建了一些堤塘工程，但不能解决越地粮食主产区——平原的水利问题。随着社会、经济的发展和人口的增加，出于防洪与平原农田灌溉的需要，于东汉永和五年(140)，会稽太守马臻带领民众在山会平原南部，筑成当时长江以南最大的蓄水灌溉工程——鉴湖。鉴湖东临曹娥江、西接今绍兴县杨讯桥的牛头山，南屏会稽山，北为湖堤，堤长113里(56.5公里)，水面172.7平方公里，分东西两湖。北魏时，湖上开水门(斗门、闸、堰)69所，灌田近万顷，由于其建有用闸门控制的溢洪道设施，成为典型的灌溉水库。鉴湖与其北部平原组成的鉴湖灌区在东汉属于全国中型灌区之一。

鉴湖的筑成，对山会平原的开发具有极其重要的作用，"境绝利博，莫如鉴湖"。首先，鉴湖具有明显的防止雨季洪涝作用，可以潴会稽山36溪入湖，有效控制了上游山地419平方公里集雨面积的暴雨泾流，基本消除山洪对平原的威胁。其次是蓄淡灌溉，鉴湖蓄水量2.68亿立方米，溉田9000顷(折现亩制约62万多亩)，而在鉴湖筑成前，平原与后海通，潮讯直薄而上，可达会稽山麓，正如王充在《论衡·书虚篇》中说的"浙江、山阴江、上虞江皆有涛"。鉴湖筑成后蓄淡拒咸、灌溉功能巨大，就是南朝宋孔灵符在《会稽记》中所称的"筑塘蓄水高〔田〕丈余，田又高海丈余。若水少则泄湖灌田，如水多则开〔应为闭〕湖泄田中水入海"，所以无凶年，为北部平原水稻稳定高产和大规模开发经营奠定了基础。再则，由于鉴湖的筑成，为水生作物和水产捕捞业的发展提供了条件，加快了绍兴地区农业综合开发速度。东汉时修筑的人工湖还有会稽东郭的回涌(踵)湖和上虞的白马湖、上妃湖等，都具有防洪、蓄水和灌溉作用。

东汉时期在修筑鉴湖的同时，还在沿海地区配套修筑了朱储斗门，并在萧山、山阴、会稽平原北部和上虞、余姚平原的北部由民间为主修建了一些防海潮土塘。由于东汉至南北朝时期的气候比较寒冷，气温比现在低

---

① 参见左思:《吴都赋》,《明昭文选》卷五。

1—2℃,海平面较低,利于平原开发。

4. 蚕桑、畜牧、水产等农副业有所发展

东汉时期,会稽山区经济受到重视并得到很好开发,王充在《论衡·量知篇》中说:"地性生草,山性生木",懂得因地制宜发展区域经济。其时森林资源丰富,蚕桑生产和水果生产更有发展,种桑养蚕,丝织与麻织及种橘十分盛行,据《后汉书·朱隽传》载:"朱隽会稽上虞人也。少孤,母常贩缯为业。"又载:"同郡周规辟公府,当行,假郡库钱百万,以为冠帻费,而后仓卒督责,规家贫无以备,隽乃窃母缯帛,为规解对。母既失产业,深恚责之。"一个妇女也可贩缯为业,说明东汉时蚕桑生产相当普及,丝织品作为商品买卖已经是十分普遍。在种桑技术上已重视桑树治虫和提高蚕茧质量,王充《论衡》载:"桑有蝎,宜治。"并说:"虫茧重厚,称其出丝,孰为多者。"说明蚕桑生产技术已有较大进步。相应地,养蚕、织帛、缝衣、刺绣等手艺也随之发展。会稽越地的麻布("越布")、吴地的"细葛"等作为贡品受到东汉光武帝刘秀的青睐,多次催贡。据《述异志》载:"汉章帝元年〔76〕,上虞县献二蒂桔,一实二蒂,又玉色桔。"会稽已贡橘。东汉时,越地竹子已被用作椽子与制作笛等乐器。由于鉴湖筑成,粮食产量提高,促进了"六畜"以及鹅、鸭饲养业的发展,尤其是鉴湖宽广的水域对发展水禽提供了良好的场所。同时,也大大促进了淡水捕捞业的发展。

5. 越瓷、铜镜等手工业有了长足的进步

东汉时期,陶瓷制造业发展加快,原始青瓷和黑瓷已成会稽主要陶瓷产品。当时,会稽越窑众多,所产青瓷质量上乘。上虞窑址最多,至今已发现37处青瓷窑址。绍兴县夏履车水岭下、窑灶头山和诸暨湄池枫山坞、铜盘山、大鹏坞等地亦有青瓷龙窑窑址。所烧制青瓷的质量已经成熟。东汉晚期,上虞小仙坛烧造的青瓷制品,釉色青绿,胎质细腻坚硬,已达到现代日用瓷器的标准。铸铜业也有所发展。官府在许多重要铜矿区设有冶铜场或铸铜作坊,制作皇家或官府使用的铜器。地主、商人经营冶铜业的也很多。尤其是越地的铜镜制作精致,花纹工巧,还有饰以鎏金、镀以金银的。有些还刻有铭文,注明产地;花纹则有双鱼、羊、鼎等图案,或铸有祝福吉祥的话语。另外,东汉时,会稽太守马臻发动民众修筑鉴湖,使沿湖两岸五谷丰登,旱涝保收,不仅为酿酒业发展提供了原料的保证,而且也为酿酒业提供了优质而丰沛的水源。

此外,东汉时期越地的海上贸易也有所发展。史称当时"会稽海外有东鳀人,分二十余国",其"人民时至会稽"。又云:"亶州,在海中,……其上人民时有至会稽货布,会稽人海行,亦有遭风流移至亶州者。"①"东鳀"、"亶州"即今日本。可见,当时的会稽已经成为对外交流和交易的重要地区。

二、魏晋六朝时期的越地经济

东汉末年,社会动荡,群雄割据,我国进入了魏、蜀、吴三国鼎立时期,当时会稽属吴,治山阴,辖领 27 县。晋朝时,会稽郡治山阴,辖山阴、诸暨、上虞、剡、始宁等 10 县。六朝时期,会稽历南朝宋、齐、梁、陈四代。陈以后山、会两县分设(559),会稽郡辖领山阴、诸暨等 11 县。

从经济发展状况看,魏晋初期,北民南迁较少,越地仍然"地广人稀",农业生产处于自然状态。六朝时期,由于北方战火纷繁,南方则相对安定,北方移民迅速增多,会稽郡人口增长较快,出现了人多地少的局面。同时,土地兼并和掠夺愈演愈烈,贫富差异比东汉时更加明显。再加上,大批北民南迁以后,越地粮食等农产品需求压力加重。山阴的土地已达到"亩值一金"的程度。于是,土地开发也自西向东、由北向南逐渐拓展。

(一)魏晋时期的越地经济

魏至西晋时期,南方社会比较稳定,越地会稽的土地开发尚不充分,特别是南部山区人口稀少,农业发展的潜力还很大。西晋后期永嘉之乱后,中原人士纷纷渡江南迁会稽地区,尤其是稽北平原和剡溪流域农业开发速度加快。同时由于牛耕技术在一些地方的推广,农田耕作技术比两汉时期更为精细,粮食产量有所提高,农村比较富足,特别是庄园经济甚为发达,一些豪富和殷实农家多建谷仓,囤积粮食,畜禽养殖技术比汉代大有进步。这一时期越地经济的主要特点是:

1. 随着地主庄园经济迅速发展,土地买卖和兼并日趋激烈

东汉时期,越地的土地兼并进一步加剧,出现一批"膏田满野"、"徒附

---

① 《三国志》卷四十七《吴主传》。

万计"的豪人之家。三国孙吴实行"兵业"屯田制,又把山越等少数民族从山林中赶出,依附于将领、大官僚地主,强行开发土地,对恢复和提高生产力起一定的作用。吴国晚期出现太平盛世,如《抱朴子·吴失篇》所描述的"牛羊掩原野,田池布千里,……商贩千艘,腐谷万庾"的富裕景象。经营大庄园的,都是吴国大族,如会稽的虞、孔、魏、贺氏。他们经营的庄园大都分布在江南茅山以及浙东山区和沿海,如会稽等地。① 在西晋"永嘉之乱"后,中原士族纷纷渡江南迁,史家有"洛京倾覆,中州士女避乱江左者十六七"②之说。来自琅邪临沂(今山东省临沂市)的王祥、王导家族,来自陈国阳夏(今河南太康县)的谢衡、谢尚、谢安、谢玄家族,来自高平金乡(今山东济宁市金乡)的郗鉴、郗超家族,以及孙绰、李充等中原士族豪门,先后荟萃山阴,广占粮田,经营庄园。③

东晋时期,封建门阀士族势力达到了我国历史上最高峰,与此相适应的是封建庄园经济获得了充分发展。北民的流入,进一步加剧了越地的土地紧张态势。同时,也带来了中原地区先进农业生产方式、农业技术和先进农具以及农作物品种,促进了生产力的提高。通过封建政府的"占田令",世家豪族可以按照品级合法占据大片田地和众多佃客。实际上,世家豪族还往往通过抢夺或买卖等手段,吞并平民的土地,霸占大量的依附人口。封建地主庄园经济的兴起虽然会加剧农村贫富差异的扩大,但这些庄园主大都出自士大夫阶层,文化层次高,经济实力雄厚,又有一定的组织生产和管理能力,庄园经济大都带有开发农业的性质。比如,南朝刘宋谢灵运的"田园别墅"不仅规模大,而且一改汉代"千树橘"的单一经营,变成粮食、桑麻、蔬菜水果等多种经营格局,在一定程度上有利于农业生产和社会经济的发展。

由于大庄园主多系地方官吏,同时又兼做商人,巧取豪夺,以致六朝时形成了一种特殊的商业——官僚商业,涌现了一批富王侯的大富商。他们"竞收罕至之珍,远蓄未名之货,明珠翠羽,无足而驰,丝罽文章,飞不待

---

① 参见罗真:《六朝时期的江南农村经济》,《农业考古》1984 年第 1 期。

② [唐]房玄龄等:《晋书·王导传》,《二十四史》,上海古籍出版社 1986 年版,第 327 页。

③ 参见项文惠:《绍兴酒的由来与发展》,农业出版社 1991 年版,第 68 页。

翼"①。这些官僚贵族们非但享有免除赋役的特权,更兼权势在手,拥有大量劳动力。因此,获利丰厚的大宗货物的贩运几乎为他们所垄断。然而,在越地,官商冲淡了积聚已久的抑商风气,有利于当时的越商摈弃旧的职业自卑情绪,堂而皇之地经商逐利。

2. 农业生产技术趋于精细

魏晋承接两汉,南方很多地区尚未开发,农业经营粗放,泛辟农田,广种薄收。由于南迁之人相对还少,生产工具缺乏,初垦之田以"火耕水耨"方式耕种最为简易。晋武帝咸宁三年(277),杜预言:"诸欲修水田者,皆以火耕水耨为便。……往者东南草创人稀,故得火田之利。"②而且西晋时期,越地水田蟹害重,《晋书》载:太康四年(283),会稽彭蜞及蟹皆化为鼠,甚众,大食稻。当时的会稽郡,农业生产仍然落后,但农业技术已有一定的进步,尤其到西晋后期,发生永嘉之乱(307—312),北方农民大批流徙江南,带来北方普遍使用的直辕犁和蔚犁,其耙刃宽大,可以深耕,代替了原来的扁平犁,而且传入二牛三人操作的耦耕技术,当时会稽郡永兴县(萧山)已有耦耕的记载。③ 耦耕主要用于旱地耕作,水田畜力耕作技术当时尚未完全解决。辕犁代替扁平犁、深耕代替浅耕,这是越地耕作技术的巨大进步。另一方面,当时,六畜已普遍圈养和笼养,畜粪可以畜积,通过土壤培肥,越地农田的施肥量和产量有所增加。绍兴真正的养畜积肥,畜多肥多、肥多粮多、粮多畜多的传统农业粮畜互利良性循环大概始于晋代。

由于耕作与施肥的进步,粮食产量水平在晋朝以后大有提高,适应了人口增长的需求。魏晋初期,越地会稽的粮食亩产量与两汉时期比有一定的提高。一般为三石谷,折合现制约 26 公斤。到了三国吴时,提高到 276公斤。还有,晋代,越地酿酒成风,植秫(糯稻)普遍。粱(小米)、黍、赤豆、麦、大豆、粟等旱粮,主要产区在会稽山麓,面积不大。后来,朝廷号召种植旱粮,据史料记载:"〔东晋元帝〕太兴元年〔318〕,昭曰:徐扬二州土宜三麦,可督令燠地,投秧下种,至夏而熟,继新故之交,予以周济,所益甚大。"④

① 〔唐〕杜佑:《通典·食货典二》,中华书局 1982 年版,第 23 页。
② 引自阎万英:《魏晋南朝地主庄园经济在江维地区开发中的积极作用》,《中国农史》1988 年第 4 版。
③ 参见王龄:《于越先贤传》上卷,上海同文书局石印版本,光绪丙戌季冬。
④ 《晋书·食货志》。

从此,越地才有粮食作物大规模的冬种生产。

3. 茶、果等林特农副业发展较快

东晋初期,由于中原战乱,北方人民大批南迁到会稽定居,对耕地、用材和燃料之需与日俱增,但北方移民大多徙居在会稽北部平原及会稽山北部丘陵地区,山林的破坏并未深入南部会稽山腹地,山区仍有许多"干合抱,杪千仞"的高大树木,原始森林面积仍相当大,即使在稽北丘陵的兰渚山(今兰亭附近)一带依然是一片"茂林修竹"。据《平泉草木记》记载:"木之美者,会稽之桧,木之奇者,稽山之榧,作几至滑净,王右军最爱之。"可见,越地会稽山区森林资源丰富,桧、榧甚多。还有,茶、桑、果等经济作物迅速发展。东汉末年,丹阳葛玄游会稽,学道宛委,种茶华顶。[①] 三国至东晋,会稽人士已有饮茶的习惯,说明东汉以后会稽山区已经植茶。晋代制茶一般采取鲜叶直接晒干成茶,制做简单。晋代会稽已种植柿和来禽(花红)等水果。干果的产量也比较可观。西晋泰始六年(270),郭仪恭撰《广志》载:"越中栗大如拳。"越地以"皮色酱紫、颗粒饱满、美味香甜、个大如拳"的优质板栗,名闻遐迩。

4. 畜牧业规模扩大,畜禽圈养盛行

魏晋时期,越地会稽的畜牧养殖种类扩大,除了两汉时期养殖六畜,即马、牛、羊、狗、猪、鸡外,还养殖鹅、鸭等水禽。特别是养鹅,形成一定的规模。晋代关于养鹅的记载皆与书圣王羲之有关,如《晋书·王羲之传》就有与山阴道士"写经换鹅"的记载,民间还有王羲之"题扇换鹅"的故事,可谓是家喻户晓。现今,绍兴尚存鹅池、鹅碑等名胜古迹,以及诸如鹅行街、鹅泾、鹅巷等地名。相传,王羲之爱鹅成癖,传说是因为他喜欢观察鹅游水时鹅掌的动作和脖子伸屈的雅态,从中吸取不少书法艺术的灵感,以提高自己的书法用腕技巧。

除了养殖规模扩大,越地老百姓盛行圈养畜禽。这在越地农业发展历史上具有重要意义。春秋越国畜禽实行国家专业化、基地化饲养,养殖方式为自然放养。汉代养畜生产以户养为主,散养与圈养相结合,以散养为主。到晋代畜禽饲养虽然仍然为圈放相结合,但已以圈养为主。对此,北魏贾思勰的《齐民要术》中有较多篇幅的阐述。20世纪80年代在绍兴县南

---

① 参见《绍兴县志》第18编,中华书局1999年版,第329页。

池乡官山岙村发掘西晋砖室古墓一座,出土的青瓷器有谷仓罐一件;鸡笼一件,卷棚形,一面设两个方形门洞,洞口各有一鸡;狗圈一件,圈做圆钵状,内有一狗侧卧。[1] 在绍兴县上蒋乡凤凰山北麓又发现一座西晋永嘉七年(313)古墓,出土的青瓷器中有:谷仓罐一件,卷棚状,平底,有三只,鸡头伸出舍外,舍顶立,展翅雄鸡;狗圈一件,圆形似浅碗,内塑一狗,作蹲伏状;猪圈一件,圆形栅栏,内塑一猪。[2] 这些西晋古墓遗物生动展示了西晋时期六畜圈养状况。从越国的部族诸侯国家公养牲畜到汉代户养是一大进步,两汉时期的畜散养为主到魏晋时期的圈养为主,是又一大进步。畜禽圈养不仅可以提高成活率,加快生长速度,提高产量,节约时间和成本,更能圈积畜肥,用于粪畴农田。

5. 手工业发展较快

魏晋时期,越地会稽郡的纺织(包括丝织和麻织)、青瓷和制砖、酿酒以及造纸业手工业得到迅速发展。

纺织业　三国末期至晋初,越地的缫丝和织造技术有所提高,民间也普遍喜爱绫绮之服。据《太平御览》引陆凯奏事称:"诸暨、永安出御丝。""御丝"即是皇宫中享用的贡品,说明当时诸暨蚕丝已为皇室所用。会稽人杨泉,依据农家养蚕缫织经验,著有《蚕赋》和《织机赋》。东晋时期,北方人口大量南迁,促进了越地蚕丝纺织业的发展和丝绵衣帛的普及。会稽的麻布又称越布,在三国时已蜚声海外,据载:"亶州〔今日本〕在海中,其上人民时至稽货布。"[3]魏晋时期,越地生产的葛布、麻布是江南老百姓主要的衣饰原料。

制陶(砖)业　当时,越地是越窑青瓷的中心产区,瓷器和砖瓦制造业相当发达。青瓷在三国东吴时期的主产地在上虞、始宁(今上虞县境)和山阴一带。瓷器品种增多,除盛贮和饮食器皿外,还有清洗、照明、卫生用具,随葬品中砻、磨、谷仓、鸡笼、猪栏等瓷制品比重增大。西晋越窑瓷业剧增,瓷业渐趋繁荣,这时所制青瓷胎体较厚重,胎色较深而呈灰或深灰色,釉层厚润均匀,釉色以青灰为主,装饰精致繁复,用刻划、堆塑等装饰手法,后期出现褐色加彩的装饰手法。器物仍以日用品和随葬用品为主,熏炉是这一

---

①　参见梁志明:《浙江绍兴官山岙西晋墓》,《文物》1991 年第 6 期。

②　参见沈作霖:《浙江绍兴凤凰山西晋永嘉七年墓》,《文物》1991 年第 6 期。

③　《重修浙江通志稿》。

时期的重要产品。20 世纪 60 年代至今,在上虞市境内已发现西晋窑址六十多处,绍兴县十多处,说明两地是当时越窑青瓷的"专业化产业区"。三国、两晋时期,会稽砖瓦造型多样,花纹新颖,产品以青灰色长方砖为主,还有楔形、刀形、斧形砖等,砖面纹饰有蝇纹、钱纹、鱼纹、龙纹、书册纹等。东晋中期以后,越窑青瓷多为日常用具,如烛台、灯、盆、钵、盘碗、壶、砚等,造型趋向简朴,装饰简练,纹样以弦纹为主。

造纸业　越地的手工造纸兴起于三国(220—280)东吴之时,此后用本地原料制成的纸张,名品迭出。以藤、竹、楮、桑等植物纤维为原料制作而成的剡藤纸、越州竹纸、鹿鸣纸和乌金纸等,作为文化用纸受到众多名家的青睐。据史载:"王右军为会稽内史,谢公〔一作恒温〕就乞陟厘纸〔一作侧厘〕,库内有九万枚〔一作五十万〕,悉与之,以此知会稽出纸尚矣。"①另据史载,张华作《博物志》,晋武帝赐以"青铁砚"、"麟角笔"、"侧厘纸",后者为"南越所献"②。这是越地最早关于纸的记载。由于越地南部山区竹木等造纸原料丰富,民间造纸业也逐步兴起。在这些手工纸中,最负盛名的是"剡藤纸"。西晋文学家张华(232—300)《博物志》中记载:"剡溪古藤甚多,可造纸,故即名纸为剡藤。"王羲之对剡藤纸十分钟爱,史载他曾亲自动手制作过紫色纸,将九万枚侧厘纸(剡藤纸品种之一)作为礼品送给自己的朋友与上司。这说明,当年剡藤纸的名声还不是很盛,但产量已经具有一定规模。东晋中叶,剡藤纸真正进入兴盛时期。史载:"土纸不可以作文书,皆令用藤角纸。"说明剡藤纸被官方定为文书专用纸,剡藤纸的品质已经得到"官方"认定,成为一个"知名品牌"③。

酿酒业　汉末至三国,北方战乱,西蜀灾荒,均先后禁酒。会稽属东吴,局势稳定,经济繁荣,吴主孙权常以米酒笼络下属,激励将士,酿酒业发展较快。魏晋时期,晋室东迁,大批中原人士进入会稽郡,饮酒之风随之大盛,《晋书》记载:"山阴人孔群,性嗜酒,……尝与亲友书云:今年田得七百石秫米〔糯米〕,不足了曲蘗事。"意思是说,一年收了 700 石糯米,还不够他做酒之用。这里也可从一个侧面看出晋代越地种植糯米的普及性。其时,会稽始做"女酒",并成为习俗。晋嵇含曾经这样描述:"南人有女数岁,即

---

① 〔宋〕嘉泰《会稽志》。
② 〔晋〕王嘉:《拾遗记》。
③ 《全晋文·范宁》。

大酿酒……女将嫁,乃发陂取酒,以供贺客,谓之女酒,其味绝美。"说明当时越地已盛行"生女即酿酒贮藏,至女嫁时方取出宴客"的风俗。① 穆帝永和九年(353)三月初三,书圣王羲之与谢安、孙绰等41人,聚会山阴会稽间的兰亭举行"曲水流觞"的修禊盛会,王羲之趁酒兴写下了书法珍品《兰亭集序》,为越地酒史增添了熠熠生辉的一页。

6. 西兴运河等农田水利设施陆续建成

晋代,越地会稽的水利工程以西兴运河(漕渠)最为著名,是由惠帝时期(290—306)会稽内史贺循主持开凿的一条人工运河。其主要目的,是为了航运(运输漕粮)。同时,也是一条与鉴湖湖堤平行的鉴湖灌区配套总干渠。运河西起西陵(今西兴),经萧山、钱清、柯桥到郡城后,又与其他河道相连接,形成了纵横交织的水网,使原来各河道能互相流通,调节水位,保证了农田灌溉之需要。不仅改善了会稽郡的水环境,提高了鉴湖的水利功能,使鉴湖的灌溉、泻洪效应进一步扩大,给人以灌溉、舟楫、养殖、渔业之利,而且对整个浙东具有交通、物宜、军事之便。运河自晋代开凿西兴至曹娥一段后,不断向东延伸至宁波镇海,形成浙东运河,并与京杭大运河相通,成为古代宁绍平原东西向重要运输水道。它的开凿保证了浙东运河的畅通,为我国古代浙东交通大动脉之枢纽工程。

7. 以商贸业为主的市镇经济开始兴起

到了东晋时期,越地山阴不仅是浙东地区的政治中心,也是江南富甲一方的商贸都市,在全国具有举足轻重的地位。正如《晋书·诸葛恢传》中所说:"今之会稽,昔之关中,足食足兵,在于良守。"太和元年(365),"会稽山阴县起仓,凿地得两大船,满中钱,钱皆轮文大形"②。这些钱币当为孙吴时期所遗存,由此可见山阴商业的兴盛。当时的钱唐地处交通咽喉,内外贸易十分发达,货物交易和周转量巨大,有人曾一次就从该城收购大米数千斛运到吴郡去出售。③ 鄞县(今宁波)是孙吴时期重要的贸易港口城市之一。据史料记载,孙权常以东南地区物产出口换取战略物资。如,公元230年孙权曾派将军卫温、诸葛直,率甲士万人,从鄞县出航横渡台湾海峡

---

① 参见嵇含:《南方草木状·草曲》。嵇含(263—306),西晋"竹林七贤"之一嵇康的侄孙,是西晋时期著名的文学家及植物学家。

② 《晋书》卷二十七《五行志》上。

③ 参见《三国志》卷六十《全琮传》。

去夷洲(今台湾)从事商贸活动。① 当时,鄞县的贸易范围远至日本和朝鲜半岛。西晋著名学者陆云(士龙)曾描述当时鄞县的商业海运情景:"东临巨海,往往无涯,泛船并驱,一举千里,……海物惟错,不可称名。"②

(二)六朝时期的越地经济

晋朝末,以长江为界,我国分为南北两朝(420—589),会稽属于南朝。"北朝"历北魏、东魏、北齐、西魏、北周五代;"南朝"历宋、齐、梁、陈四代,加上孙吴、东晋,史称"六朝"时期。六朝时期,越地会稽封建地主庄园经济处于全盛时期,农业内部农、林、牧、渔、副业日趋成熟,手工业内涵也逐渐丰富,为唐宋时期越地经济的快速发展奠定了基础。

1. 会稽郡已是江南富饶的鱼米之乡

自汉末至隋统一中国之前,北方屡遭战乱,而江南地区往往为一方割据,政局相对稳定,经济发展较快,北方士民纷纷东迁南徙。东汉和西晋末年北方人口两次大规模南迁,一次是东汉末年(213),江北自耕农渡江到江南,人数约 10 万户。第二次在西晋建兴四年(316),晋愍帝被俘,西晋灭亡,次年建立东晋,当时八王混战,匈奴、羯起兵反晋,黄河流域一片混乱(史称"永嘉之乱"),"中州士女避乱江左者十六七","自江陵至于建康〔今南京〕,流民万计"③,形成"北人南徙"浪潮。据谭其骧先生的估计,截至南朝刘宋初年,南渡人口就达 90 万,约占南方总人口的 1/6。④ 会稽地区以其文明、富饶、秀美吸引大批北方移民,人口由此大增,粮地矛盾开始凸显。部分流民依附大族,成为长工和奴婢,另一部分则开垦种地。由于鉴湖具有灌溉之利,山会平原成为豪族地主开发耕地的重要地区。比如,孔灵符在余姚等地"垦起湖田。"谢灵运曾经请求开垦会稽东郭回踵湖、始宁休湖为田,遭到了当时会稽太守孟顗的否决。至南朝宋文帝嘉元末年(454),山阴县境内出现土地偏狭,"民多田少"的局面更加突出,致使山阴居民为求生计不得不向余姚、鄞县、奉化一带移民。据史载:"山阴县土境褊狭,民多田少,灵符表徙无货之家于姚、鄞、郧三县界,垦起湖田。"越地会稽地少人

---

① 参见《三国志》卷四十七《吴主传》。

② 《全晋文》卷一〇三陆云《答车茂安书》。

③ 〔北宋〕司马光:《资治通鉴》卷九十四,大众文艺出版社 1999 年版,第 827 页。

④ 参见谭其骧:《晋永嘉丧乱后之民族迁徙》,《燕京学报》第 15 期。

多的矛盾在南朝时已相当突出，由此导致土地地价的上升。"会土带海傍湖，良畴亦数十万顷，膏腴土地，亩值一金，樗、杜之间不能比也。"①随着越地人口急剧增加，土地开发也不断加快。六朝时期，会稽郡可以说是富甲江南之地，其郡治山阴已是浙江绢米交易中心，商旅往来十分频繁。

2. 庄园经济规模达到了登峰造极的地步

地主庄园经济经过魏晋二百多年的发展以后，到六朝时期达到鼎盛时期。不仅庄园规模不断扩大，土地综合开发不断向纵深发展，而且对整个越地经济具有先导、带动和示范作用。魏晋以来，豪族地主纷纷云集山会平原地区经营庄园。三国吴时，吴国大族虞、孔、魏、贺氏在会稽经营大庄园。晋以后谢安、谢言、孙绰、李充等中原氏族豪门，在山会平原地区广占良田，经营庄园。南朝时期有谢灵运的始宁别业和岠嵎湖别业，孔灵符的永兴别业、谢安的东山别业、孔雅珪的尚书坞别业。庄园林立，平原与半山区土地被开垦殆尽。这些豪族地主庄园规模庞大，顷亩不少，例如谢灵运的始宁别业带山傍水，其规模如其撰《山居赋》中描述的："敞南户以对远岭，辟东窗以瞩近田。田连岗而盈畴，岭枕水而通阡……。"又如孔灵符的永兴别业，规模也十分宏大。据史载："灵符家本丰，产业甚广，又于永兴立墅，周回三十三里，水陆地二百六十五顷，含带二山，又有果园九处。为有司所纠，诏原之，而灵符答对不实，坐以免官。"②而在这些庄园土地上耕种的大多是北方贫苦移民以及少量当地贫民，南朝宋太宰江夏王义恭说："……如京师无田，不闻〔如〕徙居他县，寻山阴豪族富室，顷亩不少，贫者肆力，非为无处，耕起空荒，无救灾歉。"③

另一方面，六朝时期的豪族地主庄园多为综合经营。南朝谢灵运的始宁别业与孔灵符的永兴别业都是农业多种经营庄园。在宋书《山居赋》和《孔季恭传》中，对庄园中的农业多种经营状况描述很详细，庄园除了生产粮食外，还生产蔬菜和水生作物，并种植药材与果树；庄园内还养殖麋鹿和鱼类。庄园内的生产和生态环境在谢灵运所作的《山居赋》中得到充分反映，《山居赋》不仅是一部文学作品，而且是一部南朝时期越地会稽郡的农业志书。从他们的一些文学作品中可以看出，这些大地产

---

① 《宋书·孔季恭传》。
② 《宋书·孔季恭附弟孔灵符传》。
③ 《宋书》卷五十四，列传第十四。

的生产能力较为强大，有些既有农作物种植业、园林业、畜牧水产养殖业，个别的甚至还有手工业中的纺织、酿造、工具制造、造纸、药物生产等。值得一提的是，南朝封建地主庄园的经营者大多是豪门贵族与官僚地主，本身具有强大的经济实力，并且组织领导能力强，设计水平也高，经营这些庄园自然得心应手。当时山会平原乃至宁绍平原和浙东山区的开发主要依靠这种庄园经济。在会稽郡北部平原和山区的开发过程中，这些庄园主利用自己的资金和大量的移民依附者，凿山浚湖，耕作空荒，起到先导、组织和示范作用。那些贫苦的北方移民势单力薄，是难以单独进行大规模开发的。

但是封建地主庄园毕竟有其局限性。首先，这些庄园主的经济与政治背景硬，可以任意侵占土地，不但造成会稽郡土地的紧张，而且奴役贫民，加剧穷富矛盾。其次，这些封建庄园地主选择开发的地方大多是一些湖泊和丘陵，尤其是是围湖造田影响生态环境，危及百姓生命，往往遭到民众甚至地方官的反对，对后来鉴湖的湮废产生一定影响，史载："灵运因祖父之资，生业甚众，奴僮既众，门生数百，凿山浚湖，功役无已。会稽东郭有回踵湖，灵运求决以为田，文帝令州郡履行，此湖去郭近，水物所出，百姓惜之，颐坚执，不与灵运，既不得回踵，又求始宁㟏蝗湖为田，颐又固执，虑决湖多害生命。"①再则，庄园经济是一种封闭的封建地主经济，产品大都为庄园内自行消化，是一种极其典型的自给自足的小农经济。

3. 农业多种经营迅速发展

六朝时期，越地会稽郡的种植业除了水稻为主外，其他作物种类明显增加。

粮食　已出现籼、粳、糯三大水稻品类的栽培，而且农田设施完善。据《山居赋》描述，谢灵运经营的始宁田庄内水稻田"阡陌纵横，塍埒交经。导渠引流，脉散沟并"，说明农田灌溉已自流化，沟渠配套也很完善。除了晚籼稻外，还有"蔚蔚丰秋，芒香粳"，已有糯稻和香粳稻品种。"送夏蚕秀，迎秋晚成"，说明水稻夏季生长清秀，后期青秆黄熟不早衰。"兼有陵陆，麻麦粟菽"，在丘陵坡地还种植各种旱粮，体现了当时粮食生产以水田种稻，旱地种麻、麦、菽、粟的种植格局。

---

① 《南史·谢晦传》。

果蔬　据《山居赋》载,始宁别业内就种植了 12 种果品。"北山二园,南山三苑,百果备列,乍近乍远,罗行布株……,杏坛柰园,桔林栗圃,桃李多品,梨枣殊所,枇杷林檎,带谷映渚,椹梅流芬于回峦,柿被实于长浦。"同时,出现了专业橘农。据《述异记》云:"越人多橘、柚园,岁出橘税,谓之橙桔户,山中有楸户,著名楸籍者也。"蔬菜已有葰、荂、蘵、姜、绿葵、白蘸、葱等种类。水生蔬菜有菰(茭白)、芹、荇、菱、莲藕、苏(香草)。山上有竹笋等,庄园种菜已经园艺化。另外《齐民要术》中提到"胡瓜"、"越瓜",胡瓜即黄瓜,汉代西域传入,越瓜则出产于原越族地区,就是现在的蒲瓜,南朝时越地会稽已广为栽种。此外,随着人口的增加和民间饮茶习惯的普及,山区的茶叶种植面积有所扩大。

　　药材　六朝时期,中草药在会稽郡已广泛应用与种植,在始宁别业中不但"既耕已饭,亦桑而衣",而且"艺菜当肴,采药救颓"。在药圃中种植和生长各种药材,"本草所载,山泽不一,雷桐是别,和缓是悉,参核六根,五华九实,二冬并称而殊性,三建异形而同出,水香送秋而擢茜,林兰近雪而扬猗,卷柏万代而不殒,茯苓千岁而方知,映红葩于绿蒂,茂素蕤于紫枝,即往年而增灵,亦驱妖而斥疵。"药材种类甚多。《山居赋》中记录的中草药近30 种,并且对"参核"、"六根"等具体药材都作了详细说明。

　　饲养业　畜禽饲养技术有了极大提高,北魏贾思勰著的《齐民要术》中所引的陶朱公语,反映出当时越地会稽主要饲养的牲畜。"子欲速富,当畜五字〔牛、马、猪、羊、驴之母畜〕",采取散养与舍养相结合的饲养方式,夏秋散放冬春舍养,对笼养鸡的方法有详细的阐述。越地会稽郡平原地区民间养鸭十分普遍,而且已出现了以捕鱼养鸭为生的专业农民,放养群鸭。刘宋嘉元末,时任会稽内史的孔灵符曾建议"徙山阴贫民于余姚、鄞、鄮三县界,垦起湖田……又绿湖居民,鱼鸭为业"。此外,《山居赋》还记载"六月采蜜,八月扑栗",说明当时已有蜂蜜的采集与生产。

　　捕捞业　六朝时期,越地会稽渔业生产亦相当发达。鉴湖的筑成,水域面积的扩大为会稽淡水捕捞业创造了良好的资源环境,庄园经济的发展又为池塘养鱼提供了发展条件。据《山居赋》载,越地已出现了鲢鱼的养殖。魏晋时期,越地是江淡水捕捞重点渔区。北魏郦道元《水经注》载:剡县桐亭楼"楼两面临江,尽升眺之趣。芦人渔子,汛滥满焉"。当时,会稽海边渔民还捕捞鲔、鳢、锱等近海和海洋鱼类。南朝末隋初,会稽海水产品丰富,并有海产品加工专著问世。

蚕桑业　据《上虞县志》记载:"南北朝时已有稚蚕保温饲养",民间丝绸织较为普及。据史载,当时已呈现出"丝绵衣帛之饶,覆衣天下"的景象①,但民间更多的是衣着葛布、麻布。

4. 手工业有了新的发展

六朝时期,越地会稽郡的手工业,尤其是纺织和烧瓷、制砖,冶炼、酿酒等行业有一定的发展。

纺织业　北方人口大量进入会稽郡,促进了丝绸和麻纺织业的快速发展。其时,会稽郡丝绵衣帛已很普遍。梁代,会稽织妇技术渐精,国人有"蜘蛛弄巧"、"越女调枢"等评语。② 能织镶锁金薄罗,织物花纹有"天、人、鬼、神、龙、象、宫殿之属,穷极幻妙,不可名状"③。会稽郡治山阴已是丝绸交易中心,"有时出山阴,为妻买缯彩三五尺"④。南朝葛布、麻布仍是普通百姓主要衣被材料。梁代,越布以其优异质量得民众喜爱。据史记载,越布"比绢方俏,既轻且丽,珍迈龙水,纱越岛夷"⑤,质量上乘。

制瓷(砖)业　六朝时,越地的烧瓷和制砖业也比较发达。曹娥江中游地区出现了瓷业生产的高峰,成为先越窑的生产中心。余姚上林湖地区(今属慈溪)的同类瓷业遗存仅19处,则明显受到曹娥江中游地区的影响,成为先越窑的地方类型窑址。随着佛教的盛行,东晋晚期出现的莲瓣纹,在南朝时成为越窑青瓷的主要纹饰。器物上装饰有小而密集的褐彩。器物以日用品为主,胎、釉分为两种。一种胎质致密,胎呈灰色,施青釉。另一种胎质粗松,呈土黄色,外施青黄釉或黄釉。仅现今绍兴漓渚一地就发现遗址8座,窑的外形有椭圆,窑底有火道7条,窑墩6个,有的窑后面还有烟囱。

酿酒业　当时,会稽酒已从浊醪演变成"山阴甜酒",酿酒技术也有新提高。南朝梁元帝肖绎在《金楼子》中,对其11岁时(518)在会稽喜饮"山阴甜酒"有记载:"吾小时,夏日夕中降沙蚊镯,中有银瓯一枚,贮山阴甜酒,

---

① 《宋书·孔季恭传》。
② 参见《梁简文帝集》。
③ 《吴越钱氏志》。
④ 《宋书·朱伯年传》。
⑤ 《全梁书·谢越布启》。

卧谈有时至晓,率以为常。"①清人梁章钜撰的《浪迹三谈》中也认为,绍兴酒是从"山阴甜酒"开始的,"彼时即名为甜酒,其醇美可知"。

此外,六朝时期,会稽冶炼技术进一步提高,上虞人谢平发明"杂炼生柔法"即生铁熔液包裹熟铁来制作钢朴(像树皮包裹树干那样),为我国冶炼史上一大创举,被誉为"中国绝手"②。南朝著名制造兵器的冶所是在会稽郡所属剡县的西白山。当时,民物殷阜,商事活跃,尤其是山阴道上商贸兴盛,越布、丝绸市场海外有名。山阴还是区域性(以吴、会二郡为主)米、绢交易中心③,商旅往来,络绎不绝。

---

① 《百子金书》,引自颜之推《颜氏家训·勉学》卷三,上海古籍出版社 1980 年版,第115 页。

② 《绍兴市志》卷十一,浙江人民出版社 1996 年版,第 798 页。

③ 参见《绍兴市志》卷十四,浙江人民出版社 1996 年版,第 1045 页。

第四章　经济中心的南移和唐宋时期
越地经济的腾飞

在两汉以前,以黄河流域为中心的中原地区,一直都是经济中心所在地。然而,随着社会的不断发展,从魏晋六朝时期开始,全国的经济中心逐渐向南方推进。到了唐末五代时期,经济中心南移趋势更为显著,直至南宋时期"南移"态势终于画上了圆满的句号。至此,历时大约一千年的经济中心南移过程,为越地经济的发展奠定了雄厚的物质基础,进一步促进了越地经济的快速发展。

一、影响我国经济中心南移的环境因素

我国古代经济重心的南移是一个重要的历史现象,几乎贯穿了整个中国历史。从远古至西晋我国北方经济无论是农业、手工业,还是商业的发展水平都远远超过南方。经济重心的南移始于唐五代,到唐中晚期,南北

经济发展水平基本相同。至南宋,我国的经济重心不可逆转地移到南方。①
在促使经济重心南移的天时、地利、人和诸多因素中,南北自然环境和社会
因素的变迁是一个重要因素。

(一)自然环境

1. 南北气候变化的影响

在农业社会中,一般说来气候是决定经济状况好坏的主要因素。历史
时期我国气候的演变大致是冷暖交替,但其总趋势是由暖变寒,即温暖期
趋短,程度趋弱;寒冷期趋长,程度趋强。据竺可桢先生的研究,7 世纪中期
到 10 世纪后半叶,气温持续较高,11 世纪初气候转寒,12 世纪初气候加剧
变寒。可见,唐五代处于温暖期,而两宋基本上处于寒冷期。气候变化影
响了粮食作物的生长期。唐五代温暖期作物的生长期比两宋寒冷期作物
的生长期要长得多。唐人韩鄂在《四时纂要》四月条下已谈及麦之贵贱与
贮麦之事,而宋太宗、真宗几次在汴京之郊"观刈麦"则在五月,说明北宋小
麦收获日期比唐代大大推迟了。北方气候变迁幅度大于南方,南方没有北
方严重。低温不仅影响其发芽,同时也不利于结实,易于增加空秕率。南
宋时以长江为界,南北水稻亩产相差悬殊:"大率淮田百亩所收,不及江浙
十亩。"②宋代南北普遍变冷,但南方变幅小于北方,加上其他有利条件。因
此,粮食亩产量普遍高于北方。

气候变化对经济作物的影响也很明显。自唐前期至南宋,蚕桑业中心
逐渐从河南、河北移至江南的太湖地区,桑树生长的最适温度为 25℃—
30℃。据我国农史学家、华南师大教授黄世瑞先生的研究,南宋年平均温
度比唐代至少低 2℃—4℃,要使种桑养蚕温度保持与唐代相同水平,蚕桑
地区必须向南推移 2.2—8 个纬度。河南、河北约在北纬 34°—38.5°,太湖
约在北纬 30.5°—31°,两地相差 3—8 个纬度。③ 喜温果树的种植范围也向
南移动,如柑橘,唐代种植的北界东起长江中下游北岸,西沿汉水而上向西
北延伸,且唐代史料中未找到柑橘冻害的记载。但 12 世纪初以后,长江中

下游及其以南地区的柑橘多次遭受毁灭性冻害,冻害迫使其种植范围向南退却。可见,唐宋时期气候的变化与南北农业的盛衰之间存在着必然的联系。

2. 南北水文变化的影响

古代水利工程大多是就近利用天然水源,或筑坝蓄水,或修渠灌溉。天然淡水湖泊是决定水利工程从而是决定农业兴衰的重要因素。唐宋时期,北方湖泊趋于减少缩小,南方趋于增加扩大。这种变化趋势对农业产生了不同的影响。以河南为例。宋以前河南省境内湖泽、陂塘之数不少,黄河两岸周围尤多。南宋绍熙五年(1194)后,具有调节水量和灌溉农田功能的湖泽和人工陂塘大多被埋塞,使河南不复成为水稻栽培的重要地区。而长江中下游地区的江河湖泊有所迁徙缩小,但总的来说水资源比较丰富。比如,唐代太湖入海水路受阻,湖水泛滥,太湖面积因而扩大了。宋时,太湖面积已达2000平方公里,与汉代相比扩大了300—400平方公里。周边众多小湖泊之间,有许多塘、浦互相沟通。水网化的形成促进了灌溉事业的发展,大量土地从而得到了有效的开发。太湖地"原田腴沃,常获丰穰"①,成为我国最富饶的地区之一,为南方水田农业最终超过北方旱地农业做出了极为重要的贡献。

3. 南北植被变化的影响

农业的发展过程就是人工植被代替天然植被的过程。手工业和建筑业对林木的砍伐,则经济开发愈早、程度愈高,天然植被的破坏也愈烈。唐宋时期,南北森林普遍受到砍伐,然而北方森林的砍伐此前已持续很长时间,南方森林则在本时期始有较多的砍伐。就森林破坏的程度和范围而言,北方也更严重和广大。比如,六朝末,河南省境内的森林覆盖率40%左右。在唐代,河南洛阳共遭水灾42次,居全国前列。究其原因,与森林过度砍伐造成水土保持破坏有关。② 与此同时,南方开发及森林的破坏也较迟。东晋以后,南方丘陵山地的林木开始被较多采伐,但对生态环境的影响有限。茶叶、毛竹、杉木、油桐、油茶等人工林,发展也比北方快。南方相对完好的森林植被比较充分地发挥了调节气候、蓄保水分和抗御灾害的作

---

① 朱长文:《吴郡图经续记·物产》卷上。
② 参见高俊文:《唐代水害史论》,《北京大学学报》1988年第2期。

用。于是,自然灾害远较北方为少为轻,极少发生旱涝蝗相继之事。南方农业得益于此,其优势也日益明显,在南宋中期就有"苏湖熟,天下足"之说。① 还有,北方长期作为政治中心,统治者发展农业的侧重点在军粮马料的生产,且往往征之过甚。而南方经济一般是因地制宜发展起来的,人为干扰较少。于是,唐宋时期南方农业虽还以粮食生产为中心,但已努力朝多种经营方向发展。

综上所述,尽管环境并不能完全决定人,但环境的确无时无刻不在影响着人。气候、水文、植被等自然环境的变化对北方经济所产生的负面效应,是显而易见的。宋以后南方经济超过北方,不仅是南北方社会生产力互为消长的结果,而且是南北方自然环境的优劣互为逆转的产物。

(二)社会因素

唐朝天宝十四年安史之乱以后,北方长期处于战乱之中,人口大量减少,生产日益凋敝;南方却人口剧增,生产勃兴,经济地位渐渐地超过了北方,成了全国的重心所在。经过五代十国及两宋时期的发展,南方在全国的经济重心地位进一步得到巩固。就南方而言,造成我国经济重心南移的社会因素主要有:

1. 人口的增加及其素质提高

江南地区的人口在汉代还处于"地广人稀"的阶段。永嘉之乱后,虽有不少北人南下,但还没有能够从根本上改变我国人口地理分布上的北多南少的局面。安史之乱发生以后,北方人口在连年战乱中急剧减少,南方人口虽也有所下降,但降幅远小于北方,而一些北人南下的集结区人口不但没有下降,反而有所增加。《元和郡县志》记有唐代开元及元和两个时期的户数,若以安史之乱为害最甚的中州地区与江南地区的户数变化作一比较,这个问题就看得很清楚了。中州地区十州的户数变化,开元时为64万户,元和时降为9万户,只有开元时的15%,可见人口锐减之烈。江南地区的苏州、润州、常州、湖州、杭州、越州、睦州、婺州、宣州、歙州十州,开元时总户数为78万户,元和时降为46万户,约为开元时的60%,下降幅度明显低于北方。而其中的苏州不但没有下降,反而比原来上升了32%。当时,

---

① 参见[南宋]范成大《吴郡志》。

越州的人口空前增长。据史料载：唐天宝年间（742—755），越州有户90279，人口超过53万，比开元时上升46%。① 于是，拥有大批劳动力的江南地区广袤土地被开发，众多水利工程相继建成，经济的发展很快地超越了北方。

另一方面，唐宋时期，北人南下不但给南方带来了先进的工具和技术，而且在南迁的人员中，有许多都是文化素质较高的人士，即所谓"士君子多以家渡江东，平江、常、润、湖、杭、明、越号为士大夫薮，天下贤俊多避地于此"。"贤士大夫以三江五湖为家，登会稽者如鳞介之集渊薮。"安史乱后薛兼训统领越州，为了提高当地的丝织水平，"募军中未有室者，厚给货币，密令北地娶织妇以归，岁得数百人"②，这些军人和妇女大多应定居越州。这说明，随着经济重心的南移，南方人口的文化素质也在不断提高，并逐渐超越了北方。正因为有了文化素质较高的大批劳动力，越地经济的发展速度也就越来越快，形成了后来的所谓"东南财赋地，江浙人文薮"的经济和文化都很发达的繁荣局面。③

2. 土地的开发和高效利用

据史料记载，汉代的越地仍是"地广人稀，饭稻羹鱼，或火耕而水耨"④，因人口稀少和生产力的不发达而得不到很好的开发。至魏晋六朝时期，北方长期处于动乱之中，南方则相对和平稳定，因而北人南下较多。这不但给南方带来了大批的劳动力，也带来了许多先进的工具与生产技术，使越地的土地开发形成了一个高潮。但是，当时的土地开发大多数还局限于"带湖傍海"的条件优越地区，许多丘陵山地及湖沼地带还没有得到普遍开发和利用。唐宋时期，特别是安史之乱和靖康之乱以后，北方人口陆续不断地大量南迁，对土地的需求量急剧增加，其垦殖的范围自然就要扩大到条件较为艰难的山陵及湖沼地区。据史载，当时润、常、苏、杭、湖、睦六州垦田达57932顷。⑤ 这六州均在太湖周围，土地肥沃，六朝时有许多北人迁居，土地已得到过大量开发，唐代又在原有基础上开发出5万多顷土地，

---

① 参见《旧唐书·地理志》。
② 司马光：《资治通鉴》卷二一九。
③ 参见陈正祥：《中国文化地理》，三联书店1983年版，第16页。
④ 《史记·货殖列传》。
⑤ 参见《元和郡县志》江南道润州下。

足见其开发的对象已不是条件优越的平原,而是低洼的湖沼地。其开发的方法,就是筑堤围田,建立起既能灌溉又能排涝的水网系统,为农业生产提供了旱涝保收的水利条件。这种耕田,就是当时所说的圩田。据史载:"江南旧有圩田,每一圩方数十里,如大城,中有河渠,外有门闸,旱则开闸,引江水之利;潦则闭闸,拒江水之害,旱涝不及,为农美利。"①由于圩田有旱涝不及的好处,所以经过唐、五代及两宋时期的开发,江南地区许多沼泽洼地,也都纷纷被开辟为圩田,大大提高了江南地区的农业产量。据有关资料统计,浙东路越州鉴湖和明州广德湖周围上百里都被修造成圩田,淀山湖周围也被围垦几十万亩。② 这么大面积圩田的兴修,是唐宋时期江南地区人口剧增对土地需求量日益扩大的结果。此外,唐宋时期近海地区的农民还大修捍海塘,开展了与海争田的斗争。

3. 水利的兴修和土地灌溉

东晋以后,南方人口逐渐增多,生产技术日益提高,一些大中型水利工程陆续兴建起来。如东汉顺帝永和五年,会稽太守马臻主持修建的鉴湖工程可溉田九千余顷,就是这一时期水利工程的代表。它对拦蓄洪水以灌溉田地起到了良好效益,但在当时还不普遍。唐代安史之乱后,北人的大批南下及唐政府对江南经济的依赖性越来越大,有力地刺激了江南水利工程的蓬勃发展。据记载,唐代江南地区各种水利工程约有七十余项,其中小部分是重修或扩建唐以前的水利工程,如鉴湖等,而大部分都是唐代新建工程。③ 唐高宗时长史杨德裔在山阴修建的陂塘,贞元元年(785)观察使皇甫政修建的越王山堰、朱储斗门,大和七年(833)观察使陆亘修建的新泾斗门等,进一步完善了古老的鉴湖工程。元和十年(815)观察使孟简重修了从越州州城至萧山的新河、运道塘。在这些工程中,安史之乱以前兴修的有二十多项,如开元十年,越州会稽县又建百余里防海塘蓄水灌田;天宝二年,明州鄮县令陆南金更将该县西湖开广溉田五百顷等等。从代宗大历年间到懿宗咸通年间这一百余年中,各项水利工程竟建有五十多个,为安史之乱前的两倍多。这些工程不但数量多,规模也较以前为大。如杭州余杭县的北湖、湖州长城县的西湖、明州鄮县的仲夏堰等,溉田也都在千顷以

---

① 〔南宋〕范成大《吴郡志》卷十九《水利》。
② 参见范文澜、蔡美彪等:《中国通史》第 5 册,人民出版社 1965 年版,第 364 页。
③ 参见《新唐书·地理志》。

上,而溉田百顷以上的更多。据史载,整个江南地区大大小小的水利工程有成千上万。① 正因为唐代在江南地区兴建了许多水利工程,所以,当这些工程发挥作用,许多土地都得到灌溉时,江南地区的农业生产就有了巨大的发展。安史之乱以后,北方经济遭到严重破坏,唐朝后期对江南经济倚重的程度越来越大。到了宋代,江南地区的水利工程有了更大的发展。据有关史志统计,各种水利工程约有一百多项,其中杭州的西湖,明州的东钱湖及小泾堰,越州的落星湖、烛溪湖、白马湖等,灌田都在百顷至数千顷之间。② 至于南北大运河的多次疏浚,鉴湖、陈湖等原有工程的经常维修,更是与整个宋王朝相始终,对越地成为江南最发达的经济地区产生了巨大而深远的影响。"天上天堂,地上苏杭"等民谚,正是对越地经济繁荣的生动写照。③ 据史载,宋初江淮漕运只数十万石米至京,太平兴国初达400万石,大中祥符时已达700万石;南宋迁都临安,行宫所用米也是由两浙路及江东路供给。④

由此可见,在促成我国古代经济中心的转移过程中,自然环境和社会因素都起了至关重要的推动作用。而越地是我国古代经济社会文化重心南移的主要舞台。

二、隋唐五代时期的越地经济

隋唐五代时期(581—960),历时379年。越州在唐代是浙东地区的政治、经济中心,在中唐后更成为浙江东道观察使治所。随着全国经济中心南移,在继六朝时期的快速发展后,越地经济又有了新的进展。魏晋六朝时,越地的土地开发重点集中在山会平原地区,对山区的开发仅限于会稽山北部地区和剡溪中下游。唐中期,开始对会稽山及四明山南部地区的开发明显加快。到唐末,彻底结束了春秋以来"火耕水耨"的粗放耕作和"果隋蠃蛤"的自然经济,开始了以深耕和插秧、精耕细作为代表的传统农业。

① 参见《新唐书·韦丹传》。
② 参见《宋史·河渠志》。
③ 参见《吴郡志》卷五十。
④ 参见《宋史·食货志》。

除良好的农业基础外,越州的纺织业、制瓷业及造船业等手工业均相当进步,商业贸易亦十分发达。"越罗"、"竹纸"、"日铸茶"成为全国名品,城市和农村集镇集市贸易逐步兴盛,以农产品和加工产品为主要交易商品的商业活动相当活跃。

(一)农业经济

唐代安史之乱后,北民避乱南奔,形成"三川北虏乱如麻,四海南奔似永嘉"的局面。[1] 越州富庶,北民好投,正所谓"登会稽者如鳞介之集渊薮"[2]。朝廷为缓和人多地少的矛盾,改善土地占有关系,实行均田制。史载:"每男夫授桑田二十亩,身没不还,世代承耕。"即分给每户男丁100亩(1顷)田,且规定其中20亩为"永业田",必须种植桑、枣等经济林。唐代的赋役分为丁口税与田赋两类。[3] 诗人元稹任浙东观察使和越州刺史的7年(832—839年)中,实行按田亩实数和田地肥瘠均摊夏、秋两税,人心安定,生产发展。从"两税法"亦可从侧面看出越州当时的耕作制度,已实行稻麦两熟制。到唐代,越地农、林、牧、副、渔业已比较完整。其中,以粮、棉、麻、油料、蔬菜为主要内容的耕地种植业已经基本形成。但棉花尚无引进,油料作物种植仍未达到产业化、规模化水平。

1. 粮食生产

隋唐时期,越地经济不断上升,作为经济基础的粮食生产有了很大的发展,特别是唐安史之乱对北方生产的破坏,粮食供应转依赖于南方。在越州,无论北部平原还是诸暨浦阳江河谷平原和剡县的剡溪流域,种粮是农人生产活动的主体。当时的宁绍地区是仅次于太湖流域的南方粮食基地之一。杜牧曾赞誉越州为"机杼耕稼,提封九州,其间茧税鱼盐,衣食半天下"[4],越州是唐代名副其实的江南富庶之地。

当时,越州是全国的粮食生产基地之一。越地平原地区的沼泽地和小型湖泊皆开垦为田,只有鉴湖还没有作大规模的开垦,其周边"盗田围垦"的只是湖滨农民零星的垦植行为。唐后期的长庆年间,上虞虞北地区五乡

---

① 参见李白:《永王东巡歌》其二。
② 穆员:《鲍方碑》,《全唐文》卷七八三。
③ 参见《隋书·食货志》、《新唐书·食货志一》。
④ [唐]杜牧:《授李纳浙东观察使兼御史大夫制》。

之民还愿意"割己田"建成夏盖湖；直到北宋政和初，萧山还建成湘湖，用以灌溉农田。唐后期，由于越州采用辕犁耕作和水稻移栽，实行连续耕作无须后备耕地。所以，唐代一亩耕地相当于六朝时期的 2 亩，产量约为 50 石谷，约合 3300 市斤。

从晋代起，由于西兴运河（漕渠）的开凿，宁绍地区又负担起向北方供应漕粮的任务，到了唐代太湖流域和越州成为全国水稻主要生产基地。唐代水稻生产的发展与耕作技术进步、两熟制推广、良种的引进和推广、栽培技术的改革、水上种稻技术的发展、农田水利及灌溉技术的进步是密不可分的。五代吴越国时期，犁、铧、镰等铁制农具随之发展，在楚越之地连绵数千年的"火耕"技术基本上被淘汰，诞生了与水稻移栽配套的传统耕作技术。麦稻两熟制的粮食作物种植制度也开始实行。唐朝诗人方干，隐于会稽，渔于鉴湖，在其《鉴湖西岛言事》中有"欲著寒衣过麦秋"的诗句，说明唐朝鉴湖灌区已种麦。唐代水稻栽培技术进步，除辕犁耕作外，越州已开始有育秧移栽，从唐朝诗人白居易的诗"越国强仍大，稽城高且孤。……绿科映早稻，紫笋折新芦"①中说明，当时越地已掌握了水稻移栽技术。

水上稻田——葑田，是唐朝时期越州古鉴湖一道独特的风景线。"葑田"是在沼泽上以木作架，上铺泥土，作为种植水生植物的农田和耕地。唐贺知章《龙瑞宫记》刻石中就有"葑田葵池"的刻记。这是古鉴湖葑田的最好历史见证。唐越州会稽人秦系在《题镜湖野老所居》就有"树喧巢鸟出，路细葑田移"的诗句。② 现今在古鉴湖南部一带尚有许多以葑命名的村庄，如越城区皋埠镇的孟家葑，鉴湖镇的劳家葑、邹家葑、鉴葑、王家葑、骆家葑，兰亭镇的张家葑，福全镇的陈家葑，皆与葑田有关。其实，越州的"葑田"与夏商时期越地的"鸟田"一样，是古越农业文明中稻作文化的创举。

2. 经济作物

从隋朝开始，越地就有人工造林的记载，而对经济林茶、桑、果、花卉的人工栽培历史则更早，唐代已十分兴旺。当时，越州的林业、茶、桑、果、蔬菜、水生蔬菜及畜禽养殖、水产捕捞等产业在全国都具举足轻重的地位，而且已涌现出了许多"专业户"。

---

① ［唐］白居易：《和微之春日投简阳明洞天五十韵》。
② 参见《新唐书·艺文志》。秦系(720—810)，唐朝诗人，字公绪，自号东海钓客。

果蔬 除竹笋、荸、蕺、姜、白蘘、葱外，还有茄子、五色瓜（南瓜）和越瓜等。鉴湖、湘湖、若耶溪盛产菱、藕、茭、莼菜等。贺知章的《采莲曲》"稽山罢雾郁嵯峨，镜水无风也自波。莫言春度芳菲尽，别有中流采芰荷。"李白的《越女词五首》之三云："耶溪采莲女，见客棹歌回。笑人荷花去，佯羞不出来。"宋嘉泰《会稽志》引唐杜荀鹤《送人游越》诗云："有园皆种桔，无诸不生莲。"会稽南部山区的果类生产发展迅速。主要品种有柑橘、桃、梅及李、杏、杨梅、梨、柿、栗、樀等十多种。这些果品生产不但已具规模化与专业化，而且地方特色也相当明显，剡县是当时橘、桃、梅、樀的重点产区。

茶叶 越地的茶叶生产始于汉代，盛于唐代。唐朝越州余姚、上虞、会稽、山阴、剡、诸暨、萧山皆产名茶。越地茶叶名闻全国，主要有会稽的日铸茶、剡县的剡溪茗、余姚的瀑布仙茗等。陆羽曾说，浙东茶叶"越州上，明州、婺州次，台州下"。"越州余姚县生瀑布泉岭，曰仙茗，大者殊异。"[1]《茶经》是中国乃至世界现存最早、最全面介绍茶的专著，陆羽考察茶事非常严谨，足迹遍布各地，这样的结论足以为证。唐时，越州剡县茶事之盛有诗歌为证，陆羽好友、唐代释皎然曾有诗云："越人遗我剡溪茗，采得金芽爨金鼎，素瓷雪花飘沫香，何似诸仙琼蕊浆。"[2]又据宋《剡录》记载："剡茶声，唐已著。"唐时，诸暨已成为浙东越州茶产区之一。在唐宋时期，两浙地区（含越州）为草茶产区，唐朝越州草茶制作方法采用蒸青研碾法制茶。茶事旺必然导致茶市盛，位于稽北丘陵、鉴湖南岸的会稽县平水集镇，唐时已是浙东地区闻名全国的茶叶集散地。

蚕桑 唐安史之乱以后，中原"农桑井邑靡获安居，不能相保"，全国蚕业中心南移。唐代，农家以永业田种植桑等经济林木，蚕业兴盛。越州是两浙丝绸主产区之一，诗人李贺《感讽》（其一）诗"越妇未织作，吴蚕始蠕蠕。县官骑马来，狞色虬紫须"，就是对越州蚕妇穷苦生涯的真实写照。

3. 畜牧业

隋唐时期，越地农家饲养的畜禽种类主要有猪、牛、羊、兔、鸡、鸭、鹅。由于北民南迁，还带入北方牲畜马、驴等。因有鉴湖之利，水禽鹅、鸭的饲养量在唐代快速发展。饲养方式仍以合饲与放养相结合。养猪业成为农

---

① 陆羽：《茶经·八之出》，[清]陆廷灿编译，蓝天出版社2007年版，第112页。

② [唐]释皎然：《饮茶歌·诮崔石使君》。皎然，唐代诗僧，本姓谢，为南朝谢灵运第十世孙。他是第一个提出"茶道"概念的人，也是写诗吟酬陆羽最多的人。

民增收的重要产业，并把猪尊为"乌金"。由于猪杂食性强，农户常常"牧猪"，即把猪赶出去吃野地闲田里的青草。当然，更多的还是"采用牧养与圈养相结合的办法"①，"豕入此月〔指八月〕即放，不要喂，直至十月。所谓糟糠，留备穷冬饲之。街陆便水生之草，收浮萍、水藻饲之则易肥"②。所以，在越州水乡猪的饲养成本较低，发展较快。作为肉食，在唐代猪仅次于羊，史载，唐朝政府供给各级官员的食料，其中对亲王以下所赐食料中有"每月给羊二十口，猪肉六十斤，鱼三十头"的规定。③ 可见，猪的地位虽然不及羊重要，但仍属民间大众化的肉食。当时，民间养猪也十分普遍。除个体农民养猪外，也出现一些养猪大户。据《太平广记》载："唐贞观、永徽间，整屋鄂县界有果毅，每客来，恒买豚设馔，卫士家生十豚，总买尽。"④"李汾秀才者，越州浙江东部上虞人也。性好幽寂，常居四明山。山下有张老庄，其家富，多养猪。"⑤这里，张老庄该算的上是养猪大户或养猪专业户。

4. 渔盐业

自东汉以来，越地筑成了鉴湖、上虞夏盖湖等水域。隋唐时期，浦阳江流域的七十二湖得到疏浚，使越州之地水域不断拓宽。再加上众多的山塘、池塘加上玉山斗门的修建与沿海地区海塘的大规模修筑，给越州淡水养殖的发展提供了良好的条件。当时，越州淡水捕捞业比较发达，种类有鲤鱼、鲫鱼、黄鳝、鲂、鳙、鲢、青、鲈、银鱼及虾、蟹等。当时的捕鱼为业者众，晚唐著名诗人方干曾有"岁计有时添橡实，生涯一半在渔舟。世人若便无知己，应向此溪成白头"⑥的诗句。海水捕捞也比较便利，主要品种有石首鱼、墨鱼、春鱼等。那时，还有人写就了《会稽郡造海味法》。⑦ 养鱼仍以池塘、山塘为主，渔民们在半封闭性的河道、塘堰、溇浜等水域，拦水筑堤，

① 杨际平:《中国经济通史》第4卷,湖南人民出版社2002年版,第483页。

② 〔唐〕韩鄂《四时纂要》卷四"八月"条。

③ 参见《唐六典》卷四。

④ 《太平广记》卷一三二,"果毅"条,出自《法苑珠林》。

⑤ 《太平广记》卷四三九"李汾"条,出自《集异记》。

⑥ 〔唐〕方干:《鉴湖西岛言事》,引自金普森、陈剩勇《浙江通史》第4卷,浙江人民出版社2005年版,第163页。

⑦ 参见《绍兴市志》卷十三,浙江人民出版社1996年版,第1026页。

放养鳙、鲢、鲩、青等鱼类。这可能是越地外荡养鱼的肇始。① 唐时,海洋渔盐生产已是越地沿海居民的重要生计,并出现了一批专业渔民或盐民。唐代贺知章曾有诗云:"錤镂银盘盛蛤蜊,镜湖莼菜乱如丝。乡曲近来佳此味,这渠不道是吴儿。"②说明海贝已是当时越州老百姓的美味佳肴。宋代的沈立在《越州图序》中曰:"〔会稽〕濒海居人,以鱼盐为生。"越州曾设兰亭盐官,配课盐四十余万石,有会稽西场、会稽东场和余姚(石堰)盐场,沿海有一批专事制盐的盐民。当时,制盐方法主要是煎熬法。

(二)手工业

与六朝时期相比,隋唐直至宋朝,越地各县的纺织、酿酒、造船、烧瓷、造纸等手工业,不仅规模进一步扩大,而且生产技术也大为提高。

纺织业　隋唐时期,越地丝(麻)织业都非常发达。隋初实行的"永业田"制,带动了蚕桑生产,进而使丝织生产出现短暂繁荣。隋代的耀花绫,唐代的越罗、越绫,乃至五代十国的越绢,均在向朝廷进贡的名品之列。从发掘出来的丝织品看,丝织品有绫、锦等十几类,每类又分为许多品种,其中的绫就有二十多个品种。纺织技艺水平较高,且融入了外来的风格,色彩鲜丽,图案新颖。尤其是所产的"耀花绫","绫纹突起,时有光彩",为绝世珍品。据《浙江通志》载:"炀帝以越州所进耀花绫,独赐司花女袁宝儿及绛真,他妃莫得。"唐初,越州所贡仅交梭白绫一种。但是,到了唐后期,引进北方先进技术,促进了纺织业发展。大历二年(767),"初,越人不工机杼",于是浙江东道节度使薛兼训"募军中未有室者,厚给货币,密令北地娶织妇以归,岁得数百人,由是越俗大化,竞添花样,绫纱妙称江左矣"③。据《新唐书》记载:贞元年间(785—805)越州丝绸贡品有吴绫、异样吴绫、花鼓歇纱、吴朱纱、宝花花纹罗、白编绫、交梭白绫、十样花纹绫、轻容兰縠、花纱、吴绢等十种,为其他州郡所不及。史载:唐时,越州丝织印染业已普遍用镂板印染和涂蜡夹缬法,所产绫锦,绚丽多彩。④ 其时,越州轻容纱,纯色无花,丝缕细,织工精,既薄又轻,品质优异,风行一时,朝廷一度每10天向

① 参见《绍兴市志》卷十三,浙江人民出版社1996年版,第1026页。
② 〔清〕曹寅、敔定求等校注:《全唐诗》卷三六九,岳麓书社1998年版,第2297页。
③ 李肇:《唐国史补》。
④ 参见《艺文类聚别集》卷四。

越州征调越绫 1.5 万匹。① 其中,越姬"乌丝栏花缎",为名贵精品。② 所产宝花花纹罗等,朝野称之为"越罗",杜甫有"越罗与楚练,照耀与台躯"③诗句。五代十国,吴越之地"闭关而修蚕织",不仅农村"桑麻遍野",城镇也出现"春巷摘桑喧咤女",盛况超过前代。④ 后唐同光二年(924),钱镠向后唐进贡的丝织物有越绫、吴绫、越绢等。⑤ 另外,隋唐时期越州的麻织业也有一定发展,据《新唐书·地理志》记载,唐代越州交梭白绫、花纱等全国闻名,畅销各地。

酿酒业　隋唐时期,国家盛年,越州酿酒业十分发达。朝廷对酒的质量要求也颇严,据《唐书》载,凡有酿造出卖劣酒者,一经发现,即予定罪。越州所产之酒,更以郁香醉人闻名,文人墨客喜以"醉乡人"自居,越州任浙东观察使 7 年的大诗人元稹在《酬乐天喜邻郡》诗中写道:"老大那能更争竞,任君投募醉乡人。"⑥白居易在一首和诗中也说:"醉乡虽咫尺,乐事亦须臾。"⑦从此,越州便以"醉乡"之名传颂遐迩。

制瓷业　唐、五代时期是越窑发展鼎盛时期,代表了青瓷的最高水平,尤其是所谓的"秘色"瓷,更是当时越窑青瓷的十分引人注目的产品。唐代,越窑青(白)瓷形成了规模生产体系,制造工艺先进,无论产品数量还是质量均居全国之冠。一方面,从产品看,初唐时,越窑青瓷胎质灰白而松,釉色呈青黄色,品种也较少。晚唐时,胎质细腻致密,胎骨精细而轻盈,釉质腴润匀净如玉,釉色为黄或青中含黄,无纹片,普遍使用素地垂直划纹的装饰方法。另有一种在器物上堆贴花卉、人物、鱼兽等的方法,器物常见的有碗、盘、水盂、罐、盒等,特色器如瓷砚、执壶、瓷罂等,尤其是口唇不卷、底卷而浅腹的越瓷瓯,风靡一时,成为文人墨客的歌咏对象。那时,越瓷已经远销朝鲜、日本、印度尼西亚、非洲等地。五代时,越窑青瓷胎质细腻,胎壁较薄,表面光泽,胎色呈灰色或浇灰色,釉质腴润光亮,半透明,釉层薄而

① 参见司马光:《资治通鉴》卷一七七。
② 参见《艺文类聚别集》。
③ 杜甫:《后出塞五首》之四,《全唐诗》卷二二九,岳麓书社 1998 年版,第 1369 页。
④ 参见《两浙金石志》。
⑤ 参见《五代史记补考》。
⑥ [清]曹寅、彭定求等校注:《全唐诗》卷四一七,岳麓书社 1998 年版,第 2331 页。
⑦ 白居易:《和微之春日投简阳明洞天五十韵》,《全唐诗》卷四四六,岳麓书社 1998 年版,第 2638 页。

匀,釉色前期以黄为主,后期以青为主。装饰初期以素面为主,后期堆贴尤其是刻花大为盛行,题材多为人物、山水、花鸟、走兽。艺术形式多种多样,艺术风格丰富多彩。

另一方面,从窑址看,越窑主要窑场在余姚和上虞,发源地是曹娥江中游两岸的山坡上。唐代开始,以余姚上林湖(今属慈溪)为中心,及其周围的白洋湖、里杜湖和古银锭湖等地的瓷业生产蓬勃发展,蔚为壮观,达到鼎盛状态,成为越窑青瓷的中心产区。而上虞章镇湾头、前进村和上浦凌湖等地仍有一定规模。越州诸暨瓷业亦发达,产品有烛台、四耳罐、海棠杯、荷叶盘、莲花琬等三十余种。器皿质灰白,风格细致,质地轻薄,质量上乘,常被宫廷用作饮食器皿和敲击乐器。唐代茶圣陆羽称越瓷"类玉"、"类冰",把越窑列为全国名窑之首。五代十国时,吴越国把大量的越窑瓷器向中原朝廷进贡,极大地刺激了越窑青瓷产量与质量。随着与日俱增的"贡瓷"和对外贸易用瓷的日益增长,除余姚上林湖和上虞窑寺前中心窑场外,相继在宁波的东钱湖,以及越州、诸暨、剡皆增设窑场,上虞窑寺前就置官窑 36 所,周边民间窑场则更多,从而把上虞越窑推向了辉煌的顶峰。在吴越国时生产的秘色瓷成为贡品和外交礼品。①

总之,越窑是唐、五代时最著名的青瓷窑场和青瓷系统,所烧青瓷代表了当时青瓷的最高水平。唐代的越窑青瓷,深得当时的诗人喜爱,不少诗人都描述和歌咏过越窑青瓷的美,如陆龟蒙的"九秋风露越窑开,夺得千峰翠色来"②,徐夤的"掠翠融青瑞色新,陶成先得贡吾君,巧剜明月染春水,轻施薄冰盛绿云"③,就连日本明治时期的日本人石川鸿斋也曾作诗赞颂余姚上林湖的越窑瓷器:"上林之窑盛天下,宋社已屋陶亦罢。遗珍谁得雉鸡山,久埋土中犹未化,馀姚沈君藏一瓶,釉色莹澈凝貌青。相携万里来扶桑,割爱贻我何厚情。"④

造纸业　隋末以来,越地山区便盛产手工纸,原料为木、竹、藤本植物。唐代文学家韩愈写过一篇《毛颖传》文章,称纸为"会稽楮先生",楮(穀树)

----

① 参见《绍兴市志》卷十一,浙江人民出版社 1996 年版,第 781 页。
② 陆龟蒙:《咏秘色瓷器》,《全唐诗》卷六二九,岳麓书社 1998 年版,第 3761 页。
③ 徐夤:《贡余秘色茶盏》,《全唐诗》卷七〇九,岳麓书社 1998 年版,第 4019 页。
④ [清]黄遵宪等合评:《日本八大家文读本》,日本明治十六年(1883)刻本。

是一种落叶乔木,生长于会稽山区,古代常被用于造纸。① 唐初,越中多以古藤制纸,故名"藤纸"。其中,以剡县藤纸最有名。剡藤纸的特点是薄、轻、韧、细、白,莹润光泽,坚滑而不凝笔,以质地精良著称。孙能传《剡溪漫笔小叙》:"剡故嵊地,奉化与嵊接壤亦有剡溪,为余家上游。其地多古藤,土人取以作纸,所谓剡溪藤是也。"唐顾陶翁作《剡纸歌》曰:"剡溪剡纸生剡藤,喷水捣为蕉叶棱。"藤纸质佳,唐李肇《国史补》谓"纸之妙者"有越之剡藤、苔笺纸,剡藤纸的著名品种有敲冰纸、砑笺、玉笺、粉云罗笺、月面松纹纸、手溪纸等。宋代竹纸兴,藤纸衰。② 据史载:"剡藤纸名擅天下,式凡五,藤用木椎椎治,坚滑光白者曰砑笺,莹润如玉者曰玉版笺,用南唐澄心堂纸样者曰澄心堂笺,用蜀人鱼子笺法者曰粉云罗笺,造用冬水佳,敲冰为之曰敲冰纸,今莫有传其术者。"③唐宋时期,有人称公牍为"剡牍","知客授侯邦,尤得枢衣之便。抚躬甚喜,剡牍先之"④。

此外,隋唐时期越州造船业也相当发达。唐初,江南各地,如扬州、杭州、越州等,都是造船业发达的地方。越州已具制造大型跨海战船的能力。据史载,唐贞观二十二年(648),唐太宗曾令越州总督造"大偶煌舫"(双体船)1100 艘,"敕越州都督府及婺、洪等州造海船及双舫千一百艘"。⑤ 这既表明唐初越地造船业基础雄厚、规模宏大,且战舰制造能力也很强。同时,民间自造船只,为数更多。至五代十国时期,有吴越"时江南未通,两浙贡赋自海路而至青州"的记载。此外,制砖(瓦)以及采石业也很兴盛。隋开皇时(581—599),越国公杨素为筑罗城,大规模开采山阴下方桥山石料。唐建纤道,大量使用石材,致使越州会稽、山阴等县的石荡(宕)生意十分火暴。

(三)商贸业

唐代,越地农产品及手工业制品的贸易十分活跃。由于大运河的开凿和海外贸易的兴起和发展,唐前期商业的繁荣,表现在城市的进一步发展

---

① 参见陈桥驿:《绍兴史话》,上海人民出版社 1982 年版,第 63 页。
② 参见《绍兴市志》卷十一,浙江人民出版社 1996 年版,第 35 页。
③ 《浙江通志·物产》引《嵊志》。
④ [南宋]楼钥:《通添差教授王太傅启》。
⑤ 《资治通鉴》卷一九九;乾隆《越地府志》。

方面。城市不仅是全国和地方的政治、军事中心和水陆交通枢纽,而且成为商品交易中心和物资交流的枢纽。当时,越州城不仅是州府,又是浙江东道道治所在。唐诗人元稹称"会稽天下本无俦,任取苏杭作辈流",就是说,文士之才华出众,文风之雅致鼎盛,文章之丰富多彩,殆无与越州相比者,越州俨然是天下第一的大都会。此外,还有"杭州在唐,繁荣不及姑苏、会稽两郡"之说。越州出产的越瓷、交梭、白纱等农副产品畅销全国。① 与此同时,在离州县治较远,但交通便利的地方,也因商业活动的需要而自然形成了一些集市,比如农村小集镇和集市(市集)、会市形式的农副产品交易。山阴县于秦汉时已有市集,史载:"古废市,在都亭桥南礼逊坊,旧经云蓟子训货药方于此。《列仙传》云:"蓟子训,齐人,卖药于会稽市,时乘骡往来,忽然不见。"②到了唐代,会稽县平水、诸暨县枫桥已形成市集。五代十国时,越州丝绸、竹纸、青瓷通过浙东运河销往全国、海外。唐代会市兴盛,唐长兴元年(930),吴越王钱镠复开、改建大善寺、开元寺,每年正月十五办会市,周围十数郡及海外商贾皆集,盛况可与成都药市相媲美。自城市到乡村这些众多的、大小不等的市的存在,说明唐朝越地的商业空前兴盛。

三、两宋时期的越地经济

两宋(960—1279),历经北宋和南宋两个时期,共 319 年。两宋远承汉唐,近启明清,是我国封建文明史极为重要的转折时期。北宋建制袭沿唐代,越州仍治山阴,辖会稽、山阴、诸暨、上虞、剡、新昌、余姚、萧山八县。宋南渡及迁都临安后,建制更名,辖领不变。据史载:"建炎四年四月癸未,御舟自温台回,驻跸越州。取'绍万世之宏休,兴百王之丕绪'意,于翌年〔1131〕正月一日改元绍兴,朝廷用'兴元'故事,改越州为绍兴府。""绍兴"地名由此而来,延用至今。北宋宣和三年(1121),剡县改名嵊县。从此以后,绍兴府辖领八县基本稳定,直至民国后才有较大的变化。北宋末年,金兵入侵中原,北方又一次陷入战乱之中,至南宋时期,越地人口又一次骤

① 参见王明清:《玉照新志》。
② 宋嘉泰《会稽志》。

增，经济呈现空前的繁荣。

（一）北宋时期的越地经济

北宋结束了五代十国分立割据的局面，为社会经济发展创造了有利条件。北宋时期封建的租佃契约关系得到较大的发展，佃户对地主的人身依附关系有所削弱，劳动者的生产积极性有了提高。经过广大人民群众的辛勤劳动，北宋时期的农业、手工业以及商业，都有显著发展，社会经济呈现出新的繁荣。

1. 土地制度

北宋时期，土地除了官田、公田（庙田、学田、祠堂公田）外，私田大部分集中于少数封建地主手里，广大农民，包括北民中的贫困者大多没有土地或有少量土地，部分成为封建地主的雇工，部分则租用地主土地或者官田、公田。土地的私有化、集中程度相当严重。尤其是，地处宁绍平原的鉴湖、夏盖湖及浦阳江流域的诸暨七十二湖和萧山的湘湖皆成为豪强掠夺的目标。鉴湖湮废究其原因，就是南宋侨寓巨室与当地豪强结合，加倍围裹湖滩地，盲目围湖的结果，所围湖田 2000 余顷，部分归官田，大部则为豪强所得，再出租于民。徐次铎在《复镜湖议》中讲到鉴湖废后，湖田租税每岁不过 5 万余石，得利人户千家左右，充分说明围湖者，非官府则豪富，而民户万余家常受水旱饥饿之灾。庙宇、学府、祠堂占据土地现象也十分严重。据史载："宝林寺在县南三里。乾道末，置田五千余亩。"又载："天章寺……淳熙十年重建，元季寺毁，旧有供应田千亩。"[①]占田数额颇大。而另一方面，无地少地的农民除了出卖劳动力成为雇工或帮工外，大部分则租公田、官田。仅鉴湖湖田 2000 多顷，每岁就得租米 5 万多石（包括赋税），而且水面也有租赁。由于土地高度集中，导致农村租赁制度和雇佣关系的高度发展，农村穷富差别拉大。当时，田赋继续实行新两税法，夏税收钱，秋税收粮，又有劳役。[②] 宋太平兴国年间（976—983），王赟均两浙杂税后，改亩税一斗，就是嘉泰《会稽志》所说的"亩税一斗者，天下之通法"。

2. 种植业

北宋时期，越地农业生产的内部结构和传统农业生产技术更趋完善。

---

① 宋嘉泰《会稽志》卷十。
② 宋嘉泰《会稽志》卷十一。

种植业包括粮、棉（麻）、油、蔬（含瓜、蔗）等生产，以及茶、桑、果、花卉、三籽（桐、油茶、柏）等经济林的生产也比较发达。

北宋，水稻生产是越地历史上进步最快的时期，无论在品种数量、田间管理技术和技术推广手段等方面，任何一个朝代都无可比拟。从宋真宗（988—1022）开始，大力推广水稻生产技术。据史志记载："祥符五年〔1012〕，以上诸路微旱，则稻悉不登，遂遣使福建，取占城稻三万斛，分给江南两浙三路，转运使令，择民田之高仰者，分给莳之，谓之早稻，仍出种法示民。"①皇帝如此重视水稻引种与推广，为历代所罕见。在水稻栽培技术上，包括耕作制度的改革（稻麦两熟制的推广）、良种的引进和推广、农具的进步、施肥和治虫等田间管理技术等，到北宋已相当完善。在通过围湖垦田、围海造田和开垦山旱地等手段增加耕地面积的同时，积极推广稻麦两熟制，提高土地的产出率。北宋也是越地历史上水稻品种最丰富的时期，水稻品种有56只。② 以中籼稻为主，早籼也有一定比例，特别是占城稻品种系列的推广，农历八、九月以前皆能成熟，其中60日稻品立秋即熟，所以冬播大、小麦季节上比较宽裕；而大、小麦在农历五月初皆能成熟，移栽水稻，季节也不成问题。据明万历《绍兴府志》记载：宋祥符年间（1008—1016）土田山荡合郡共612.3万亩，耕地以50%计算，约306.2万亩，人均耕地约5亩。据闵宗殿的研究，北宋浙东地区水稻亩产约269斤左右③，由此推算绍兴府人均占有稻谷1345斤，由于当时已推广稻麦两熟制，人均占有粮食约有1500斤。

北宋时期，为了解决粮食之困，投北民所好，越地在山乡与平川种植旱粮之风极盛。据记载，当时越地种植的旱粮作物主要有粟、木粟（黍）、乌禾（稗子）、大麦、小麦、粱粟、菽、荞麦等9类计45种，种植之广麦为最。由于北方移民骤增，面食普及，麦子身价抬高，出于经济利益驱动，种麦在越地山区与平原得以普及。在陆游诗中也可领略当时种麦的普遍，如《农家欢》："有山皆种麦，有水皆种秔〔粳稻〕。牛领疮见骨，叱叱犹夜耕"；《初

① 宋嘉泰《会稽志》卷十七。
② 参见同上书，草部。
③ 参见闵宗殿：《宋明清时期太湖地区水稻亩产量的探讨》，《中国农史》1984年第3期。

冬》："正看溪碓舂粳滑，又见山坡下麦忙"①，这些诗句充分反映南宋时期越地农村种麦的盛况，无论山区还是农村，家家户户皆种麦，青黄不接时，麦饭已成为当时农家的主食之一，所以，麦是当时仅次于水稻的粮食种类。其他旱粮还有稷（高粱）、菽（豆）、荞麦、粟等。

另外，越地的果品生产发展较快。北宋《越州图经》载："诸暨出如拳之栗。"北宋《能改斋漫录》载："政和中诏诸暨县贡焉，栗固大于他邑，然如拳者终不可得。"《南宋剡录》载："诸暨栗最多。"

3. 养殖业

无论是淡水捕捞、养殖和海洋捕捞比唐代更为发展。据宋嘉泰《会稽志》载："会稽诸暨以南，大家多凿池养鱼为业，每春初，江州有贩鱼苗者买于池中，辄为万计，方为鱼苗时饲以粉，稍大饲以糠糟，久则饲以草，明年卖以输田赋至数百缗⋯⋯池有仅数十亩者，旁筑亭榭临之。"北宋《剡录》载：嵊县较大的山塘有黄塘、广利塘等，"采鱼时"塘水发浑。池塘养鱼山区多于平原，这与地域条件以及野生渔类的资源分布与捕捞习惯等因素有关。

4. 手工业

北宋时期，越地的手工业生产也有很大进步。各种手工业作坊的规模和内部分工的细密，都超越前代。生产技术发展显著，产品的种类和数量大为增加。尤其是，手工业作坊中工匠的身份有了变化，他们所受的封建人身束缚已经有所松弛。

纺织业　北宋时期，越地的家庭纺织业极为兴盛，纺织品类型有丝绸、麻纺等。在民间，丝绸纺织十分普遍，盛况空前，真所谓"茧薄山立，缫车之声，连甍相闻"。《元丰九域志》载的贡物，大致反映北宋后期浙江蚕业的概况，其中杭州贡绫 30 匹，越州贡绫 20 匹、纱 15 匹，秀州贡绫 20 匹，湖州只贡苎布 20 匹，明州贡绫 10 匹、纱 10 匹，以越州最多。② 据史志记载，越地夏税实物中的绢有 98809 匹，为全省各州之最。这些都说明宋代越州丝绸业在全省的地位。③

陶瓷业　宋代早期的越窑器沿袭晚唐越窑器风格。由于北宋品茶风俗的盛行和禁用铜器，对陶瓷的需求日益增加。不论在产量还是制作技术

---

① ［南宋］陆游：《剑南诗稿校注》，钱仲联校注，上海古籍出版社 1985 年版，第 216 页。
② 参见郑云飞：《宋代浙江蚕业的开发》，《中国农史》1990 年第 1 期。
③ 参见宋嘉泰《会稽志》。

上,比前代都有很大提高,出现了官窑(开封)、钧窑(禹州)、汝窑(汝州)、定窑(曲阳)、哥窑(龙泉)等五大名窑,工艺技术达到新的水平。据《册府元龟》、《宋会要》、《宋史》等书记载,宋立国初期十余年间,吴越王钱氏先后向宋王朝贡献越窑青瓷17万件。由此可知,宋初,越窑青瓷在我国瓷器史上仍占有重要位置。至北宋中期越窑逐渐趋于没落。北宋后期,窑址数量锐减,制瓷工艺衰退,产品粗糙,瓷业生产江河日下,出现大衰败。

造纸业　越州在北宋设有四个官方造纸局:汤浦、新林、枫桥、三界。①米芾《越州竹纸诗》:"越筼万杵如金版,安用杭油与池茧"②,就是描述竹纸制作与优质,甚至超过了杭郡"由拳"和池州"茧纸"等皮纸。他在《评纸帖》中还提到,他在50岁时始用竹纸作书,并曾亲自捶打加工竹纸,"予尝捶越竹,光滑如金版","十日数十纸"。

此外,北宋时期,杭州、越州等地的酿酒业很发达。据《文献通考》所载:北宋神宗熙宁十年(1077)越州酒课税在10万贯以上,较附近各州高出一倍,是全国酒课最多的城市之一。

5. 商贸业

北宋时,随着商品经济的发展和城市人口的增加,彻底打破了"坊"与"市"的界线,商店可以随处开设,不再采取集中的方式。重农抑商的传统受到极大冲击,商人的社会地位急剧提升。出现了很多拥有巨额财富的大商人。宋真宋时期,汴京(开封)城里的商人中,家产超过十万贯的比比皆是。宋徽宗时期,由于官商不分或官商勾结,拥有巨额财富的"大官人"也在同步增长。与此同时,生活在社会底层的老百姓,受到层层盘剥,生活更加凄苦。

随着造船业、指南针等的发达,北宋时期越地的海外贸易从范围、物品、数量、管理各方面比唐代又有了长足的发展。经营形式上官府的"朝贡"和"交聘"形式依然占有重要地位,但民间商人"舶商",作为国家户籍上专门的一类户,在海外贸易中也有发展。据周去非《岭外代答》和赵汝括《诸蕃志》等书记载,越地的海外贸易涉及二三十个国家和地区,主要有日本、高句丽等。为了管理海外贸易,北宋政府先后在杭州、明州(宁波)等口

---

① 参见施宿等:《嘉泰会稽志》卷十七《草部·竹》。
② 米芾:《宝晋英光集》卷三。

岸设立市舶司，"掌蕃货海舶征榷贸易之事，以来远人，通远物"①。市舶收入在北宋末年年平均约 120 万贯，占政府财政收入的 15% 左右。② 海外贸易客观上促进了国内生产与交换的发展，刺激了商品经济的发达，马克思在《共产党宣言》中指出："东印度和中国的市场、美洲的殖民化、对殖民地的贸易、交换手段和一般商品的增加，使商业、航海业和工业空前高涨。"③

（二）南宋时期的越地经济

北宋后期，金兵入侵，宋室南迁，于 1127 年定都临安，"民从者如市"，跟随南迁的官僚、大族、军队、百姓，数量之巨远超六朝和唐代，"渡江之民溢于道路"④，"四方之民云集两浙，百倍常时"⑤。在金兵追逼下，宋高宗赵构于建炎三年（1129）从杭州渡钱江到越州，驻跸州廨，越州成为南宋临时首都；是年 12 月，宋高宗又从明州入海逃往温州。安抚使李邺降金，金兵占领越地，为越地首次异族入侵。次年（1130）金兵退，宋高宗于当年四月返越州，以州治为行宫。越州第二次成为南宋临时首都，长达 1 年零 8 个月之久，并曾经一度成为当时南方重要的经济、政治中心。官商人等和大量北方移民的涌入，促进了城市建设的发展和商业的繁荣。

1. 开拓耕地

宋室南渡后，人多地狭。为了缓解人多地少、粮食紧张的矛盾，南宋朝廷大力提倡开拓耕地，重点在围湖造田、弃垦山地和围垦海涂等三个方面。绍兴府农田大多处于宁绍平原和浦阳江流域，自古以来多河湖、沼泽。南宋时，主要湖泊有山会两县的鉴湖、上虞的夏盖湖、萧山的湘湖和诸暨浦阳江中下游的七十二湖以及余姚的烛溪湖等，这些湖泊对绍兴农区的蓄洪、灌溉发挥巨大作用。宋代迫于人口压力等原因，大多被人为围垦，变成良田。同时，也不可避免地带来了严重的水患。

鉴湖围垦是当时围湖垦田规模最大一处圩田工程。宋祥符以后，沿湖

---

① 《宋史》卷一六七《职官七》。

② 参见陈高华等：《宋元时期的海外贸易》，天津人民出版社 1981 年版，第 180—182 页。

③ 马克思、恩格斯：《共产党宣言》，《马克思恩格斯选集》第 1 卷，人民出版社 1995 年第 2 版，第 273 页。

④ 《宋会要辑稿·食货八》。

⑤ 《宋建炎系年要录》。

之民开始垦湖为田,熙宁(1068—1077)中,盗湖为田达九百余顷。朝廷派泸州观察推官江衍处理此事,其无远见,又无能力复湖,乃立石碑于湖中,碑内者为田,碑外者为湖。碑内之田按亩纳租税,号曰湖田,正式承认湖田为合法。政和末,郡守王仲嶷以进奉为名复碑外之湖为田,共得田二千四百顷,每岁得租米五万多石,赋税输京师。至淳熙二年(1175),下诏“除唐贺知章放生池旧界十八余顷为放生池水面外,其余听从民便”。鉴湖遂至堙废,除低洼处外,绝大部分成为耕地,垦得湖田二千多顷。① 其他,据史载,南宋乾道年间亦皆占为田;上虞县的夏盖湖,宋熙宁中县尉张渐废湖为田;萧山湘湖,乾道时曾将湘湖填筑为田。② 一些小型湖泊废湖垦田者更众,据史志记载,南宋时上虞县改陂湖为田者有十四所,余姚县有十三所。③其实,大规模的围湖垦田,使越地有得也有所失。得者,得田增赋,增加数千顷湖田;失者,民田失去水利保障,使平原农田水旱灾害频繁。

2. 种植业

南宋时期,皇室迁都临安,并两次驻跸越地。大批王族、官员聚集越地,连祠堂、庙宇亦成为临时官舍。至绍兴二十六年(1156),外籍居民已超过当地租居人,加上本地人口的自然增殖,当时越地已人满为患。人口的剧增必然带来耕地不足和粮食等农产品供需紧张的矛盾。据史载:嘉泰元年,绍兴府领县8,主客户27.4万,丁33.4万,不成丁10.7万。以户推算,当年绍兴府人口应在百万以上。若按丁口比为1:2计算,南宋嘉泰元年绍兴府人口约六十多万。粮食极为短缺,若遇到自然灾害,粮价暴涨,便出现陆游在诗中所描述的“前年谷与金同价,家家涕泣伐桑柘”④的惨象。在南宋后,越地逐渐从余粮地区转为缺粮地区。南宋代的粮食生产基本上形成以种植水稻为主的生产格局,其发展水平可与明清时期相媲美。从区域布局而言,南部山区、半山区的茶、桑、果生产,北部山、会、姚、虞、萧平原的粮食及水产业生产格局更为明确,嵊县、诸暨在经济作物生产领域中,享有的名誉与地位也越来越高。山、会、虞、姚北部沿海的渔盐业生产规模扩大,棉花生产也开始形成规模。

---

① 参见张芳:《宋代两浙的围湖垦田》,《农业考古》1986年第1期,第43页。
② 参见《宋会要辑稿·食货八》。
③ 参见宋嘉泰《会稽志》。
④ [宋]陆游:《丰年行》,《陆游诗全集》卷十一。

具体而言,水网平原形成发达的水生作物种业和群鸭放养及淡水捕鱼业,鉴湖与若耶溪的菱、荷,湘湖的莼菜已负盛名;会稽山区的茶叶、水果,剡溪两岸的茶、果、竹纸,诸暨的苎麻织品、干果、蚕丝已成为全国名产。花卉、茶、桑、果生产相当发达。宋嘉泰《会稽志》称,谚曰:诸暨有三如,曰"如锦之桑,如丝之布(苎);如拳之粟";山、会、萧、虞、姚五县沿海的渔盐业也甚为发达。一些山区生产的经济作物不仅满足了绍兴、临安等城市居民的日常生活需要,也是南宋朝廷的重要赋税来源,成为政府得以支撑的经济基础。

蔬菜业　南宋的蔬菜栽植已普遍园圃化。农家舍前屋后皆有园蔬,蔬菜品种十分丰富。列入宋嘉泰《会稽志》的就有笋、菘、姜、薤、葱、韭、蒜、瓜、茄、苋等二十多种。鉴湖、湘湖、若耶溪、剡溪等水域盛产荷、菱、莼菜、菰、芡(鸡头米)、莕菜等水生蔬菜。沿海还产有海藻、昆布(海带)、青苔(苔菜)、紫菜等海菜。越地种荷普遍品种多,陆游对荷的描述更是美不胜收。《醉中登避俗台》:"剡曲烟波菱蔓滑,耶溪风露藕花开",充分说明宋代越地种荷之盛。除了蔬菜外,还有药材、甘蔗及棉花等经济作物。

花卉业　南宋的经济林特别是南部剡溪两岸,当时山林尚为茂盛。府山(卧龙山)风景林的营造、养护及花卉生产仍然很有成效。越地绍兴府,距南宋都城临安(杭州)仅一江之隔,既是朝廷的经济支持地区,亦是皇室、贵族的后花园。因此,越地花卉种植非常盛行,不仅颇具地方特色,而且已形成园圃化、规模化、专业化。陆游诗曰:"君不见会稽城南卖花翁,以花为粮如蜜蜂。朝卖一株紫,暮卖一株红。破屋见青天,盎中米常空。卖花得钱送酒家,取酒尽时还卖花。"①这说明当时花卉种植和销售已形成产业链。

果品业　南宋时期,越地水果和干果生产面广量大、品种丰富,其中不乏众多的全国名果。宋嘉泰《会稽志》载,当时越地大众水果主要有桃、梨、梅、橘、杨梅、李、柿等七种。从陆游诗中看出,当时不仅水果品种多,且生产规模大,且有了果树嫁接繁育技术。比如,《泛舟观桃花》云:"花泾〔今绍兴县福全镇〕二月桃花发,霞照波心锦裹山;说与东风直须惜,莫吹一片落人间";《杂咏园中果子》云:"不酸金橘初种成,无核枇杷接亦生";《稽山行》云:"项里杨梅熟,采摘日夜忙;翠篮满山路,不数荔枝筐";《古梅》云:

---

①　陆游:《城南上原陈翁以卖花为业得钱悉供酒资又不能》,《陆游诗全集》卷十七。

"一朝见古梅,梅亦堕凡境";《雪中作》云:"平地忽成三尺雪,绕湖何啻万株梅"等。

蚕桑业　南宋时期,越州是江南重要的蚕桑生产基地之一。农家普遍栽桑,其栽桑规模之大可以从陆游诗中印证。如《喜雨》中有"桑麻郁千里,夹道光如泼"之句;《山南行》:"平川沃野望不尽,麦陇青青桑郁郁";《闲咏》:"小麦绕村苗郁郁,柔桑满陌椹累累"等等,说明当时农家种桑的普遍。桑树品种有临安青、黡桑、鸡桑等。据宋王十朋《会稽三赋》云:"黡桑,山桑也。"诸暨"诸山出第一黡桑,文采如博,棋方正骈。"桑苗繁育技术已采用压条技术,同时也重视桑园除虫、施肥,桑叶产量提高,得以养夏、秋蚕。高宗时(1127—1161),江南推广《蚕织图》,即临安于潜县令楼璹通过访问田夫蚕妇,制成蚕织图21幅,织图24幅,每幅配诗一首,影响最大,历代流传。蚕织图挂在县衙门壁上,使民得而观之,使蚕织技术推广形象化,效果甚佳。据宋嘉泰《会稽志》记载,南宋以前为保养桑树,只养春蚕,禁养夏秋蚕。南宋开始养夏蚕、秋蚕,一岁至有三蚕者。《蚕书》曰:"饲蚕勿用雨露湿叶,盖蚕性恶湿。大抵春蚕多四眠,余蚕皆三眠。越人谓蚕眠为幼,谓之幼一、幼二、幼三、幼大。"养蚕季节,为避免蚕病传染,"蚕家避客门门闭"[1]。从区域分布来看,越地以平原蚕桑生产为主。陆游关于蚕桑生产的诗句,其地域背景大多在山、会两县的平原及其半山区。诸暨山、丘、河谷地区也是重要蚕桑产地。据记载:谓诸暨有三如,就有如锦之桑,"黡桑之奇,号为第一"[2]。此外,嵊县主产棱,多为贡品。

制茶业　更值得一提的是,南宋越地茶叶生产规模庞大,名品众多,制作技术先进,茶叶市场繁荣。据宋嘉泰《会稽志》记载:"越州日铸茶,为江南第一。"产山阴卧龙山(府山)的卧龙茶,与日铸茶皆列为贡品,以及会稽山之茶山茶、兰亭之花坞茶、诸暨之石笕茶、余姚之化安瀑布茶、剡之瀑布岭仙茶等,闻名遐迩。据《宋会要·食货志》载:宋高宗三十二年(1162),越地府产茶38.5万斤。南宋时期,绍兴府产茶居全国之首。制茶技术也比较先进。绍兴府率先用炒青法代替传统蒸青研碾法制茶,以提高茶叶品质。

3. 畜牧业

南宋时期,随着人口剧增,越地的畜禽养殖和渔盐生产也有较快发展。

①　《绍兴市志》卷十三,浙江人民出版社1996年版,第978页。
②　宋嘉泰《会稽志》卷十七。

畜禽养殖以户养为主,畜禽品种较多,养殖规模大,相兽术和兽医技术比较发达。主要饲养猪、羊、牛、马、驴、犬、鹿、兔、猫等种类。养牛主要用于牛耕,也有食肉或制作酥酪。养牛技术也有进步,宋代相牛术盛,视牛耳、臂堂、肩、眼、蹄等器官来判断牛的健康状况和体能,且已经有了牛医,陆游诗《杜门》有"烧灰除菜蝗,送芋谢牛医"之句,便是印证。在南宋,猪为农家必养之家畜,陆游常以"丰年留客足鸡豚",来形容农家饲养鸡、豚的普遍性。饲养的家禽种类主要是鸡、鸭、鹅。陆游《代邻家子作》中有"黄鸡正嫩白鹅肥"的诗句,说明已有优质肉用鸡。鹅除了白鹅外,已有灰鹅品种及其杂交种,陆游《野步》诗中就有"水中花白鹅"之句,说明当时越地已有灰鹅。南宋时期,绍鸭养殖规模之大屡见于陆游的田园诗中,如《稽山行》中的"陂放万头鸭";《村兴》:"泥深鸭满栏",说明当时已实行群牧与围栏相结合的养鸭方式。

4. 渔盐业

南宋越地渔(盐)业生产兴盛,渔类资源丰富,淡水捕捞、养殖和海水捕捞及盐业生产都比较发达。宋嘉泰《会稽志》所载水产品有鲈、鲫、鳝、鲹(白条鱼)、鳙、鲢、虾、蟹,以及石首鱼(加盐曝干名为鲞)、春鱼(小黄鱼)、乌贼、梅鱼等18种。淡水捕捞是南宋越地主要渔业生产,尤其在鉴湖湖区及湘湖、姚江、剡溪是主要捕捞水域。古鉴湖岸边多渔村,亦有许多专门以捕鱼为生的渔民。当时捕鱼的方法有网罟、垂钩、鱼梁、鸬鹚捕鱼等。养鱼以池塘养殖为主,鱼种有鳙、鲢、青、鲤等。当时,养鱼之盛还可从诗人陆游的一些农村风情诗中看出。比如"清波溜溜入新渠,邻曲来观乐有余,试手便同三日雨,满陂已活十千鱼"①。海水捕捞主要是近海鱼类,如石首鱼、梅鱼、乌贼等。其时,钱清和三江为浙东重要渔港,海水捕捞发达。越地有会稽三江、曹娥、山阴钱清和余姚石堰四个盐场。制盐方法为煎、熬,一场十灶,每灶昼夜煎盐六盘,一盘三百斤。其中,钱清水势稍淡,以六分为额②。盐除本府自用外,主销省内及苏南。

---

① 陆游:《鱼池将涸车水注之》,《陆游诗集》卷二十一,上海古籍出版社1987年版,第1137页。

② 参见宋嘉泰《会稽志》卷十七;《绍兴市志》卷十三,浙江人民出版社1996年版,第1027页。

5. 手工业

南宋时期，越地的手工业生产十分发达。主要有家庭纺织、家酿、造纸、制瓷、制砖、采石、采矿等，尤其以纺织业、制瓷业、造纸业和酿酒业最为兴盛。

丝织业　南宋时期，由于宋室南渡，大批士大夫、商贾巨室和手工业者南迁会稽，促进丝绸生产发展，出现如王十朋《会稽三赋》所说的"万草千华，机柚中出……"的盛况和《会稽掇英总集》所记述的百姓"习谷农桑，事机织，纱绫、缯、帛岁出不啻百万"的繁茂景象。越罗中，出于宅院的越贡宝花罗，以及诸暨的茧布（实为帛）、山后布（丝麻混织品）和绢，剡县的绫及皱纱，萧山的绢、夏纱在南宋时已负盛名。[①] 越地府丝绸产量多，"和买尤多"，"浙东七州，岁发和买二十八万匹，越地府独一路之半"，"经五次蠲减，遂以十万匹为额"。[②] 麻织品主要是苎麻织品，主要有产于诸暨的苎布和丝麻混织品，以及产于剡县的强口布。[③] 当时越地还可能有少量的棉织品。

制瓷业　北宋末期，越窑青瓷部分制瓷工匠迁徙往浙南的龙泉，并且保留继承了这种珍贵的传统制瓷工艺。南宋初，龙泉窑吸取了瓯窑、婺州窑等周边窑场的制瓷技术与经验，龙泉窑产品的质量迅速提高。由于朝廷下令余姚县烧造宫廷用瓷，濒临消亡的瓷业生产得到一时的繁荣，但好景不长，至南宋中期停烧。于是，龙泉窑逐渐取代越窑，一跃而为江南第一名窑。此后，龙泉窑不仅胎釉配方、造型设计、上釉方法、装饰艺术及装窑烧成等有了重大的改变和提高，器形种类更是大大丰富。由于熟练掌握了胎釉配方、多次上釉技术以及火候的控制，釉色纯正，釉层加厚，在南宋晚期烧制成功粉青釉和梅子青釉，达到青瓷釉色之美的顶峰，在我国瓷器史上谱写下光辉的篇章。考古发掘证明，南宋龙泉窑青瓷在临安京城皇宫遗址和绍兴市攒宫宋六陵墓地都有大量出土。后者出土的龙泉窑青瓷，以白胎瓷为主，其中有一部分是施乳浊釉的精品，它们的年代下限为祥兴元年；从器型和纹饰看，这些瓷器大多烧制于南宋中晚期。现在的大窑龙泉窑遗址还保留着南宋古道，遍布南宋窑址。这说明当时的龙泉窑与宫廷的千丝万缕的联系。史载，由于南宋官窑器的胎质比较疏松，易破碎，而龙泉窑青瓷

---

① 参见宋嘉泰《会稽志》卷十七。
② 《绍兴市志》卷十一，浙江人民出版社1996年版，第703页。
③ 参见宋嘉泰《会稽志》卷五。

的胎质比较缜密坚硬,尤其是白胎厚釉青瓷,釉面光洁不开片,既美观又实用。因此,南宋皇朝虽然拥有修内司官窑与郊坛下官窑,却还要派遣技术人员和官员在龙泉等地监烧"供器"。

造纸业　唐末,由于剡藤纸是纸中珍品,用之者众,剡中日夜砍伐古藤,使之长不及伐多而日渐减少。南宋宁宗嘉泰年间(1201—1204),剡藤纸逐渐衰落,取而代之的是剡中竹纸。当时,竹纸成为南宋绍兴名产。嵊县剡溪两岸生产的"敲冰纸"(相传以敲冰时取冬水所制,故名)是剡中竹纸的一种品牌。据史载:"剡藤纸名擅天下,式凡五,藤用木椎椎治,坚滑光白者曰硾笺,莹润如玉者曰玉版笺,用南唐澄心堂纸样者曰澄心堂笺,用蜀人鱼子笺法者曰粉云罗笺,造用冬水佳,敲冰为之曰敲冰纸,今莫有传其术者。"①南宋陈槱《负暄野录》卷下说:"今越之竹纸,甲于他处。"剡溪竹纸更是名满天下,施宿等《嘉泰会稽志》提到:"然今独竹纸名天下,他方效之,莫能仿佛,遂掩藤纸矣。"这表明,南宋时期竹纸制造技术已经成熟,并且制出质量上乘的著名品种,这是我国造纸术的重大进展。当时竹纸的产量也很大,成为图书典籍、官府文牍和私家信笺等的主要用纸。

酿酒业　南宋初期,天寒加剧,人们喝酒御寒需求增加,加之酒作为南宋重要的税收收入,受到朝廷鼓励。当时,南迁的达官贵人云集临安(今杭州),黄酒的消费量很大。官府允许乡间百姓自行酿酒,但需运入城内,上秤收税,并逐渐形成酒市。此举一出,酒的产量大增,"南渡行都有官酒库,每岁清明前开煮,中秋前卖新,先期鼓乐妓女迎酒穿市,观者如堵"②。据史载:越土种糯十之六,黄籼糯、仙公糯、金钗糯等品种常作为酿酒用粮,且取镜湖之水酿酒,酒味香洁,加上酒市繁荣,使越地酿酒业迅速繁荣。③　南宋以后,出现了竹叶酒、瑞露酒、蓬莱春等名品。④　由于绍兴酒产量愈来愈大,使得用以酿酒的糯米价格迅速上涨,竟高出粳米一倍,如绍兴元年十月,"糯米一斗为钱八百,粳米为钱四百"⑤。甚至达到了酒价不足以偿米曲的

---

① 《浙江通志·物产》引《嵊志》。
② 明冯时化《酒史》引宋人杨炎正《钱塘官酒》一诗的自注说。
③ 参见孙因:《越问》,宝庆《会稽续志》卷八。
④ 参见朱弁:《曲洧旧闻》卷七。
⑤ 《宋会要》食货卷九之十九。

程度。① 另外,朝廷还在越地建立了管理酒务的专门机构。"酒务桥"就是南宋在此处设有专管酒业的衙门酒务署而名之。

6. 集市与商贸业

南宋时期,绍兴曾两度成为南宋临时首都,成为南方政治、经济中心。随着经济作物种植业的拓展,养捕业和农产品加工及农村手工业的发展使农产品的社会供应量相对丰富,农民需要通过农产品的商贸交易,以提高自身的经济效益。同时,人口增长对农产品需求亦增加了,促使农产品商贸活动十分活跃。南宋的商贸交易活动仍然是通过城市商贸与农村集镇、集市贸易进行的。

作为南宋临时首都,绍兴城市规模及其繁华景象,除临安外,已与金陵齐名。时任绍兴府签判的王十朋(1112—1171)曾称绍兴为"周览城郭,鳞鳞万户"②,已是一座拥有数万居民的大城市。据史载:北宋大中祥符年间(1008—1016),越州城内仅设 32 坊,而嘉泰年间(1201—1204),已扩至 5 厢 96 坊,并设照水坊市、清道桥市、大云桥市、大云桥西市、龙兴寺前市、古废市、驿地市、江桥市等集市③,形成城内以农产品交易为主的商业网络。陆游曾称:"今天下巨镇,惟金陵与会稽耳,荆、扬、梁、益、潭、广皆莫敢望也。"④在这些城内集市,尤其茶市更加繁荣,茶肆、茶事甚盛。

城市商贸业活跃繁荣。当时,由于具备"航瓯舶闽,浮鄞达吴"的航运之便,所以各地商船汇集绍兴,出现如王十朋所说的"浪桨风帆,千艘万舻"的繁荣局面。北方已为金人所占据,日本、朝鲜及其他一些海外国家到临安来的使节不能取道北方,而钱塘江口又多沙滩,航行也有困难,往往改从明州(宁波)入口,溯余姚江,从浙东运河至越地北去临安。⑤ 随着姚、虞境内的 40 里河全线开通和萧绍运河西兴至曹娥段连通,浙东运河自萧山经山阴、会稽、上虞、余姚至庆元(宁波)全线贯通,成为南宋在宁绍地区的一条黄金水道。在浙东运河沿线出现许多重要商埠,商业活动日益活跃,经济渐趋繁荣。

---

① 参见庄绰:《鸡肋编》卷中。
② 《梅溪王先生文集》。
③ 参见宋嘉泰《会稽志》。
④ 宋嘉泰《会稽志》序。
⑤ 参见陈桥驿:《绍兴史话》引宋姚宽《西溪丛语》卷上,上海人民出版社 1982 年版,第208 页。

当时,不但越地的城市商贸活动繁荣,而且是农村小集镇逐步形成,农村集市贸易也比较兴旺。据史载:会稽郡的建制镇有会稽县的三界镇、山阴县的钱清镇、剡县的蛟井镇、诸暨县的枫桥镇、萧山县的西兴镇和渔浦镇等集镇,都是农村居民的集中聚居地,居民大多专门从事农产品的加工和手工业生产,有一部分则从事集镇的商贸活动,他们从农民群体中剥离出来,而成为集镇居民人口。① 由于市镇经济的迅速发展,绍兴府(越州)诸暨县枫桥镇还一度升之为县,在乾道八年(1172)"析诸暨之十乡,即为义安县"②。当时,从平原到山乡,不少村落随着农产品商业流通的加速,逐步由村落而形成市集。规模较大又由官方管理的 8 个综合性集市,大都设在府城内;郊外还有一部分农村集市,如在山阴县城西 15 里的梅市等。从市镇的商税收入中,可以看到越地商贸业的繁荣。当时,绍兴府的税务较多,共计 15 处,仅次于首都临安。

除了设置税务的市镇以外,还有官方认定的庙会会市,进行农副产品等商品的交易,十分热闹。如平水和兰亭的茶市等市。当时,茶叶交易已居全国第一。③ 另外,还有大量密集的"草市"镇。除了平水在唐代已成了茶叶集散地外,兰亭也有固定茶叶交易市场,被诗人元微之(元稹)称为"草市"④。陆游《兰亭道上》有"兰亭步口水如天,茶市纷纷趁雨前"之句,其《湖上作》又云:"兰亭之北是茶市,柯桥以西多橹声。"交易量超万斤的有会稽、余姚、山阴三县。另外,还有剡县强口布市及东浦酒市、三江鱼市等等。久而久之,在镜湖附近还形成了草市镇群。这些草市带有专业性经营,且具有一定规模,有固定的集日。至于那些日中为市、交易而退的农村散市更是遍布村头巷尾,多不胜数。在陆游的诗中多有反映,如"柳姑庙前鱼作市"、"绿阴翳翳连山市"、"小市双归得早蔬"等诗句,说明当时农村散市众多,生意兴隆。农村市集还具有一定专业化,除了平水的茶市外,三江围的海水渔市、樵风口和柳姑庙的淡水渔市、连山坞的笋市、上苑的花市等。

除了国内贸易外,南宋时已与五十多个国家通商,对外贸易也十分繁荣。南宋政府还在广州、明州(宁波)、杭州、泉州设立了"市舶司",直接与

---

① 参见宋嘉泰《会稽志》。

② 吕祖谦:《东莱集》卷十五《入越录》。

③ 参见《绍兴市志》卷十三,浙江人民出版社 1996 年版,第 974 页。

④ 傅宗文:《镜湖典型》,《宋代草市镇研究》,福建人民出版社 1991 年版,第 192 页。

海外各国进行贸易,并把海外贸易作为解决财政困难的有效途径。当时,三江口是越地对外贸易的重要港口,常有"闽商海舶"①。陆游诗中曾经描写到这个港口的海商贸易情况,"三江郡东北,古戍郁嵯峨。……年丰坊酒贱,盗息海商多"②,由此出口的产品有丝织品、茶叶、瓷器,同时,进口香料、药材、象牙、珍宝等。通过海外贸易,进一步促进了越地经济的繁荣和发展。

越文化通论

① 《越中金石志》卷三。
② 陆游:《三江》,《剑南诗稿》卷四十四。

第五章 明清以来西风东渐和越地经济的转型

元朝(1271—1368)是我国历史上疆域最广阔、国力最强盛的王朝之一。1276 年绍兴府改称绍兴路,辖领八县同宋代。1279 年,元灭南宋后,越地在元朝蒙古人统治之下。1366 年 12 月,复绍兴府至清末。1368 年朱元璋起义灭元,建立明朝。明朝(1368—1644)是我国历史上最后一个由汉族建立的君主制王朝,也是我国自汉唐以来封建社会第三个鼎盛时期。1644 年清兵入关灭明,全国进入满清(1636—1911)统治时期。随着西方资本主义势力的侵入和扩张,元明清时期的越地经济在继承宋代经济的基础上进行了逐步调整与转型。虽然经济发展速度与生产水平没有宋代之辉煌,但在水田耕作制度改革、水利建设,以及手工业发展和商贸业的繁荣等方面有较大进展。

一、元明时期的越地经济

元朝的社会生产力有了显著发展,经济仍以农业为主,生产技术、粮食产量、水利兴修等都超过了前代。由于受儒家轻商思想较少,元朝较少抑商,使得商品经济十分繁荣,使其成为当时世界上相当富庶的国家。明朝前期国力雄厚,经济繁荣,海外贸易一度发达,但在中后期却闭关自守、日益衰败,使中国失去了领先于世界的地位,被欧洲迎头赶上并超过。明朝中期,是我国经济全面走向衰落的分水岭。

列宁曾经指出:在近代各国农业经济的发展过程中有两个重要关键,一是直接生产者的自然经济转化为商品经济,一是商品经济转化为资本主义农业经济。元明时期,由于宋代留下庞大的人口基数,越地的土地与人口矛盾及粮食问题比宋时更为突出。于是,越地经济特别是在发展粮棉方面有较快进步,但终究因生产关系日益恶化以及粮食加工业的发展争夺民间用粮,使绍兴府从宋代的粮食紧缺、间或灾年性的缺粮地区成为常年性的缺粮府。

(一)土地及其田赋制度

元明时期,特别是明代中后期,是我国封建土地制度高度发展和田赋制度改革力度较大的封建王朝之一。同样,自东汉以来,越地的生产关系趋于紧张,土地兼并激烈、买卖盛行,南北朝至宋代,豪门大族浚湖返田、开垦山地,占为己有,地主庄园经济空前繁荣,部分剩余土地出租给无地或少地的农民,土地租赁趋盛。

根据政府法令的规定,元代土地主要划分为官田、民田和屯田三种。官田,一般是招农民耕种,要纳田租,但可免赋役;民田,则指民有的土地,必须提供赋役。14世纪以后,由于土地买卖、侵占、掠夺或规避赋役的关系,这种根据所有权来划分的原则早已发生了动摇的现象。当时有以官田影射为民田的,企图不交官租,但依民田起科则例只交纳较轻的田赋的情形。更有豪强势要之家,强占民田以为己业,擅将官田转佃或卖给民家。于是,所谓官田和民田的分别,往往不是依据所有权,而是依照赋役等则来决定。此外,僧侣土地有特殊的权利,元时寺庙置田极盛。

明代耕地也有官田、公田、民田之分。官田多由掠夺民田而来,属国有土地;公田大多分为庙田(寺庙所有)、学田(学馆所有)、祭祀田(宗族祠堂所有)、会田(行会所有)等属于集体所有的土地;民田数量最多,但为地主兼并,农民占有不多。同样,越地的民田多为封建地主所占有。他们凭借权势剥削农民,进行土地兼并,长期维持着土地高度集中的局面,地主的土地除留起一部分雇工自耕之外,多数出租给农民。除了耕地的租赁外,水域部分也被荡主占有,或租与农民种菱、荷,或租与渔民养鱼。渔民养鱼得缴荡租才能获得水域使用权,荡租有实物与货币两种。张岱在《陶庵梦忆》中就提到,他家有品山堂鱼荡产业,每年得鱼税三百余斤,指的就是实物租。

明代实行了田赋制度改革。明初,全国农业征赋重本色(实物),以米为主,绢为次。1376 年,"天下税粮以银为钞、钱钞代输……称为折色〔即所征田粮折价征银钞布帛或其他物产〕"①。1563 年,余姚知县周鸣埙首创"均徭一条鞭"法,即一切徭役改征银两,由官雇役。1581 年,宰相张居正将此法在全国推行,将役银并入地税,按亩计征,称"赋役一条鞭",把繁复的赋役项目合并为色米、折色银两项。明初田赋赋率为官田亩税 5 升 3 合,民田为 3 升 3 合。1436 年,田赋可用银缴纳,米、麦一石折银 2 钱 5 分。至 1465 年,改为折银 1 两。比如,1585 年,绍兴府田地山荡 672.6 万亩,赋额:夏税麦 1.3 万石,秋粮米 32 万石;夏税钞 4428 锭,秋租钞 1.4 万锭。推行一条鞭法以后,赋额:本色米 6.6 万石,折银 26.8 万两。可见,明代的田赋从明初征米麦丝绢等实物交纳,到部分用白银折纳,最后到完全用白银折纳,是一个从实物税到货币税的发展过程。早期的田赋折银,是属于临时性的行为。之后,出现了京库银、粮银、米银、谷价银等不同称谓的折粮银。到了万历年间,随着一条鞭法在全国各地的展开,进而使白银在田赋收入中占据主导地位。明末,田赋及各类田赋加派征收层出不穷,田赋的白银货币化基本完成。

(二)扩大耕地与移民

明代前期社会安定,人口自然增殖很快,在元至元年间(1271—1294),

---

① 《明史》卷七十七《食货志一》。

绍兴人口已达 85.5 万人,后有所回落,但到明洪武年间(1368—1398)又迅速增加。绍兴府有户 2.67 万户,人口 103.8 万人,增加了 18.3 万人。而可耕地增加是极为有限的。经过南北朝至宋代的大肆围垦,平原地区的湖泊、沼泽已无耕地潜力可挖。山区的缓坡丘陵地在宋代也大多开垦为旱地,或种茶、果、桑等经济林木。所以,元明时期绍兴人地矛盾比前朝更为突出。据明万历《绍兴府志》卷十四记载,明洪武年间全绍兴府可用耕地约 6.5 万顷,人均只有 6.28 亩。

在人多地少的情况下,元明时期的越地严重缺粮。据陈傅良在《桂阳军劝农文》中说:"闽浙之土,最是瘠薄,必有锄耙数番,加以粪溉,方为良田。……然浙上田米三石,次等二石。"①据专家推算,元明时期绍兴人均占有粮约 1500 斤,相当于宋代水平。但作为商品粮(酿酒、制作糕点)的糯稻占 40%,剩下人均约占 900 斤的粮食,除去田赋、留作种子、饲料外,剩下真正可用作口粮的只 800 多斤。因此,明代缺粮现象凸显,粮荒严重。徐渭在《物产论》中说:"……盖自酿之利一昂,而秫者几十之四,粳者仅十之六,酿日行而炊日阻。"②祁彪佳在《救荒杂议》中也说:"虽甚丰登,亦只供半年之食。是以每借外贩,方可卒岁。"③可见,在明代后期绍兴缺粮达半年之久。另外,水旱、海溢、蝗等灾害频发,加剧了绍兴粮荒的严重程度。

面对缺粮的巨大压力,元明朝廷与民间采取了兴修水利、扩大耕地和向外地移民等一系列的措施,缓解缺粮矛盾。经过六朝至宋代大规模的围湖造田和垦植山地,到了元明时期,越地可开垦的土地基本殆尽,唯独南北二头,即南部山区河谷和北部的钱塘江滩涂尚有部分潜力。南部诸暨境内的浦阳江河谷地区,在明万历年间(1573—1620),知县刘光复率众筑埂浚江,在干支流两岸筑堤湖畈达 117 个,湖田围垦规模巨大。到明代后期,随着玉米、甘薯的引进和茶、桑、果、药材在山区种植面积的发展,会稽山与四明山北部丘陵地的开垦规模进一步扩大。在北部区域,明代中后期,钱塘江主江道北移,使南岸出现大片滩涂。绍兴府围垦海涂,将沿海涨沙开垦成为绍兴棉花种植和瓜果产区,并摸索出一套海涂垦种方法。与此同时,

---

① 闵宗殿:《江苏稻史》引《止斋先生文集》卷四十五,《农业考古》1986 年第 1 期。

② 徐渭:《青藤书屋文集》卷十八。

③ 祁彪佳:《救荒杂议》,《祁彪佳文稿》(全三册),北京图书馆出版社 1991 年版,第 976 页。

采取向外扩张和移民来疏散人口。据史志记载:"绍兴、金华二郡,人多壮游在外,如山阴、会稽、余姚,生齿繁多,本处室庐田土,半不足供。""宁绍人什〔十〕七在外,不知何以生齿繁多如此。"①说明在明代,宁绍地区已有70%的人口在外谋生。外流人口涉及不同社会阶层,一些仕途失意的读书人,多做地方官的幕僚,做所谓的"绍兴师爷";有商业头脑的则外出经商。俗语"走遍天下,还数歙州、绍兴人",说的是绍兴做生意的人像安徽歙州那样众多;还有外出做手艺的,绍兴人称之为"百作师傅"。明代,酿造业和印染业发达,外出做酿酒师傅和染工、酱制品师傅的人甚众。另外就是大量在外的种田、养鱼、养鸭的农民,遍及杭嘉湖地区和苏南以及上海郊区。总之,自明中叶后绍兴人在外移民甚众,在一定程度上缓解了绍兴的人地矛盾和粮食压力。

(三)农业生产

元明时期,越地的农业生产依然以农、林、牧、渔等产业为主体,但内部结构有所调整和转型。当时,种植业包括粮、棉、油、蔬等,在农业经济中的总量和比重最大。主要经济作物有花卉、乌桕、桐籽以及桑、茶、果等,内容也趋完善。畜牧与养禽业更趋家庭化、规模化和专业化。渔业生产,尤其是内河的外荡淡水鱼养殖条件已经成熟。

以扩种粮食生产挤占其他经济作物,是元明时期经济发展的突出特点。为了缓解粮食不足的矛盾,宁绍平原地区的桑园地大批被用作粮食生产。宋代绍兴平原那种"桑麻郁千里"、"平川沃野望不尽,麦陇青青桑郁郁"的情景到明代已不复存在,桑园逐步向山区河谷发展。南部山区甘薯、玉米、干果及乌桕、桐籽等经济林种植面积扩大,蚕桑和柑橘生产萎缩。明初,绍兴府共有耕地约344.2万亩,人均占有耕地约3.3亩,其中水田2.78亩,旱地0.55亩。水稻是元明时期绍兴种植的主要粮食作物,水稻生产技术上有一定的提高。据明万历《绍兴府志》记载,宋嘉泰元年(1201),绍兴有56只水稻品种,到了明万历十五年(1587)只有24只品种,宋代品种大多数已经消失。水田耕作制基本承袭宋代的麦稻两熟制与绿肥稻的轮作。但到明代中后期,可能出现双季稻。绍兴酿酒、糕点等粮食制品生产又有

---

① 王士性:《广志绎》。

迅猛发展,市场糯米价格贵,促使农民多种糯稻,挤占粳、籼稻的种植面积,造成"酿日行而炊丑阻"(徐渭语)。在水稻栽培技术上进一步的提高,主要表现在施肥、水浆管理、治虫、除草等方面的技术改进。"凡高仰田可棉可稻者,种棉二年,翻稻一年,即草根溃烂,土气肥厚,虫螟不生。多不得过三年,过则生虫。"[1]这种丰富的稻棉轮作经验在明代已基本定局。元代王祯在《农书·农器图谱》中曰:"耖,疏通田器也,耕耙而后因此泥壤始熟矣。"稻田中耕除草,在元代以前只有耘,没有耥,劳作十分辛苦。元代,越地已使用耘耥和耘爪等中耕农具。

明代后期,越地引进玉米与甘薯等旱粮品种。玉米,明万历年间传入绍兴,时人称"六谷"、"遇粟"。"粒大如鸡豆,色白味甘,俗名遇粟。"[2]明万历廿三年(1594)因福建遭飓风灾害,福建巡抚金学曾(1573—1620)派人到菲律宾搜求救荒作物,由陈经伦带回甘薯藤种,先在福建推广种植,明末传入绍兴。[3] 明祁彪佳《寓山注》中载:"从海外得红薯异种,每一本可收得薯一、二车,以代粮,足果百人腹。"[4]这样,有了高产旱粮作物玉米和番薯,越地老百姓尤其是山区农民的粮食状况勉强得以改善。此外,蔬、棉、油、药材等耕地上种植的经济作物有进有退。棉花的引进和油菜作为主要油料作物的种植,大大改善了绍兴人民的衣着和食油条件,但是由于水面的日益缩小,一些传统的水生蔬菜作物,如荷、茭、菱、莼、茨等种植面积日益减少,有些水生作物在绍兴逐渐消失。自宋末引入绍兴后,棉花迅速在沿海地区推广种植。元初,余姚已大面积植棉。明代,山、会、姚、萧沿海已普遍植棉,山区也有一定种植面积,明成化年间(1465—1487)新昌就有土棉织业。

元明时期,绍兴茶叶生产兴盛,名品多,产销两旺。据明万历《绍兴府志》载,主要品种有瑞龙茶、花坞茶、日铸茶等七种。明许次纾《茶疏》评出绍兴日铸、福建武夷、天台雁荡等为全国五大名茶。据《上虞县志》载:嘉靖、万历年间,丰惠后山、凤鸣山茶及鹁鸪岩茶均为名茶,尤以覆厄山的"白

① 徐光启:《农政全书》(上下),岳麓书社 2002 年版。
② 参见明万历:《会稽县志》。
③ 参见同上。
④ 祁彪佳:《救荒杂议》,《祁彪佳文稿》(全三册),北京图书馆出版社 1991 年版,第1011 页。

毛尖"最负盛名。明末,山、会两县对制茶工艺进行改革,山阴县张岱以日铸茶为茶胚,掺入茉莉花,制成茉莉花茶,自称"雪兰茶",轰动市场。明末清初,会稽平水一带,在继承日铸茶炒青法基础上,首创炒青圆茶,称"平水珠茶",成为贡品。明代中期以后,绍兴茶叶产量高,销售旺盛。据史志记载,当时每年仅销往北京一地的茶叶,其销售额就十分可观。"越所贩茶,每岁盖三万金也。"①明末清初,会稽县平水镇已形成重要茶市,为全国闻名的茶叶加工、集散中心。

元明时期,越地平原桑园多改种粮食,加上植棉的兴起,绍兴蚕桑生产逐渐萎缩,民间的丝绸纺织业亦随之衰退,宋代绍兴的丝绸名品如越贡花罗,耀花棱等,到了明代已销声匿迹,正如史志所说:"今罗绫绸縠,越中绝无织,惟绢、纱稍有焉。"②山旱地仍"多种桑、茶、苎"。"农桑衣食之本,治理所当先也。"蚕桑生产重心已由平原转移到山区的河谷地带。从此,绍兴蚕桑生产开始逐渐衰落而被杭嘉湖地区所超越。棉花种植面积扩大,以棉代桑,棉花制品成为人民主要衣着原料。随着桑蚕生产呈萎缩状态,棉花面积迅速扩大。由于棉花、棉布,生产成本远低于蚕丝织品,所以很快为人们所接受,加速导致桑蚕生产衰落。

当时,绍兴畜禽养殖业发达。新昌、嵊县、诸暨及山、会、姚、萧的南部山区以饲养牛、羊、猪、兔、鸡等食草畜与杂食畜禽为主,山、会、姚、萧水乡则饲养猪、鸡、鸭、鹅为主。在养殖形式上已牢固形成家庭为单位的"田畜互养"良性物流循环模式。另外,明代绍兴的蜂蜜生产也比宋代更有发展。据记载:"诸暨斗子岩多蜜,东白山有蜜房。"③

由于钱塘江主江道北移,绍兴南岸滩涂淤涨及平原湖泊水面缩小等原因,元末明初,越地内河捕捞、近海捕捞及盐业生产皆呈萎缩态势,唯内河淡水养殖呈发展趋势。鱼类捕捞业不及宋代,但养殖业则超过了宋代。徐渭曾在《西施山书舍记》中记述,绍兴的农业部门仍以田、渔、桑三者为主。又据史载:"山、会、诸暨以南,大多凿池养鱼为业,第六春初,九江有贩鱼秧者,买放池中,辄以万计。"④明代,绍兴府仍有五处盐场,"盐,郡盖有盐课

① 明万历《绍兴府志》卷十一《物产志》。
② 明弘治《嵊县志》。
③ 明万历《绍兴府志》卷十一。
④ 明万历《绍兴府志》卷十二。

司五焉,山阴则钱清、三江,萧山则西兴,会稽则曹娥,余姚则石堰"①。当时,绍兴各盐场推行定额实物计酬管理,洪武元年(1368),实行定岁办盐,以实物计值,每引食盐400斤,给米一石。② 当时绍兴制盐方法仍为竹盘熬煮,质量较好,据载:"郡之所产,常以竹盘烧之,故味美色白,为他郡最。"③明代后期,因钱塘江南岸滩涂淤涨加快,各盐场产量相继减少。

(四)手工业

元明时期,由于粮食紧缺、森林破坏等原因,越地手工业经济进入了整体转型时期。一些传统的手工业,如丝织业、造纸业、陶瓷业、铜镜铸造业逐渐衰退,就连著名的日铸茶也逐渐失传。与此同时,一些新兴的农村手工业,如米制品、酿造业、锡箔业、棉纺织业逐渐兴盛,"三缸"即"染缸"、"酒缸"、"酱缸"在明代中期已基本形成。

1. 纺织业

元明时期,纺织品有丝绸织品、麻织品和棉织品。棉纺织逐步兴起,而丝绸织业和苎麻织业则日渐衰退。明代,平原地区的桑园大多改种粮食,桑园向山区、半山区发展,总体面积减少。但在万历年间(1573—1619),山区、半山区农树栽桑养蚕仍较普遍,"徐山、海山多桑竹"④。蚕多丝多,引外地客商多有来绍觅购者,"今江宁〔南京〕不出丝,皆买丝于吴越"⑤。说明绍兴还是蚕丝产地。明代,绍兴印染业发达,据史载:"洪武时,置四川、山西诸行省,浙江绍兴织染局。"⑥明初,绍兴是全国设置官营织染局的少数城市之一,丝绸尚具一定地位,市区大江桥下的"局弄"因染织局所在地而得名,织染局向机、染户低价摊派宫用丝绸。明代中后期,绍兴丝绸纺织业衰退,丝绸、织染等行业的手工业者大批外出。明万历年间,绍兴丝绸织品只有绢、纱,品种单调,许多丝绸名品逐渐失传。据史载:"今罗、棱、绸、绉、縠,越中绝无织,惟绢、纱稍有焉。"⑦当时,绍兴府乡村始有棉纱、棉布和土

① 《绍兴市志》卷十三,浙江人民出版社1996年版,第1027页。
② 明万历《绍兴府志》卷十一。
③ 明弘治《绍兴府志》卷七。
④ 明万历《绍兴府志》卷十。
⑤ 《江宁府志》卷三。
⑥ 《明史·食货志》。
⑦ 明弘治《嵊县志》。

纺土织业。苎麻织品仍盛,"苎之精者本出苎罗山,下有西子浣纱石,所谓苎纱者于此浣之,以故越苎最得名,今八邑皆有苎布,然尤以暨阳为胜。谚诸暨有如丝之苎"①。可见,在明代,诸暨的苎麻布仍很有名。

2. 食品制造业

元明时期,越地的酿酒、酿造、糕点等食品制造业十分有名。

酿酒业 据史籍记载,元代至正年间,绍兴路总管泰不华"革吏弊,除没官牛租,令民自实田以均赋役。行乡饮酒礼,教民兴让"。由于他主政开明,入乡随俗,逐使"行乡饮酒礼"成为古代礼仪中的饮酒宴请活动。他曾在绍兴县东浦镇附近的薛渎村"饮乡酒,赛龙舟,与民同乐"。东浦镇上,至今还完好地保存着一方镌刻着《酒仙神诞演庆碑记》的石碑,碑文中记载着当时绍兴酒的酿造和经营情况。明代,绍兴酒业继续保持宋代盛况。农村普种糯稻,约占当时田亩的十分之六,几乎全部用来酿酒。除宋代的竹叶青、瑞露酒、堂中酒、蓬莱春外,还增加了薏苡酒、地黄酒、鲫鱼酒、豆酒等品种,其中以绿豆酿制的豆酒最有名。"府城酿者甚多,而豆酒特佳,京师盛行,近省城亦多用之。豆酒者,以绿豆为曲也。"②明代,萧山酿酒业亦颇盛。"萧山县金井为徐氏园,邑人酿酒多汲此水,萧酿与越酒并重。"③其时出现一批酒坊,如湖塘"叶万源"、"田德润"、"章万润"以及东浦的"孝贞"等,十分有名。

食品酿制业 除了黄酒以外,其他酿制品还有酱油、米醋、腐乳等。其中,创办于明崇祯十七年(1644)的府城俞合兴酱园,是绍兴最早的调味品生产企业。明嘉靖年间(1522—1566)腐乳已名闻遐迩,远销东南亚、印度等地。明代开始生产"玫瑰仙醋",以天然发酵、呈玫瑰色、口感鲜美著称。各县均产乳酪、年糕、粉皮、蚕茧果、荞麦卷、线粉干等糕点食品。④ 余姚乳饼也特别有名。⑤ 清乾隆皇帝曾有诗赞曰:"小儿五岁会骑驼,乳饼为粮乐则那。忽落轻莎翻得意,揶揄学父舞天魔。"⑥

---

① 明万历《绍兴府志》卷十一《物产志》。
② 同上。
③ 明弘治《绍兴府志》卷十二。
④ 参见《绍兴志市》卷十一,浙江人民出版社1996年版,第755页。
⑤ 同上。
⑥ 清乾隆《御制集》初集卷十七《过蒙古诸部落》。

3. 造纸和锡箔制造业

元明时期，绍兴民间纸业生产呈萎缩状态，而竹纸、黄纸、草纸及萧山产日历纸，明后期鹿鸣纸（以嫩竹中的二黄篾为原料）发展甚快。到万历年间，藤纸、敲冰纸、罗牋、澄心堂纸、剡硾等名纸"越中绝无闻，惟竹纸间有之，然亦不佳"①，而锡箔悄然兴起。锡箔是把锡与铅的合金锤打成薄纸样的箔，裰（粘）到"鹿鸣纸"上。一块锡铸件，一般能打三千二百张锡箔纸。洪武年间，民间以锡箔（锭）代替银锭祀神祭祖，锡箔产业由此产生。起初，锡箔由"罪人"制造，箔铺门面均系木栅，上钉竹片，并串有铁链，形同牢门。明末，锡箔制造业的规模不断扩大，工序日益精细，从业人员众多，绍兴曾有"锡半城"之称。②

4. 建材业

明代绍兴的砖瓦生产已形成规模，府城东北郊的瓦窑头村，就有"十里瓦窑头，户户烧砖头"之说，大砖窑专制官邸、寺院建筑砖，而小土窑则为民间建房烧制普通用砖瓦。明代因建三江闸及海塘工程等所需石材增加，山会两县的采石场（俗称石荡、石宕）采石繁忙，产品有块石、条石、石板等。

此外，明代绍兴制扇和编织业也较为发达。据史载："会稽陶堰出纸扇甚洁致，以密节细竹为柄，糊以白纸，堪作书画。"③蒲草席和竹簟，也颇负盛名。"蒲水草出上虞，夏盖山土人织以为席。"④

（五）农村集市和会市

明代后期，绍兴府的工商业市镇，商贾云集，南北货物汇聚，市场繁荣，商品经济空前活跃。据史记载，府境内著名市集就有 49 个之多，其中府城内的清道桥、酒务桥、江桥市；山阴的离（漓）渚、柯桥、夏履桥、钱清等；会稽的平水、三界、马山、樊江、道墟等集市，人气旺盛。这些市集后来大都发展成为各县的建制镇。⑤ 在明代，绍兴成为一座商贸城市已初露端貌。

---

① 明万历《绍兴府志》卷十一。
② 参见陈桥驿：《绍兴史话》，上海人民出版社 1982 年版，第 73 页；张雨平：《锡箔业社会主义改造》，《绍兴文史资料选辑》第 9 辑，1990 年 3 月编印。
③ 明嘉靖《浙江通志》。
④ 明弘治《绍兴府志》。
⑤ 参见明万历《绍兴府志》。

当时,越地的商贸活动还表现在各种庙会的会市。明万历年间,绍兴府山阴、会稽、诸暨等县乡(镇)村,有迎台阁之风。迎台阁用真人扮演故事人物,台阁出迎,长可七八里,四方观者甚众。会市之日,商贩云集,交易品种以农副产品和农具、日用小商品为多,相当于农贸物资交易会。

(六)水利建设

元明时期,尤其是明代,越地的水利工程建设卓有成效。其主要工程有三江应宿闸的建成,浦阳江与曹娥江的整治及海塘建设等。这些塘闸建设和河道整治工程对山、会、萧、虞平原的防洪排涝和拒咸蓄淡以及粮食稳产、高产起了重要作用。特别是三江应宿闸的建成对绍兴人民的贡献,犹如清道光年间吴英樾所题的"公德在生民,三百年旱潦无忧,长使川原成乐土"①。在河道整治方面,主要有曹娥江整治、浦阳江整治与下游改道及府城城河的修整等。明初,曹娥江建成万金堤、上沙地硬等 12 处江堤。大多为民间修筑的土堤,但能有效地抵御上游洪水,保护了沿江的民居和良田。明万历年间(1573—1620),刘光复三任诸暨知县,任内极重视筑埝浚江,在浦阳江干支流两岸筑堤湖畈 117 个,堤埝总长 7.6 万丈,为诸暨浦阳江流域的农田开发和粮食生产起了推动作用。

三江应宿闸是我国著名古水利工程之一。它的建成,是元明时期越地水利建设最突出的贡献。三江闸位于钱塘、曹娥、钱清三江汇口而得名。闸总 28 孔,各应星宿之名,又称应宿闸,明嘉靖十五年(1536)由知府汤绍恩动建,次年竣工。据史载:闸以天然岩石为基础,"其底措石,凿准于活石上,相与维系,灌以生铁,铺以厚石板"②。各洞在闸底板上设有内外石槛,闸板、石墩、闸墙全用千斤以上的条石砌筑。在闸筑成后,其配套设施有闸上游三江所城外及府城佑圣观前河中各立水则碑石,碑面自上而下刻有"金、木、水、火、土"五字,以示闸内河湖水位高低。三江闸拒潮、蓄淡、排洪、制水、增田等功能,发挥得淋漓尽致。同时,除了修筑新海塘外,大量的是将原来的土塘改砌成石塘,提高海塘御潮的能力。在修塘技术上具有较深的造诣。元代,虞北平原的海塘已具一定规模。元至正二十二年

---

① 清康熙《三江闸务全书》。
② 同上。

（1362），绍兴路史王永督修百沥海塘（上虞百官龙头山，经沥海后倪村至夏盖山），砌筑条石丁由（即条块）塘1944丈。至正元年（1341）余姚州判叶恒率众完成大古塘的修筑工程，尽改土堤为石堤，全长22.12万尺。[①] 明成化年间（1465—1487），绍兴知府戴琥"筑堤数十万丈，捍海得田四万余亩，民称戴公堤"。嘉靖十六年（1537）三月，三江闸建成，又筑长400余丈，宽40丈的三江闸东西两侧海塘，使萧绍海塘连成一线。自此，绍兴北部古海塘基本成型。

二、西风东渐和明末清初越地的资本主义萌芽

绍兴历史上经过了三次外来文明的大规模传入，即分别是东汉时期的佛教传入、东晋时期的北迁南移和明代中期的西风东渐。其中，17世纪初西方文明开始输入绍兴，影响更为深远。如果撇开政治上的殖民化因素，"西风东渐"在客观上为传授科学文化知识、推动文化交流发挥了重要的作用。其直接的后果是，催生了越地的资本主义萌芽。

资本主义萌芽的出现，是明清时期社会经济发展中的新现象。正如毛泽东在《中国革命和中国共产党》中所说的："中国封建社会内的商品经济的发展，已经孕育着资本主义的萌芽，如果没有外国资本主义的影响，中国也将缓慢地发展到资本主义社会。"[②]从世界大形势看，处在明末清初的19世纪30、40年代，已经形成了一个代表时代新潮流的资本主义体系。当时，西风东渐已成为全球性的历史潮流。面对旧的经济秩序已被冲垮，传统农业已日暮途穷的严峻形势，是选择新的生产方式迅速兴办近代工矿企业发展资本主义、建立新的商品经济秩序，还是流连忘返于往日的"鱼米之乡"，依旧故我地搞老一套呢？这是决定命运的历史性选择。

（一）西风东渐——资本主义萌芽在越地手工业部门初露端倪

关于江南的资本主义萌芽问题，我国学术界自1936年吴晗介绍徐一夔

---

① 参见《绍兴市志》卷八，浙江人民出版社1996年版，第580页。
② 《毛泽东选集》第2卷，人民出版社1991年第2版，第626页。

《始丰稿》中的《织工对》发其端绪。据《织工对》载,明朝正统年间,"钱塘相安里有饶于财者,率居工以织,每夜至二鼓。老屋将压,机杼四五具南北向,列公十数人,手提足蹴,皆苍然无神色。日佣为钱二百缗,衣食于主人"。很明显,当时在江南的部分手工工场就突破了封建生产关系,产生了"处在萌芽状态的雇佣关系"。"织工为雇主工作到深夜二鼓,计日派资。"因此,此种情况与西方那种作坊式的小资本家十分相似。史学家侯外庐认为,在明代正统到万历年间,江南地区的手工业部门特别是纺织业,已出现了类似资本主义的佣工劳作方式,表明资本主义已经萌芽。[1] 在明朝后期,在苏杭地区普遍形成了具有资本主义性质的雇佣关系,并且在部分工场里还形成了类似行会的组织。雇工在一定的时间内,人格、人身自由,完全属于雇主。到了明末清初,有些地区的地主雇佣长工,以货币的方式结算,干完活,拿钱走人。这种雇佣关系蕴涵着资本主义的萌芽。

马克思指出:"资本主义生产方式开始于工业,只是到后来才使农业从属于自己。"[2]当时,资本主义萌芽以江南丝、棉纺织业最为明显。江南苏、杭一带是纺织业中心。明政府在南京设立内织染局、神帛堂和供应机房,在苏、杭等地设织染局。同时,江南各地又有大批从事丝织业的民间机户。这些机户,一方面被编为"机籍",即匠籍,隶属于官府的织染局,受织染局的役使和剥削;另一方面又和市场有密切联系,从而不断发生两极分化。如成化末,杭州仁和县有一家名张毅庵的机户,产品"备极精工",人相争购,逐渐富裕起来,从一张织机发展到二十余张,"家业大饶"。晚明小说《醒世恒言》描写吴江县盛泽镇丝绸机户施复,从养几筐蚕儿,妻织夫桑,不上十年,却能"开起三四十张绸机"。这些开张二十余张或三四十织机的机户,统称"大户",而那些没有生产资料者则称"小户",实际上也就是"机工"。隆庆万历间,苏州"大户张机为生,小户趁织为活"。有的小户被大户固定雇佣,有的则没有。每天早晨,在玄妙观口聚集着没有固定雇主的小户上百人。他们之间的关系是"机户出资,机工出力"的劳动力买卖关系。

资本主义萌芽的出现,从根本上说是社会生产力发展的结果。正如马

---

① 参见侯外庐:《中国封建社会史论》,人民出版社 1979 年版,第 192 页。
② 《马克思恩格斯全集》第 26 卷(Ⅲ),人民出版社 1974 年版,第 443 页。

克思所说："资本主义萌芽的出现,一般是经由两个途径实现的。其一是小生产者变为资本家,其二是商人直接支配生产。"①之所以在包括越地在内的江南最早出现资本主义萌芽,是因为这些地区远离封建政治中心,"重农轻商"的经济思想在这里影响较轻。明嘉靖时代,正是 16 世纪中叶,长江三角洲一带,苏、杭、湖、松诸府成了国内市场的中心区域,"总揽市利,大抵东南之利。莫大于罗绮绸纻,而以三吴为最,……今三吴之以机杼起家者尤其甚众"。其中一些商品生产者商人,就逐渐转变成为资本主义性质的手工业工场主了。绍兴的情况就是如此。当时,绍兴主要的手工工场是酒作坊、锡箔作坊和机坊。历史上,绍兴的酿造业以东浦为著,大、小作坊近50 家。但季节性较强,一般集中在秋、冬两季。大规模的酿造坊的出现则在清代初年。锡箔作坊,多数集中在城区的南门一带,因为是以囚犯为主要劳动力,多数是圈在木栅门内的大院中,以官办为主,后来逐渐转为私人经营。机坊,集中在齐贤、华舍一带,多以家庭手工业形式,一般雇工在3—5 个,1 人 1 机;多者在 10 人以上。

(二)导致资本主义在越地发展缓慢的原因

明末清初,在越地的资本主义萌芽发展缓慢,甚至不断遭受摧残。清朝初期,虽然越地的手工工场规模有所扩大,部门也有所增多,但始终在萌芽状态中徘徊,整个生产始终未能进入工场手工业阶段。从广度来看,农业与家庭手工业相结合的自然经济仍然牢固地占据统治地位,手工业普遍还是规模狭小的铺户作坊,以手工业者及其家庭成员的劳动力为主,极少雇工,分工也主要限于家庭内部,只是属于小商品生产。再从深度来看,一些手工业部门中虽然出现了雇佣关系,但劳动力的出卖还没有达到完全自由的程度。如在绍兴华舍丝织业的劳动力市场上,机工待雇,要由行头分遣,说明劳动力的出卖还要受到行会的干扰。

影响中国资本主义发展的原因还很多。其一,重农抑商政策的影响。清朝统治者认为:"市肆之中,多一工作之人,即田亩之中少一耕稼之人","虽不必使为工者尽归于农",但要避免"为农者相率而趋于工矣"。②据

---

① 马克思:《资本论》第 2 卷,人民出版社 1975 年版,第 476 页。
② 《江宁府志》卷三。

《江宁府志》记载:"机户不得逾百张,张纳税当五十金,织造批准造册,给文凭然后敢织。"政府不仅严格限制手工工场的规模,而且对其课以重税。明神宗派宦官充当矿监税使,在工矿业发达地区广设关卡,处处征税;还建立岁办和采办制度来盘剥商人。清政府在全国城镇、交通要道,遍设税局,"关津有过路之税,镇集有落地之税",商人有时"且贩自东市,既已纳课,货于西市,又复重征",再加上官吏勒索舞弊,"以致商人裹足不前"①。这影响到"机户"的积极性,造成这些手工业部门生产萎缩。与此同时,明政府用垦荒、赈恤、招抚等手段,使小农经济得以勉强维持下去,保持自然经济结构。为此,明末黄宗羲才提出了"工商皆本"的思想,要求解除封建的束缚,发展商品经济。

其二,资本积累方式的影响。当时,由于从事工商业必须承担风险,封建地租、高利贷就有更大吸引力。人们往往把积累或赚来的钱财用来购买田地,拥有土地就可以享受丰富的地租,可以榨取更多的财富,并且地租收入稳定,是发家的好手段。明清时期,一部分经商办厂发财以后的人,认为田地是最可靠的产业,放高利贷可以安坐获益,"凡置产业,自当以土地为主,市廛次之,典与铺又次之"②,于是这些人纷纷置田地,开当铺,这种投资意向使得手工业扩大再生产缺乏必要的观念支持和资金准备。这就大大阻碍了社会财富向产业资本转化,进而限制了资本主义萌芽的苗壮成长。

其三,市场环境的影响。"商品流通是资本的起点。商品生产和发达的商品流通,即贸易,是资本产生的历史前提。"③但是,明末清初,一方面自给自足的自然经济使得国内市场非常狭窄;由于封建地租沉重,造成农民极端贫困,购买能力十分薄弱。另一方面,政府实行闭关政策,对海外贸易作了严格的限制,甚至有时根本不许商民下海。清两代屡次颁布禁海令,严禁人民私自出海贸易。"永乐二年,……下令禁民间海船。原有海船者,悉改为平头船,所在有司防其出入。"④清朝时,曾三次下令禁止海外贸易,"顺治元年,清政府颁发'迁海令',将北起山东南至广东的沿海居民内迁三十四华里,并且将所有沿海船只悉行烧毁,寸板不许下水。凡溪河装栅,货

---

① 《江宁府志》卷三。
② 《绍兴市志》卷十四,浙江人民出版社1996年版,第1048页。
③ 马克思:《资本论》第1卷,人民出版社2004年版,第173页。
④ 《永乐实录》卷二十七。

物不许越界,时刻了望,违者死无赦"①。这样,人为地削弱、封锁商品的对外销路,丧失了广阔的海外市场。

其四,技术装备的影响。在当时的中国,封建经济占统治地位,不能对发展科学技术提出迫切要求和提供推动力;重农抑商政策又不利于科技成果的推广、应用;专制的文化政策更窒息了学术空气,不利于自然科学的研究和发展;再加上对外闭关,阻碍了正常的中外文化交流,使中国又失去了吸收外来先进科技文化的机会。科技的滞后,在很大程度上影响了工商业进一步发展。

三、清代越地经济的转型和发展

清代(1644—1912)沿袭明制,经历了从封建社会到半殖民地半封建社会的转变。当时,绍兴府辖领山阴、会稽、诸暨、余姚、上虞、嵊县、新昌、萧山八县。

清代三百年的经济发展轨迹是"两头低,中间高"。经过长期的战争,清初经济是十分萧条。17 世纪 60、70 年代后,清代手工业的资本主义的萌芽又重新活跃起来,并有了进一步的增长。康乾时期,到达了高峰。鸦片战争以后,外国资本主义列强入侵。虽然当时的农业和手工业生产工具并没有重大改进,生产关系和经济制度也没有实质性变革。但是,绍兴的粮食总产量、重要产粮区的亩产量,以及经济作物的发展,都达到了新的历史水平。城乡手工业出现了家庭劳动向雇佣劳动转化,个体小生产向手工作坊、工场手工业大生产发展的明显趋势。茶楼、酒馆、戏院、旅舍等生活业,以及商业、航运、金融等生产和流通服务业蓬勃发展,成为新的经济增长点。清代后期,资本主义列强通过武力,以及赔款、设厂、开矿、筑铁路、办航运和进行不平等贸易,大肆掠夺。与此同时,西方近代科学技术开始传入我国。越地部分手工业企业采用机器设备向近代化发展。光绪以后,绍兴府各属县已出现劝业所、县农会、农业学堂、农业试验农场等近代现代经济因素,并逐步传播和扩散。

---

① [清]江日升:《台湾外纪》卷十二。

越文化通论

第五章 明清以来西风东渐和越地经济的转型

（一）土地占有高度集中,佃租和田赋十分繁重

清康熙十年(1671),绍兴府有田地山荡 677.2 万亩。乾隆四十九年(1784),绍兴府田地山荡 685.9 万亩,其中田 393.9 万亩,地 69.2 万亩。①土地高度集中,除官田和公田外,民田(私田)多为封建地主所占有。清嘉庆、道光年间,嵊县竹溪乡财主钱万祥利用荒歉战乱,兼并田地山水等类土地 1 万余亩,其中水田就有近 5000 亩,十里竹山一直延伸到诸暨境内,并开设纸竹坊 13 处。道光年间(1821—1850),嵊县长乐镇钱炳旺在荒年以每亩 300 斤稻谷的地价,侵吞农民土地达 1.2 万多亩。1748 年杨锡绂在《陈明米贵之由疏》中说:"田之归于富者,大约十之五六,旧时有田之人,今俱为田耕之户,每岁所入,难敷一年之口食。"表明在清乾隆时,土地兼并之风日盛。一半以上耕地集中在少数地主手里,自耕农大批破产成为佃农。光绪年间,诸暨地主孙钦亮以糖业起家,广置田产达 2.4 万多亩,分布于县内外各地,其中县内 18 处;又于各处设田庄,代收田(地)租;还兼营商业,在上海、杭州、宁波、绍兴设有商行,其每年挥霍超过 5 万银洋。②

清代绍兴府主要租佃形式有定租制、分租制、预租制、押租制、转租、劳役租及高利贷等。清初押租制(佃户向地主租种土地,必须先以一年或数年租额值的财物作抵押)盛行,清代后期更加普遍。渔民向荡主租赁水面种植水生作物或养鱼,也须向荡主交租,如清宗圣垣(1736—1815)在《客有问镜湖打鱼采菱之胜诗》中所说的:"湖乡多以水为田,采采盈筐又满船,村里阿翁忙不了,菱租收比稻租先。"清代田税分赋与粮。赋以计亩征收赋银、杂款,粮为田赋,合称"钱粮"③。田赋有正税与附加税,附加税自明渐重,清沿明制,有漕截、漕耗、粮捐等称。④ 除了田赋负担外,百姓还须缴纳沉重的丁口税。

（二）农业经济结构适度调整,粮食紧缺的矛盾更加突出

据《越中杂识》记载,康熙年间(1662—1772),绍兴府有户 16.7 万户,

---

① 参见清乾隆《绍兴府志》卷九。

② 参见《绍兴市志》卷十,浙江人民出版社 1996 年版,第 637 页。

③ 马宗申:《历史时期我国农业税演进》,《中国农史》1986 年第 1 期。

④ 参见余绍宋:《重修浙江通志稿·地政叙例》,浙江图书馆 1983 年重印本,第 412 页。

口 67.7 万人,但到乾隆五十六年(1791),增加到 61 万户,口 402.4 万人。①在不到百年时间,人口增加了 4.95 倍。而人均耕地在乾隆四十九年只有1.15 亩。当时粮食亩产约 2 石(270 斤米),人均占有粮食只有明代的40%。为了解决粮食紧缺问题,采取了扩大耕地、对外移民、增加熟制、外籴粮食等手段。比如,继续围湖造田、围垦海涂和山地开垦种旱粮。余姚大古塘以北海涂面积甚广,沿海百四十里皆植木棉,并与水稻轮作,增收粮食。山地开垦种植玉米与甘薯等旱粮,规模很大。仅会稽一县,在清末年产玉米 1.8 万石、甘薯 150.5 万斤。又比如,缩糯扩粳,调整粮食品种结构。从《会稽县劝业所报告册》的谷米、杂粮等产额一览表中,可以看出糯米只占 0.24%,粳米和籼米占 99.8%,其中粳米占 87.1%。糯稻种植已微不足道。

1. 种植业

清代绍兴种植业包括粮食作物、纤维作物、油料作物、蔬菜、中药材等一年生或隔年生作物的种植,以及茶、桑、果和竹、木、油桐、乌桕、花卉等。棉麻生产和旱粮生产规模远胜明代,在生产技术上也比明代有所提高。后期各县设立劝业所,负责农、商、手工业生产和统计工作。鸦片战争以后,西方先进农艺、新品种、农资、农机和农业教育、管理技术逐渐传入绍兴,使绍兴的传统农业逐步与近代农业结合,农产品商贸活动更加活跃,对外出口迅速增加。

水稻种植是清代绍兴农业生产的主业。乾隆年间,合府农用地 685.9万亩中,水田有 393.9 万亩,占 57.4%。与明代相比,清乾隆《绍兴府志》物产志记载的水稻品种无多大变化。但是,农民在水稻生产施肥、品种和耕作技术等方面,都积累了较为丰富的经验。双季稻(间作稻及连作稻)种植比较普遍。水田耕作制以麦稻、油菜稻和蚕豆稻两熟制与绿肥稻轮作为主。山区部分山垄田则旱粮、瓜蔬、棉花与水稻轮作。平原与半山区的稻田冬作麦、油菜和绿肥,春夏则栽水稻,实行稻麦(油)两熟制。山阴县姚陶作的《越声·息园诗草》中就有绍兴盛植春稼的描述:"清明拜扫入山中,麦浪青翻十里风,九板桥边横锦锈,菜花黄间草花红。"为此,清末,美国长老会牧师约翰逊(J. F. Johnson)在一份报告中,曾赞叹说:"想不到绍兴土地的

① 参见清乾隆《绍兴府志》卷九。

生产能力如此之大!"①

清代绍兴的旱杂粮主要种类有大小麦、豆类、玉米、甘薯等。无论水田、山旱地及沿海沙田(地)皆有大面积种植,多以麦稻两熟制与麦棉两熟制栽植。清末,仅会稽县就年产大小麦 14.3 万石,约为水稻总产的 10%;各种豆类 7.2 万石,为粮食(稻麦之和)总产量的 8.3%;玉蜀黍 1.83 万石;甘薯 150.5 万斤。② 粟、荞麦、稷、马铃薯等其他杂粮也面广量大。

清代,绍兴主要有蔬菜、棉麻、油料及中药材等经济作物。棉麻、油料和中药材种植面积增加,水生作物因水面继续缩小而有所萎缩,但宁绍平原和诸暨浦阳江湖区菱藕种植颇盛。蚕桑与水果生产萎缩,茶叶生产因外销旺盛而发展迅速。清初,会稽平水一带在日铸茶炒青法的基础上,创制炒青圆茶,即平水珠茶,进贡朝廷。清康熙年间,每年会稽贡茶 30 斤,嵊县贡茶 18 斤,珠茶以"贡熙"、"熙春"之名,出口英国伦敦市场,价格不亚珍珠,因有"绿色珍珠"之称。随之,绍兴府境内会稽山阴、嵊县、诸暨、上虞、新昌、余姚及宁波府奉化、鄞县等地,相继仿制圆茶,形成平水珠茶产区。宁波为通商口岸后,年出口茶叶 20 万箱(约 10 万担)。清同治年间,嵊县前冈村创制"泉岗辉白"。清光绪年间,平水茶区包括会稽、山阴、上虞、嵊县、新昌、诸暨、余姚、奉化、东阳等县,主产珠茶,年产量 12—13 万担。蚕桑重点产区转向新昌、嵊县、诸暨山区和河谷地带,平原地区留下稀疏桑地。

2. 畜牧业

清代,绍兴的畜禽生产以户养、合饲为主体,食草畜与养禽则昼放夜圈,形成农村一家一户、自给自足的小农经济畜牧生产方式,正如清徐光启在《农政全书》中说的:"江南寸土无闲,一羊一牧,一猪一圈,喂牛马之家,鬻刍豆而饲焉……江南园地最贵,民间莳葱薤于盆盎之中,植林木于室宅之侧,在效桑麻,在水菱藕,而利薮共争,谁能余隙地。"这是典型的江南水乡庭园经济和家庭畜牧生产形式的描述。当时,传统畜牧生产已经十分成熟,主要畜种比较齐全,传统饲养、肥育技术有了改进。其时,养畜种类有牛、马、骡、猪、羊、兔、犬、猫及蜂等,最多的家畜是猪及牛、羊、兔。清末,绍兴饲养的肉猪品种以传统的嵊县花猪和金华两头乌为主。兔的饲养主要

---

① 《英国皇家亚洲学会中国分会会报》卷二十三。
② 参见清宣统三年《会稽县劝业所报告册》上册。

在山区，诸暨"邑产多白兔"，饲养肉用兔。绍兴南部山区产优质蜂蜜，据清康熙《会稽县志》记载："出境内者，土人呼本山蜜，味甚佳。"家禽种类有鸡、鸭、鹅及鸬鹚。越鸡作为一种品质优良的肉用鸡在清代已成为朝廷贡品。清代，绍兴鸭、鹅等水禽饲养继续发展。由于鹅以食草为主，体态较瘦影响食味，故农人在屠宰前采取"栈养"肥育。清平步青《霞外捃屑》曾记载："越人岁晚畜鹅，以精谷喂之，极肥脤以祀神，呼为栈鹅……以倍料精养者曰栈。……近人越谚作栈鸡栈鹅云，岁将终豫阉栈鸡与鹅暗处，畜肥作牲。"

3. 渔（盐）业

清代外荡养鱼发展迅速。会稽、山阴、上虞水网地区和诸暨湖区筑箔养鱼兴起，清光绪年间，就有关于外荡养鱼的记载。据清乾隆《诸暨县志》记载，红桥乡赵宅村，历代培育鱼种，每年自江西购买鱼苗，运回乌仔，育成仔口销售，形成一定的鱼种生产规模。清末，宣统三年会稽县外荡养鱼仅142处。[1] 淡水捕鱼以网捕为主，间有钓钩、鱼鹰（鸬鹚）捕鱼等方法。明末清初，新昌、嵊县南部山区农民常以木头制鱼代替鲜鱼迎春和祭祀，山、会、虞、姚、萧等邑水网平原和诸暨湖区多有渔民专以捕捞为生。由于钱塘江主江道的北移，杭州湾南岸涨沙面积扩大，绍兴近海捕捞渐趋萎缩。清末，绍兴已有三江、沥海、雀嘴等重要渔港，新埠头（今绍兴县孙端乡王公铺村）已是浙东重要的鱼盐集散地，舟山、岱山等地鱼盐，经此由水路运销各地，日常停靠海船二三百艘，并有水产品加工场数处。[2] 绍兴府盐场有钱清、三江、曹娥、西兴（清后期并入钱清场）、石堰五场，余姚石堰盐场为全国著名盐场，产量和制盐技术均名列两浙前茅。清咸丰年间，薪柴日贫，燃料缺乏，制盐开始由刮泥淋卤锅煎改为刮泥淋卤板晒。清末，增东江场，因滞销，煎灶减少。[3]

4. 蚕桑业

清代绍兴人稠地疏，粮食紧缺，平原大片桑园改种粮食，桑树主要地方品种有嵊县青、望海桑、麋桑、锦桑和大墨斗，还有黄桑、青桑、剪刀桑、红顶

① 参见清宣统三年《会稽县劝业所报告册》。乌仔，淡水养鱼术语，鱼苗饲养到全长5～8分长时，叫乌仔，再稍大些，叫仔口。
② 参见《绍兴市志》卷十三，浙江人民出版社1996年版，第1026页。
③ 参见《余姚市志·农业编》，浙江人民出版社1993年版，第112页。

桑等。清道光十九年（1839），诸暨周春溶著《蚕桑宝要》。光绪二十年（1894）左右，新昌吕桂芬撰《劝种桑说》，吕广文编《蚕桑要言》，介绍、推广栽桑养蚕的经验。在鉴湖南塘、湖桑埭、海山仍有不少桑园。《越声止巢集·咏山阴风物》中有"村村麦浪翻新坊，处处蚕花赛古祠"；《越声·绿雪堂遗集·镜湖棹歌》"湖桑埭口采桑歌，日出东南飞野蛾"；《越风·蚕词》"三月戴胜鸣，红蚕满山房；大妇青丝笼，采桑上南塘"之句说明当时古鉴湖湖区仍有一定的蚕桑生产规模。

清代绍兴境内丝绸织业已形成区域性分工，其中萧山、嵊县、诸暨、新昌以养蚕、缫丝为主，山阴、会稽以丝织、印染为主，并且成为当地经济发展中的支持产业。新昌、嵊县、诸暨的蚕桑生产相当繁盛且丝织品品质佳。清中期，蚕丝为新昌出口原料而大有发展，光绪二十三年（1886），《农学报》载："绍兴一郡，蚕丝之利以新昌为最厚，亦最佳，较嘉湖几可并驾。"光绪三十年（1904）《大陆报》称："越茧之美甲天下，嵊县最盛。"当时萧山丝厂以嵊茧制丝，远销意、法等国。

（三）手工业生产规模化程度提高，有的成为独立的工业部门

清代绍兴的棉织业发展，丝绸织业衰退，传统的罗、绫等品种的产量逐渐减少，黄麻织业开始起步，苎织品减少；酿造与酿酒业继续发展，铸造及制瓷业衰退，日用陶生产兴盛；造纸业逐步萎缩，但锡箔纸生产兴盛，规模庞大。这些手工业迅速发展，培养和造就了一批酿酒、酱园、印染师傅，在全国具有较高的知名度，即是所谓的"三缸（酒、酱、染缸）行天下"。

1. 纺织业

清代，绍兴的平原桑园面积继续缩小，新昌、诸暨、嵊县山区及平原沿海沙地和鉴湖沿岸的丝绸织业仍较发达。据史载："山阴县产绉纱，薄而不重，花样甚巧。"①据《浙江丝绸史料》载，乾隆年间（1736—1795）上虞西黎岙村，生产纱筛纱，四乡闻名，王熙《竹枝词》云："黎岙撑丝细织纱，蛛丝蝉翼莫须夸，不传女子传新妇，阖县并无第二家。"织绸业主要集中在山、会两县的华舍、下方桥及府城城南府学宫周围和南街太平桥、钱王祠前及辛弄、柴场弄和畅堂一带。光绪五年（1879），山阴、会稽、上虞、嵊县、新昌、诸暨

---

① 清康熙《山阴县志》。

六县年产蚕丝2051担。清末,绍兴府为浙江四大生丝生产基地之一。宣统三年(1911),山阴县华舍、下方桥就有织户1639户,织机3400台,特别是华舍被誉为"日出华合万丈绸"的丝绸之乡①。随着沿海棉花大量种植,在传统丝织、麻织的基础上,棉织业异军突起。不仅土纺土织棉布,而且开办织布厂。余姚、上虞、萧山、山阴、会稽等地等县的土纺土织业日渐兴起,从此棉织品在百姓衣被原材料中取代丝麻,渐成主角。宣统元年(1909),上虞崧厦镇益民布厂开业,有职工97人,生产各式花布。宣统二年,会稽县谦泰布庄所产新尖白布,获南洋劝业会银牌奖。② 清代麻织业主要还是以苎麻作原料。据清嘉庆《山阴县志》载,清中叶,苎麻在绍兴本地出产的布匹中,仍有较多的应用。山阴县用"苎纱作经,棉纱作纬相织"生产一种"小春布"③,但由于当时黄麻种植不多,这种布产量不高,麻纺织业尚处在起步阶段。

2. 食品加工制造业

清代,除了碾米、榨油等粮油食品加工外,绍兴豆制品腐乳生产、酱醋酿制和酿酒生产又有新的发展,有名的酱园和酒作坊生产已经专业化。清代绍兴酱园增多,府城有咸亨、谦豫等,山、会二县境内有柯桥宋文盛、安昌仁昌、钱清童义昌等,上虞有协和、宋恒昌等,嵊县有万和,诸暨有鲍同顺,新昌有恒德等较有名的酱园13家。这些酱园多以生产腐乳、酱、酱油、酱制品、米醋为主,兼酿黄酒。生产的酱、酱油、酱瓜质量上乘,尤其是酱青瓜在明清时期被选作贡品,故称"贡瓜"④。清宣统三年(1911)"贡瓜"曾获巴拿马太平洋万国赛会金奖。榨油已有专业油车、油坊,清咸丰元年(1851)创办新昌儒岙新正油坊。清末民初,绍兴腐乳获南洋劝业会特奖、西湖博览会特等奖,并外销东南亚。

入清以后,绍兴酒业进入鼎盛时期,酿酒作坊遍布山阴、会稽城乡。尤以城北的东浦、柯桥、阮社一带最有名,成为当时重要的酿酒中心。《越声·乡物十咏》中就有"东浦酒,郡号黄封擅,流行盛域中"名句,以及"东浦

---

① 参见金钜南:《绍兴丝绸》,《绍兴文史资料选辑》第3辑,1985年12月编印。
② 参见《绍兴市志》卷十一,浙江人民出版社1996年版,第714页。
③ 清嘉庆《山阴县志》卷八。
④ 《绍兴市志》卷十一,浙江人民出版社1996年版,第753页。

十里吹酒香"①的赞誉。附近许多村镇,都是酒坊林立,著名的酒坊有东浦的"王宝和"、"越明"、"汤元元"、"陈忠义",阮社的"章东明"、"善元泰",双梅的"萧忠义",马山的"谦豫萃",府城的"沈永和"等。这些都是比较有名的酒坊,资金雄厚,有宽大的作场,较雄厚的技术力量。光绪年间(1875—1908),山阴、会稽有酿坊1300多家,向官府报捐数18万缸;农户家酿6万缸,占总酿酒数的1/4,年合计产酒约14880万斤。两者合计年产绍酒74400吨。绍兴黄酒的品种定型为状元红、加饭、善酿三种,已开始在国内外获奖。据史载,绍兴酒评为十大名酒之一,宣统二年(1910),沈永和善酿酒、谦豫萃加饭酒在南洋劝业会展评中获"特等文凭"奖状和"超等褒奖"。② 绍兴黄酒行销全国,清康熙《会稽县志》有"越酒行天下"之说。③其时,各酿坊均有专人负责推销,称之为"水客"。他们通过水路向苏南丹阳、无锡等产粮区大批收购糯米作为原料,以扩大生产。在乾隆时期,绍兴酒的行销范围已遍及全国各地,乃至海外。乾隆年间著名诗人吴寿昌有《东浦酒》五律一首,盛赞东浦酒:"郡号黄封擅,流行遍域中,地迁方不验,市倍榷逾充。"东浦酒流行于全国而且深得各地信任。因而,清梁章钜在《广会稽风俗赋并序》中亦称:"东浦之酝,沉酣遍于九垓。"他在《浪迹续谈》中又说:"今绍兴酒通行海外,可谓酒之正宗,……至酒之通行,则实无他酒足以相抗。"

由于大酿坊的陆续出现,产量逐年增加。清代后期,绍兴黄酒年产量可达30万缸,每缸可灌10坛。④"状元红"、"加饭"和"善酿"三种品种基本形成。在行销地区方面,各酿坊大体有一定的范围。如"孝贞"、"沈永和"通销北京、天津;"叶万源"专销福建以至南洋;"田德润"运销天津、北京、烟台,也有远至俄国的;"汤元元"、"善元泰"、"萧忠义"等销售杭州、上海;"云集"销福建、香港;"沈永和墨记"善酿则畅销于沪、杭和广州,以至东南亚各国。为了扩大和便利销售,有些酿坊还在外地开设酒店、酒馆或酒庄,经营零售批发业务。早在清乾隆年间,"王宝和"就在上海小东门开设酒店,以后"高长兴"在杭州、上海开设酒馆,"章东明"除在上海、杭州各处

---

① 李慈铭:《越缦堂日记》,咸丰五年正月十三日。
② 参见清嘉庆《山阴县志》。
③ 参见《绍兴市志》卷十一,浙江人民出版社1996年版,第691页。
④ 参见绍兴市政协文史资料委员会编:《绍兴史迹风土丛谈》第15册,第97页。

开设酒行外,又在天津侯家后开设"金城明记"酒庄,专营北方批发业务,并专门供应北京同仁堂药店制药用酒,年销近万坛以上。

另外,以大米等粮食为原料的糕点生产在清代也极为兴盛。嘉庆初年,府城水澄巷"王金四房"糕点师傅孟宪正,开设孟大茂香糕店,后经不断改进,成为绍兴传统名点。① 还有,会稽县陶堰艾糕也颇有名。宣统三年(1911),宁波商人在嵊县开设"同施"和茶食号,精制茶食糖果,行销沪、甬。蔬菜加工发展亦快,霉干菜曾作为绍兴的"八大贡品"之一。②

3. 造纸业及纸制品

清代,绍兴造纸以农村纸作坊(槽户)为主。产品多为生活用纸、手工业用纸、迷信品用纸及土纸。山、会两县以生产鹿鸣纸为主。嘉庆年间,上虞以嫩竹造纸,品种有大笺纸、太元纸、中元纸、乌金纸等。光绪十年(1884),诸暨已有6家纸厂,年产纸3200担,值25930元,品种有京放、四六屏、鹿鸣纸、大海放等。萧山县清末约有槽户千户,造纸年产值百万元。以纸为原料之一的手工业制品主要有锡箔和纸扇,尤以锡箔业为盛。当时绍兴的府城及山、会两县已成为全国最大的锡箔生产基地。光绪十八年(1892)年产量为50万块(每块3000张)。宣统年间(1909—1911)会稽县向外地销售锡箔已达130万元,其销售额位居平水茶叶、锡箔、酒、秋帽、蚕茧、棉、腐乳、纸扇八大贩出产品的第二位,高于绍酒10倍多。③ 到清末,锡箔年产已达150万块。④ 清代纸扇生产逐步向绍兴府城及山阴县加会兴浦、周家桥以及柯桥、州山、小观等地发展,以周家桥最盛,称"扇窝"。周家桥制扇业始于乾隆年间(1736—1935),当时流行折扇,周氏所制优美,式样均为黑面,白面甚少。⑤ 光绪元年(1875)创办周家桥王星记扇庄。宣统三年(1911)会稽县产纸扇6万把。⑥

4. 建材及制陶业

清代绍兴建材生产主要是制砖、烧石灰和采石。制陶以诸暨为盛,生

---

① 参见《绍兴市志》卷十一,浙江人民出版社1996年版,第755页。
② 参见《浙江通志》卷一〇四,物产四。
③ 参见[清]宣统三年《会稽县劝业所报告册》。
④ 参见《绍兴县农业志》第七章,上海科学技术出版社1995年版,第217页。
⑤ 参见民国《重修浙江通志稿》第十二,物产。
⑥ 参见清宣统三年《会稽县劝业所报告册》。

产酒坛等日用陶。据史载："绍兴酒坛皆出诸暨"①，以其质坚通气、盛储黄酒越储越醇而驰名。砖窑分布各地，以会稽县瓦窑头村最多，宣统三年(1911)，有窑工1.3万人，年产砖瓦7260万块，山、会、萧三邑用砖，多产于瓦窑头。清康熙年间，山阴县兰亭灰灶头村烧制的石灰，经娄宫埠头，销往外地，故以"娄宫灰"出名。据史载："邑山多矿石，石工凿取烧灰，较他邑坚凝，利用县南之同山，县北之盛兆坞出者为佳，用以墁屋粪田。"②另外，山、会两县的采石业也较盛，石场集中在今绍兴东湖箬篑山、樊江吼山和下方桥羊山及柯桥柯山等地。

此外，绍兴的近代工业发展极晚。直到光绪、宣统年间，才有少数私商创设工场，仿制日用舶来品如毛巾、肥皂之类，其中稍有成就的是肥皂制作。

（四）建制镇发展加快，集市贸易十分发达

由于农产品及加工产品种类多，质量优良，而且数量较为丰富，农村经济发达，城乡商贸活动活跃。各县建制镇的增设速度明显加快，特别是地处山区的新昌、嵊县，建制镇增设较快。据乾隆《绍兴府志》记载：清代嵊县新增建制镇有华堂、两头门、开元、长乐、崇仁五镇，废三界镇，净增四个镇；新昌县增设石牛、祥溪二镇。这样至乾隆年间，绍兴府的建制镇已有钱清、西兴、渔浦、南安、枫桥、纂风、剡镇、蛟镇、华堂、两头门（甘霖）、开元、长乐、崇仁、石牛、祥溪15个镇。清末（宣统二年）绍兴府又置一批建制镇，其中有柯镇（柯桥）、稽东镇（平水）、东皋镇（皋埠、东关）；丰惠镇、崧厦镇、沃州镇（大市聚）等镇。小城镇建设的加快反映了农村商贸活动的活跃和农村经济的繁荣，同时也使部分农民从原来的农业种养业生产活动和农村分散的手工业生产中脱离出来，成为专事手工业或商业活动的城镇居民，社会分工细化，有利于社会经济的整体发展。据史载，山阴县人丁，市民有3823口，乡民20561口，灶户人丁2344口，市民人丁占总人丁的14.3%；会稽县人丁，市民2548口，乡民11264口，新升人丁63口，食盐钞丁3886口，灶户人丁2787口，市民人丁占总人丁的12.4%。③这表明，乾隆年间，山会两县

① 清光绪《国朝三修诸暨县志》。
② 同上。
③ 参见清乾隆《绍兴府志》。

· 138 ·

居民的比例已比较高了,从中说明了当时绍兴城乡经济的发展水平。

清代绍兴的集市贸易发达,清乾隆年间农村官方市集续增。据史载,山阴县新增下方桥市,诸暨新增草塔市、三都市,余姚新增陆家埠市,上虞新增三界市,嵊县新增浦口市、北庄市、王泽市、上碧新市、两头门市、太平市、开元市、蒋岸桥市、双港溪市,新昌增设胡卜市,八县合计新增 15 个市集,加上明代的 49 个农村官方集市,全府八县合计达到 64 个。① 除了官方集市外,农村的一些民间草市、早市更是多不胜数。农村市集的发展说明了农村市场经济的繁荣,一些专业性市集在衣产品及加工产品的商贸活动中起了十分重要的作用。如会稽县的平水茶市,虽然在唐代已是著名的茶叶集散地,但还是一个"草市",到了明代已成为官方农村市集,由于明末清初,平水草茶演变为"珠茶"。平水珠茶的崛起和巨大商机引来大批茶商云集会稽平水,开设茶栈,专营圆毛茶收购、精制加工、包装出口,浙东各县毛茶,大都汇集平水,经精制后统称平水珠茶,运上海、宁波等口岸外销,平水由此成为浙东著名的茶叶集散地。茶栈有洋庄(大栈)与土庄(小栈)之分,道光年间,有名的大栈有瑞泰茶栈及其 25 家分支茶栈,同治元年有九大茶栈;小栈则更多。

(五)农业生产条件进一步改善

清代,绍兴水利建设主要是在明代的基础上进行修整、加固与完善。清末,绍兴水利工程管理得到重视,宣统二年(1910)成立萧山、山阴、会稽塘闸水利会,管理萧绍地区塘工水利事宜。② 主要水利工程是海塘的修筑、加固工程,重点是将土塘改为石砌塘,提高海塘御潮能力。海塘抢险修筑频繁、建筑技术不断提高,石砌塘已发展到丁由石塘、鱼鳞石塘、块石塘、石板塘,还增筑备塘、坦水、盘头、挑水坝、护塘、挑流、消浪等。据史载:"雍正三年〔1725〕,绍兴府海塘工程原议皆用条石,后以条石不易购致,遂用条石托外,乱石填中,今恐日后坍塌,仍改用条石。得旨:海塘工程关系民生,必须一劳永逸。"又载:"乾隆三十七年〔1772〕四月,浙江巡抚富勒浑覆奏,绍兴府属山阴、会稽、萧山、上虞、余姚等县石土塘,遇有残缺,即当修筑。"③这

① 参见清乾隆《绍兴府志》。
② 参见《萧山县志》大事记,浙江人民出版社 1984 年版,第 32 页。
③ 陈振汉:《清实录经济史资料》,农业篇。

说明清廷及地方官对海塘工程十分重视。主要修筑、加固工程有三处。一是康熙五十五年至五十六年(1716—1717),绍兴知府俞卿主持修筑萧、山、会海塘九墩至宋家娄段,耗银三万三千两,投劳十余万工,"长堤四十里,俱累累叠以巨石,牝牡相衔"。二是康熙五十九年二月,知府俞卿主持修筑百沥海塘,于六十年五月竣工。三是浙东海塘土塘改石塘工程,清康熙六十年重筑,雍正三年改筑石塘。这些海塘工程的兴建与加固对提高绍兴府北部沿海农田的抗潮御咸能力起重要作用。另外,在康熙年间,知府俞卿浚府河,改建斗门老闸,并对钱清至曹娥的运河官塘进行整修。咸丰七年(1857),在百官大坝赵字号土塘建广济霪,引曹娥江水入内河。这些河网工程的兴修,提高了绍兴平原的蓄水能力,改善了农田灌溉条件及交通状况,有利于农业生产的发展。

(六)对外贸易发展较快

蚕丝、茶叶、瓷器等产品外销势头迅速。据史载:容闳"旋任英商宝顺公司书记……至绍兴,收丝而返"①。绍兴所产丝,成为外商收购对象。自道光二十八年(1848)至光绪二十一年(1895)间,平水珠茶外销甚盛,最高年出口量达 20 万担,占浙江茶叶出口量的一半,其时,平水市有茶栈数十家,专营收购、加工和转运至上海等码头出口,山阴、会稽、嵊县、新昌等地的茶叶纷纷云集平水,转销外地或出口国外。清乾隆皇帝有"李唐越器人间无,赵宋官窑晨星看"②之叹。18 世纪中国的越窑青瓷传到了法国,其外文译名有一个漂亮的名字叫"雪拉同"(celadon)。法国上流社会为这种精妙绝伦的、如一泓清澈碧绿湖水釉色的瓷器所折服。当时巴黎剧场正上演都尔费的《牧羊女》,这是一部关于牧羊女爱司泰来和牧童雪拉同的爱情故事,牧童雪拉同所穿的青绿色衣服和青瓷的釉色十分相近,法国人就用雪拉同的名字来称呼越窑青瓷,表明他们对青瓷这一艺术品的喜爱。

---

① 刘禹生:《世载堂杂记》卷中,《补述容闳先生事略》。
② 引自王莉英、王兴平:《秘色越器研究总论》,《故宫博物院院刊》1996 年第 1 期。

第六章　当代越地经济发展的历史沉淀

　　文化是区域经济的灵魂,是综合实力的重要标志,是凝聚和激励人民的精神力量。从某种意义上讲,昨天的经济就是今天的文化。作为我国春秋时代的越国都城,绍兴已有近 2500 年历史。从秦汉到明清,先后为郡(州、府)治驻地,东晋称"海内剧邑",唐代属"浙东七州之首城",尔后又是南宋王朝的临时首都和陪都,直至清末仍有"浙江巨邑"之称。她是春秋时期所建 146 座诸侯古邑中迄今保存较为完整,且政治、经济、文化仍在原城址的 6 座古城之一。① 千百年来,越地一代代仁人志士在创建灿烂的物质财富同时,也留下了众多令人景仰的历史文化遗存。同样,源远流长的越地经济演变轨迹,如今已经沉淀为一层层丰富多彩的历史文化,包括物态文化、习俗文化和精神文化三个层面,并向多角度、宽领域延续和渗透,在生产和生活实践中处处凸显其高雅的丽质。

---

　　① 这 6 座古城是:洛阳、开封、曲阜、太原、苏州、绍兴。引自袁亚平:《人民日报》2002年 4 月 23 日。

一、越地经济发展的物态文化底蕴

文化底蕴是人或人群所秉持的长期积累下来的独特的区域性文化。文物古迹、民俗传统等历史文化的沉淀必然是区域文化底蕴中不可或缺的一部分。物态文化是通过人们制作并可感知或触摸的各种实物产品表现出来的物质产品，可谓包罗万象，主要包括食品、建筑、服饰、用品、工具等。越地经济发展的物态文化，以一种可视化的形式，表达、反映、折射越地的思想意识、审美价值和行为规范。最有代表性的，主要有以下六个方面：

（一）香飘万里的酒文化

黄酒是世界三大发酵酒之一，有"东方名酒之冠"之称的绍兴黄酒，是中国的"国粹"。绍兴有酒的文字记载当推《吕氏春秋》和《左氏春秋》。《左氏春秋》中的"越语"篇中记载越王为增加国家人口补充兵力和劳力，曾采用过一系列奖励生育的政策和措施。由此可见，当时已把酒作为生儿育女的奖品。《吕氏春秋》记载，越王句践在出师伐吴时，父老向他献酒，他把酒倒在河的上流，与将士们一起迎流共饮，历史上称之为"箪醪劳师"①。最早以绍兴地名作为地方名酒之名的当推南朝梁元帝萧绎所著的《金缕子》，书中提到"银瓯一枚，贮山阴甜酒"，其中山阴甜酒中的山阴即今之绍兴。晋代嵇含所著笔记《南方草木状》中第一次提到了女酒，也可知道当时酿酒已普及到家庭中，嵇含为今上余人，此女酒即后来声誉鹊起的女儿酒"花雕酒"的前身。南北朝时，绍兴酒被列为给皇帝的贡酒。唐代的绍兴酒，其名气不及当时的浙江乌程（今浙江吴兴）的若下酒，但不像若下酒在宋以后便销声匿迹。在唐代，绍兴酒以其独特的地方魅力，仍然吸引着无数名人墨客、名人志士，"酒八仙"之首的贺知章、诗仙李白，以及白居易、元稹、方干、张乔等著名诗人，以饮绍兴美酒、赏稽山鉴水、留千古诗篇为畅事，都曾在越地留下了不少对越酒的吟咏和高歌。比如，白居易等诗人曾

---

① 《吕氏春秋·顺民篇》。

称越州为"醉乡";张乔曾发出"东越相逢几醉眠,酒楼明月镜湖边"①的咏叹。南宋时期,赵构皇帝以"绍万世之宏休,兴百王之不绪"之义,改年号为绍兴元年。由于绍兴酒业的兴盛。"南渡行都有官酒库,每岁清明前开煮,中秋前卖新,先期鼓乐妓女迎酒穿市,观者如堵。"②当时,"竹叶青"、"瑞露酒"、"蓬莱春"、"堂中春"等各种酒名也陆续出现。

明清时期,可算得上绍兴酒发展的第一高峰,不但花色品种繁多,而且质量上乘,确立了中国黄酒之冠的地位。据史料记载:"府城酿酒甚多,而豆酒特佳,东师盛行,近省地每多用之。"③当时绍兴生产的酒就直呼"绍兴",到了不用加"酒"字的地步,特别是清代设立于绍兴城内的沈永和酿坊,以独创的"善酿酒"享誉海内外,康熙年间的"越酒行天下"之说即是当时盛况的最好写照。民国时期由于酒税的加重,酿户大为减少,然大酿坊在减少产量的同时花力气提高质量,保证质量。1915年,绍兴酒参加在美国旧金山举办的巴拿马太平洋万国博览会,"云集信记"酒坊的绍兴酒获得金奖。1929年在杭州举办的"西湖博览会"上,绍兴"沈永和墨记"酿坊的"善酿酒"荣获金奖。目前,绍兴黄酒"六分天下有其一",年产量为27万吨。

绍兴酒文化既彰显自绍兴酿酒开始直至现代制酒工艺的全部历史发展过程,也涵盖绍兴民众的酒风、酒情、酒俗。由于人民生活水平的不断提高,消费观念的悄然改变,黄酒的低度、营养、保健的优势得到显现,喝黄酒(特别是绍兴黄酒)成为一种享受、一种陶醉、一种休闲、一种温馨。与此同时,绍兴黄酒作为我国历史最悠久的酒种,经过历代炎黄子孙几千年的养育和呵护,已经与绍兴文化相融相随、密不可分。近几年,绍兴市倾力打造的"中国黄酒博物馆"、"古越龙山中央酒库酒文化长廊"以及"古越龙山黄酒工业园区",让更多的人们在品尝醇厚的老酒时,能"尝"出里面蕴涵的文化积淀。同时,也期待着绍兴酒的浓郁香气能带着绍兴文化飘散到全国乃至全世界。

(二)回味无穷的酱文化

绍兴民谚有"绍酒行天下,酱园遍全国"的说法,具有悠久历史积淀的

---

① [唐]张乔:《越中赠别》,《全唐诗》卷六三九。
② 明冯时化《酒史》引宋人杨炎正《钱塘官酒》一诗的自注说。
③ 明万历《绍兴府志》。

酱缸文化让人回味无穷。绍兴酱园业主要产品为酱油、腐乳、酱制品,米醋等。它起源于六千多年前的民间,比黄酒还早了二百多年,是"三缸"中历史最悠久的。据考证,魏晋时期就开始生产。据史料记载,绍兴最早的酱园是创办于明崇祯十六年(1644)的俞合兴。其后,城区的咸亨、谦豫、沈通美、同兴,县区的宋文盛、仁昌;上虞县的协和、义和;新昌县的恒德;诸暨县的鲍同仁等酱园相继开业,到清朝时清政府规定,开设酱园须经官府批准,故那时起,酱园称做"官酱园"。

清朝光绪年间起,绍兴酱园业同仁以亲带亲、友携友方式,在全国 21 个省的大、中小城市陆续开设酱园四五百家,由于他们勤奋耐劳,以诚待客,所以酱园业枝繁藤蔓,遍及全国,当时绍兴酱园的发展路线,先东北,次京津,以后渐至河北、山东、苏沪、浙赣、两湖,最后向西南及两广并逐渐扩展到澳门、香港等地区。绍兴去外地经营酱业的人,大多数为绍兴县旧南池区筠溪(即甘溪)、紫红山、大庆、岭下一带山区的人。他们都十分讲究质量,重视信誉。在原料上无论主要的豆、麦、米或其他辅料,无不认真选择,从不马虎,在技术上,精益求精,一丝不苟,所以生意十分兴隆。至清代晚期,绍兴的酱业达到鼎盛期,有"天下酱业无人不说少,九州之内司厨中馈者鲜有不知绍兴者"一说。清末民初,绍兴部分酱制品先后参加南洋劝业会、巴拿马太平洋万国赛会和西湖博览会,参赛展品有棋方、酱菜、酱姜芽和米醋,分别获得了特等奖和赛会奖。

绍兴素有酱缸、酒缸、染缸"三缸"文化城市之称。绍兴的俞合兴酱园是中国最早的酱园工业之一,其对中国的酱业发展曾产生过重大的影响。20 世纪 30 年代,是绍兴酱园的鼎盛期,各酱园的生产量都很高,其中最著名的是谦豫和咸亨两家酱园。谦豫酱园拥有资金六七万元,钱庄收储十余万元,场地十多亩,缸千余只,有三大作坊,还有豆仓、麦仓、盐仓、发酵房及其他仓库。劳工达二三百人。每年制酱两千缸以上,酒三四百缸,腐乳二三万坛。咸亨的规模与谦豫差不多。该园以制腐乳著名,以"无敌牌"为注册商标,1909 年获南洋劝业会奖章。1915 年又获巴拿马赛会奖状;在国内 1929 年获西湖博览会奖章。日军侵绍后至 1943 年,酱园业出现萧条现象,腐乳仅产二万多坛,酱七千多缸。战后稍有复苏,但产量远未达到战前水平。1945 年新中国成立前夕,绍兴市区共有酱园十七家。

酱品是酱文化的物质体现。作坊酱人在传统酱园里艺术性劳动的结晶,就是传统酱品。(1)绍兴腐乳,是绍兴酱缸文化的重要物质构成部分。它以黄豆为主料,绍兴黄酒、鉴湖水为辅料。腐乳又分为红腐乳、白腐乳、棋方腐乳、霉千张几类。(2)绍兴红酱,为酱制品原料。以黄豆、面粉为原料,通过自然发酵和阳光曝晒而成。有咸、甜、辣三类。咸酱有原面酱、豆板酱;甜酱有梅酱、桃酱;辣酱有辣油酱。从古以来,绍兴城乡人家有自制红酱的习惯,多为自食。(3)绍兴酱油,是酱制品中的大宗产品。品种有母子酱油、太油等。其他,历史上山阴、会稽所产青瓜等产品还上贡给皇帝,所以素有"贡瓜"之称。南乳汁为红腐乳传统的副产品,民间素有用红腐乳汁烧肉习惯,鲁迅先生就很喜欢食南乳肉。

(三)"日出万丈"的染文化

广义的绍兴染(缸)文化,其实就是纺织文化。纺织既是产业,更是一种文化。据史料记载,在新石器时代,于越先民开始用葛、麻等野生作物韧皮纤维纺纱织布,偶称"越布"。随着岁月的流逝,越布产量逐年上升,越王句践一次就献给吴王夫差葛布十万。至汉代,山阴越布曾被列为贡品。三国时,越布蜚声海外。魏晋南北朝时,葛布、麻布已成为江西百姓主要衣饰,唐代,越州的交梭白纱、花纱全国闻名,畅销各地。宋代,棉花种植业传入浙江后,越地农村始有棉纱、棉布土纺土织业。明代成化年间曾有诗云:"女织有余布,男耕有余谷。"随着生产的发展,越布持续畅销,到明代后期就出现了印染业。绍兴府山阴县有许多农户以种蓝(主要是蓝靛和红花)为业。① 到了清代乾隆年间,越地城乡的炼染业开始逐步发达起来,并出现"练色比生邻,凌晨展素镐"的盛况。许多染坊招收艺徒,雇佣工人,生产规模逐年扩大。嘉庆年间(1796—1820),山阴县还设有官办织染局来掌管全具纺织印染业。宣统初年,会稽具有民间染坊 35 家,那时普遍采用"一只淘锅二根棒,一顶土灶二只缸"的手工生产方式,使用植物颜料染色,当时农村较为多见的是采用媒染法染靛蓝色。晚清时,仅华舍一地就"日出万丈绸"的说法,是当时名副其实的"出产锦绣之乡,积聚绫罗之地"②,直到清末,绍兴府继续保持浙江四大丝绸生产基地之一的地位。

①　参见金普森、陈剩勇主编:《浙江通史》(明代卷),浙江人民出版社 2005 年版,第 217页。

②　《绍兴市志》卷十一,浙江人民出版社 1996 年版,第 702 页。

改革开放以来,由丝绸业发展而成的纺织业,已成为绍兴重要的支柱产业,绍兴已经成为国内重要的纺织制造业基地。全市纺织业完成的销售占全国纺织业的7.8%、全省的32%,实现利润占全国的7.5%、全省的30%,自营出口占全国的5.8%、全省的28%。其中,绍兴县是全国第一纺织大县,纺织业占全县经济总量的70%,从业人员二十余万人,生产着全国1/4的面料、30%的印染产品、全球1/4的化纤面料。全市六个县(市、区)的纺织工业在全省都占据重要一席,已拥有"化纤布生产量、领带生产量、袜子生产量、纺织品成交量"四个全国第一。从总产能占全国的比重看,聚酯占25%,涤纶长丝总产能占35%;年产各类织物占1/6;印染布占32%;各类服装占2%;领带占80%;袜子占65%。举办了中国纺织品博览会,提升了纺织业的整体形象。可见,"中国纺织看绍兴"的品牌效应已日益彰显。

实践证明,创意文化是绍兴纺织业发展的"助推器",它可以实现文化创意产业与纺织完美对接。在经济活动中注入文化含量越多,物质生产中产品档次和附加值就越高,竞争力就越强,效益就越好。目前,绍兴的纺织业正处在一个由技术型向技术与文化创意相结合转变、由制造型块状经济向创新型产业集群转变的重要时期。绍兴正在致力于引进或培养面料、服装、家纺等研发设计机构和设计师,大力鼓励创意设计,让他们将更多的文化融入到纺织品设计中;努力营造纺织创意的良好氛围,使绍兴真正成为全国著名的区域性纺织文化品牌。所有这些,都将大力推进纺织制造产业向纺织创意产业的跨越式发展,让纺织文化创意成为纺织产业未来发展的高速引擎。

(四)韵味浓醇的茶文化

平水珠茶,亦称圆茶,是浙江独有的传统名茶,素以形似珍珠、色泽绿润、香高味醇的特有风韵而著称于世。平水,是绍兴县东南一个历史悠久的集镇。唐时,这里已是有名的茶、酒集散地。清代至民国的近300年间,这里成了珠茶的精制加工和集散中心,故国际上称其为"平水珠茶",并一直沿用至今。珠茶销往国外后,译名很有趣,外国人译为"Gunpowder",中文之意为火药弹,在来福枪发明前,枪弹亦浑圆如珠球,故译名形象生动。

据考证,珠茶是由日铸茶演变而来。宋吴处厚《青箱杂记》称:"越州日铸茶,为江南第一。日铸茶芽纤白而长,味甘软而永,多啜宜人,无停滞酸噎之患。"日铸茶产于绍兴东南会稽山脉的日铸岭,相传古时欧冶子于此铸五剑,其岭下有寺名资寿,其阳坡朝暮常有日,产茶奇绝,故谓之日铸茶。宋代起日铸茶就被列为贡品,不少文人墨客也为此吟诗赞赏。陆游在他那首吟赞日铸茶的《安国院试茶》诗后注云:"日铸则越茶矣,不团不饼,而曰炒青,曰苍鹰爪,则撮泡矣。"这是一条有很重要史料价值的诗注,从中可知,在800年前陆游那个时代,平水茶区已出现了类似现今的炒青散茶,采取了与今人相仿的用开水冲泡饮用的方法。由于炒青制法历史悠久,茶农摸索出一整套掬、挪、撒、扇、炒等工艺和收藏方法,使日铸茶的内在品质得以充分发挥。明许次纾在《茶疏》中说:"浙之产,又曰天台之雁荡、括苍之大盘、东阳之金华、绍兴之日铸,皆与武夷相伯仲。"日铸作为皇家珍品,声誉极高。日铸茶细采精制,明代闻龙《茶笺》中就对日铸茶的采制作过详尽的记述:茶初采摘时须拣去枝梗老叶,唯取嫩叶,又须去尖与柄,恐其易焦。炒时须一人从旁扇扇,以去热气,否则黄色、香味俱减,炒起出锅,置大瓷盘中仍须急扇,待热气稍退以手重揉之,再入锅文火炒干入焙,并揉到其津上浮时香味易出。

现代珠茶的采制与上述的日铸茶相仿,鲜叶采下后,经过杀青、揉捻、炒二青、炒三青、做对锅、做大锅而制成。其加工技术,经过长期演变和发展,产品外形、内质不断改进,而始终保持传统风格:外形浑圆如珠,紧结重实,色泽绿润,光洁起霜;内质香味浓醇,经久耐泡,茶汤清澈,芽叶完整。平水珠茶的制作,主要分初制、精制两个阶段。初制,历来由茶农自己完成。茶区农民,家家自备炒茶灶,靠手工翻炒。鲜嫩青叶,通过杀青、揉捻、干燥三道工序,制成圆毛茶,亦称圆炒青、平炒青。新中国成立前,精制珠茶由茶栈经营,作坊式生产,使用竹筛、木砻、风车、灶、平锅等简易工具,采用传统"分筛路取料"方法加工。各栈之间技术垄断,无统一工艺规程,凭经验"看茶制茶",质量标准不一。过去人工制茶非常辛苦,现已实现制茶全程机械化。

几百年来,珠茶外销不衰,成为我国主要出口绿茶产品。2009年绍兴市出口珠茶6.7万吨,占全国出口茶叶总量的1/4,占全国珠茶出口量的70%以上。主要出口欧洲和非洲的许多国家,有稳定的市场,深受消费者的信赖。现在珠茶产量越来越多,而且质量要求有更大的提高,除了对珠茶原产地的保护之外,还需要有更多的优秀的制作技艺者,以确保珠茶的质量,因此,对珠茶制作技艺的传承和保护也就更显得十分迫切和重要。

(五)独具"四清"的兰文化

作为我国一种以香著称的花卉,兰花以它特有的叶、花、香独具四清(气清、色清、神清、韵清),给人以极高洁、清雅的优美形象。古今名人对它品价极高,被喻为花中君子。早在远古时期,中国就有先民种兰的传说。晋《拾遗记》称:"须弥山第九层,山形渐狭,下有芝田蕙圃,群仙种耨焉。"宋《路史》曰:"帝尧之世,有金道华种兰。"越地栽培兰花的历史可追溯到距今 2500 年前春秋时期的越国。《越绝书》中"句践种兰渚山"的描述是我国"艺兰"历史的最早记载。由于句践种兰,兰文化也成了越文化的一个组成部分。

盛产兰花的越地南部会稽山脉,气候湿润、光照充足,很适合兰花自然生长。在这里诞生的"艺兰"是古城绍兴特有的传统民俗。"书画琴棋诗酒花",历史上"艺兰"是人们的文化雅趣,它也与戏曲、书画、古玩一样受到了古城人们的喜爱。四时八节、红白大事、官场仕途、邻里街坊,无不留下兰花的馨香。无论是台门院落、还是商店柜台,人们都会栽种、摆放兰花。"艺兰"习俗成了绍兴特有的文化现象。东晋永和九年(353)三月初三,王羲之约友人在盛开幽兰的兰亭修禊,挥写了被誉为"天下第一行书"的《兰亭序》。从此,"剑胆兰风"成了绍兴的文化基因,独特的文化基因孕育了一代又一代的绍兴文化名士,陆游、徐渭、秋瑾、鲁迅、周恩来等许多绍兴名人都与兰结下了不解之缘。唐宋时期,兰就进入了寻常百姓人家。自明清起,绍兴及周边城市就诞生了众多的"艺兰家",并按"人以端严为重,兰亦以端严为贵"的赏兰理念,创立了兰花的"瓣型理论"。从此,"品兰为雅,艺兰为尚"成为人们的一种时尚和追求,与收藏书画、收藏古董一起成为明清时期江南一带特有的文化活动。

明清时期,越地产兰吴地赏,成了艺兰的一大特色。越人具备的以柔为主、刚柔相济的性格也融入了兰文化之中。越文化塑造了"国兰"的品位,而文化经济创造了"国兰"的经济价值。吴越文化为中国兰文化的发展提供了沃土,同时,兰文化也为吴越文化的人文精神注入了新的活力。据文选记载:春兰中的宋梅、集圆、龙字、汪字等四大名种,蕙兰中的"八大老种"、"八大新种",大部分都出产于浙江宁绍平原的会稽山脉之中。民国时期出版的《兰蕙小史》上记有的一百余只兰、蕙名种中,2/3 是绍兴兰农发现的。从乾隆时期开始，绍兴、杭州、苏州、上海等地每年都要举办大型"兰会"，各地的兰家都会挑选精品兰、蕙赴展。自明清起，绍兴漓渚还出现了一大批以挖兰、育兰、卖兰为生的兰农(商)，他们以此为业，农忙时务农，农闲时贩兰。这些兰农(商)将绍兴的"艺兰"风俗带到了浙北、苏南、上海及全国各地，并逐渐扩展至港台地区和日本、韩国、东南亚各国。

艺兰既是一种传承民族传统、修身养性的休闲文化，也是一门直接与大自然交流、涉及文学、美学、科技、市场等知识面很广的一门综合学科。它不仅使人获得了许多知识，而且能给忙碌的人们一片宁静的思考，从中感悟兰性，学习兰艺，体会兰德，滋生兰情，逐步完成自身品德之修养、达到平和之心的目的。因此，"艺兰习俗"是中华传统文化的缩影，也是世界的文化财富。正如文怀沙先生所说："孔子尚正，老子尚清，释迦尚和，三个核心'正、清、和'是东方文化的核心，是中国传统文化的深邃。而中国兰文化正是中国传统文化的浓缩。"①目前，兰属植物为国家一级保护植物，已被列入国家濒危植物名单中。流传在民间的兰花诗、词、书、画、故事、传说、著作、栽培技艺等兰文化遗产，亟待保护。近年来，兰花已相继被命名为绍兴市花和浙江省省花，这将为"艺兰"注入新的活力，为艺兰文化的传承和发展奠定了扎实的基础。

（六）千姿百态的桥文化

越人擅长拱石为桥。绍兴城宋代记载的桥有 99 座；清代有桥 229 座，每 0.03 平方公里一座，堪称"桥梁博物馆"。各式古今桥梁有一万多座，遍布城乡各地，故绍兴素有"万桥市"之称，且品种之全、造型之奇、保存之好均居全国之首，其中"中国最早的立交桥"南宋八字桥、"中国古代最长的桥"唐代古纤道等名桥，被学界誉为建造技艺"科技文物"的新昌的迎仙桥与嵊州的玉成桥等，驰名中外。桥的确是越州大地上的一曲绝唱，足以使她在经济和社会演进中立于不朽。我国著名桥梁专家茅以升说："桥梁史并非流水账，而是生产发展的写照，生产对桥梁提出要求，同时也给它以物质条件。桥梁构造演变总是和生产发展相适应的。"②从造舟为梁的浮桥到

①　引自马性远、马杨尘：《中国兰文化》，中国林业出版社 2009 年版，"序"。
②　茅以升主编：《中国古桥技术史》，北京出版社 1986 年版，第 79 页。

木桥、石桥,再到当代的钢筋水泥桥;从横溪小桥到跨江公路、铁路大桥;从民间自发造桥到政府规划建设;从民间土法架桥到科学设计现代化大桥,无不应了上述语理。

绍兴桥文化是越文化的重要组成部分,正如茅以升所说:"桥梁是一国文化的表证。"①"三山万户巷盘曲,百桥千街水纵横","垂虹玉带门前事,万古名桥出越州"②,我国古园林建筑学家陈从周教授的这一番描绘,充分展示了"桥乡"境界。在绍兴水乡,千姿百态的桥,使因河流阻隔而分割的地区形成了一个整体,使深堑巨谷因溪流奔泻而相见不相通的山村互通往来。它促进了生产发展,社会进步,为人民生活带来了方便和欢乐,因此建桥修桥是民众的呼声,是繁荣经济、发展生产力的必要条件;反过来说,一座座桥又如一座座历史丰碑,展示着绍兴各个时期经济、文化和科技的实力,它不仅作为一种建筑物,生产与生活的必需品出现于社会,而且在它的身上又体现了桥梁科技、桥梁美学、咏桥颂桥的各种文艺样式以及各地的民俗风尚、伦理道德等,这种以桥的物质外壳与丰富的文化内涵的结合,便构成了绍兴的桥文化。

绍兴桥文化是不断创造的发展中的文化。有人用诗画描写;有人用影视表现它,有人用桥饰美化它,有人用故事传播它,所以随着时间的推移,桥文化的积淀越来越丰厚,这是桥文化无限生命力之所在。同时,从石桥的建造又引伸出绍兴古寺庙、古民居石柱、石窗、石础、石框的雕琢,从而形成了蔚为大观的绍兴"石材制作技艺"。与此相联系,还有城中的石板路、石河埠、石台门、石硝墙,以及众多珍贵的石刻艺术,也堪称石桥建筑文化中的瑰宝。因此,绍兴桥文化又具有多种功能、多种形式的特点。它展现在世人面前的,并不仅仅是交通工具,它的内涵深广无限。

二、越地经济发展的习俗文化遗存

从民俗学的角度来看,传统习俗是民族文化的载体,它浓缩着一个民

---

① 茅以升主编:《中国古桥技术史》,北京出版社1986年版,第79页。
② 陈从周:《山湖处处·续越州吟》,《绍兴石桥》,上海科技出版社1986年版,第217页。

族、一个区域的精神和风格，凸显着生活在那里的人们的价值和追求。风尚习俗是一个民族在特定的历史条件和地理环境中发展和承袭下来的、并在一定动机支配下体现出来的礼俗、民俗、风俗等文化形态。它是一种历史现象，也是一种文化现象，在越地风情中打上了深深的烙印，比较集中地表现在非物质文化遗产之中。近年来，全市收集非物质文化遗产资源项目3358项，成功申报国家非物质文化遗产保护名录18项，建立了一批市级保护名录和传承基地。这些非物质文化遗产是越地经济发展重要的文化遗存。

（一）风韵厚重的亲水情结

从一定意义上讲，越地经济发展史也是一部水利史。在绍兴历史上曾产生过举世闻名的水利工程及其治水功臣，也沉积着深厚的水文化。古越先民在对水的认识、利用和赞美中产生了包括亲水情结在内的水文化，而水文化又促进了对越地水环境的改造和理解。

"仁者乐山，智者乐水。"水文化凝聚成独特的绍兴水乡之魂，源远流长，凝铸在古越大地之中，印记在一代又一代绍兴人的心里，成为民众的理念、风俗、生活、审美标准的主要内容之一，是极其厚重的历史文化遗产。它包括：(1))治水理念。越地因水而灵，因水而名，因水而传。治水是历代越地民众生产、生活的重要内容，技艺因不断积累而提升，日臻娴熟，更富于科学性、合理性，凝结为水利智慧的宝库。为此，宋王十朋认为"越之有鉴湖，如人之有肠胃"；陆游说"世以己治水，而禹以水治水也"[1]；明季本称"善治越者，以浚河为急"；清俞卿"河道犹人之血脉，淤滞成病，疏通则健"。[2] (2)对地方吏治文化的影响。河流湖泊是江南水乡的重要交通线，几为主宰越地经济的命脉。于是，大禹来越治水，马臻创修鉴湖，以及后来越地太守有作为者，多把治水放在治绩之首。为此，绍兴民间流传着"太守清、河水清"之说。在古越大地，现存许多水利设施、堤坝桥涵、水圳塘堰，随处可见。这些治水遗迹，见证着古越先民的智慧和伟大创造力。(3)亲水的传统习惯。数千年的水环境养成了绍兴人亲水的传统。"白玉长堤

---

① 陆游：《禹庙赋》，《陆游集》第3册，中华书局1976年版，第112页。
② 引自《清代经世文编》卷三。

路,乌篷小画船。有山多抱野,无水不连天"的意境和理念,深深根植于绍兴人心中,一直延续至今。不仅是亲水,也是与自然融为一体,对水的欣赏与赞美,传承着一种生活习俗。

此外,水文化之恣肆汪洋与博大浩荡,造就了越文化具有较强的开放性。善于驾舟的古越先民"以船为本,以楫为马,往若飘风,去则难从"①。早在四五千年前,吴越人就已驾船航行到太平洋各岛屿,春秋战国时代,在吴国出现了来自西方国家的器皿。秦汉以后,与西北丝绸之路相比肩的就是海上丝绸之路和海上陶瓷之路,无论是异域文化的传入还是中国民众的海外移民或丝绸、陶瓷制品的输出,吴越地区都是不甘人后,更多的时候则是开风气之先。

不仅如此,水文化成为越地文学宝库的重要内容。古代绍兴吸引着无数文人学士,留下的诗文画图是水文化和文学艺术的结合体,《兰亭序》被誉为"与宇宙的对话"。绍兴酒必须以鉴湖水酿制,因之与水文化相得益彰,声名远播。蔡元培《越中先贤祠春秋祭文》:"岩岩栋山,荡荡庆湖";"荦清谷异,世嬗贤谞"②之句,精辟地道出了地灵人杰、人水和谐之关系。明末戏曲评论家祁彪佳曾说:"越中众香国也,越中之水无非山,越中之山无非水,越中之山水无非园,不必别为园,越中之园无非佳山水,不必别为名。"③说的是,越中士人都有修筑亭园的嗜好,整个越中都成了一座大花园。环城河突出的是水城文化,古运河展示的是运河文化,大环河表现的是生态文化和名人文化,龙横江反映的是帝王文化、鹿文化、酒文化。

总之,水是绍兴之命脉;绍兴的历史凝聚在水中,离开了水不但生态系统遭受破坏,也失去了绍兴的文明和发展。在绍兴,许多河道水面,本身就是文物;离开这些河道水面,绍兴的水文化就成了无本之木。绍兴独特的水乡风韵,孕育了辉煌的古越文化。

(二)浓重深邃的酒俗礼仪

习俗礼仪往往是一个民族文化延续、传播的重要途径或载体。在那里,人们通常遵循某些固定的程序和行为模式,而这些程序和行为模式既

---

① 《越绝书》卷八。
② 高平叔编:《蔡元培全集》,中华书局1984年版,第79页。
③ 祁彪佳:《越中园亭记》之三,《祁彪佳集》卷八,中华书局1960年版,第197页。

凝聚又规范着民族文化心理、宗教信仰和伦理价值观。绍兴是全国五大酒文化名城之一,酒文化内涵十分深厚。在绍兴,历史上许多英雄豪杰、文人墨客,借酒尽兴,留下了广为传颂的典故佳话和无与伦比的艺术珍品和丰富多彩的酒俗礼仪。众多的酒店小肆,纯朴的乡情酒俗,体现出浓重的"醉乡"氛围。

从礼俗层面看,黄酒作为我国历史最悠久的酒种,经过历代炎黄子孙几千年的养育和呵护,已经与中华民族文化相融相随、密不可分。它承载着中华民族文化中的一种礼仪、一种精神、一种艺术、一种习俗。儒家主张的礼治与黄酒的温文尔雅可谓是一脉相承,有着异曲同工之妙。在古代,祭祀是君王向臣民推行礼治的示范,酒宴席位的尊卑有别,仍然是以礼为核心的。经过千百年的洗礼、沉淀,酒礼约定俗成,自觉不自觉地成为各个阶层人士的一种行为规范,渗透到伦理道德、风俗习惯等各个方面,扎根形成了古朴厚重、生生不息的酒礼文化。在民间,山阴、会稽两县风俗,多于女儿出世时,即酿制若干坛酒,窖藏于"地窖子",以备他年女儿出嫁时陪嫁或供喜宴之用,俗称女儿酒。女儿酒酒坛均刻意彩绘,故亦称花雕酒。清梁章钜《浪迹续谈》称,绍兴酒"最佳者名女儿酒,相传富家养女,初弥月,即开酿数坛,直至此女出闺,即以此酒陪嫁,则至近亦十许年,其坛率以彩缋,名曰花雕"。绍俗,产子新酿之酒称"状元红"。

从精神层面看,从古到今,儒家思想的探求者努力进取、一往无前的人生态度和价值观念,从黄酒得以见证,借黄酒得以升华。越王句践卧薪尝胆,"十年生聚,十年教训",投醪劳师,一举灭吴,报仇血耻。在称霸中原后,句践置酒文台,举酒庆功。"鉴湖女侠"秋瑾把酒拔剑,"吾辈爱自由,勉励一杯酒",与黑暗势力决斗,不愧为一代女豪杰。徐渭才华横溢,倔强不驯,不畏权贵,杯不离手,醉中作画,留下不朽之作。与徐渭一样,当时绍兴一大批文人进入官府当官。他们有智有谋,刚柔并济,如同黄酒之秉性,不会轻易为五斗米折腰,道不同不相为谋,和则用,不和则去。正如清代袁枚《随园食单》中赞美的:"绍兴酒如清官廉吏,不参一毫假而其味方真;又如名士耆英,阅尽世故而其质愈厚。"袁老夫子把黄酒比作廉吏,不仅是对黄酒的由衷赞叹,更是对黄酒之魂的精辟提炼。

从文学层面看,浓浓的黄酒中渗透着无数名人趣事美谈,黄酒史其实是一部人文史,具有强大的文化张力。在历史上,绍兴黄酒的美味陶醉了诸多文人墨客、名人志士等千古风流的人物，演绎了无数人文佳话。最令人称道的当属"曲水流觞"这一千古风雅酒会。东晋永和九年，大书法家王羲之和当时名士谢安、孙绰、许询、支遁等42人在会稽（今绍兴）兰亭举行了一场别开生面的诗歌会，曲水流觞，即兴赋诗。王羲之更是趁着酒兴写下名震千古之《兰亭集序》，传说王羲之后来多次书写都不能达到原来的境界，不仅表明艺术珍品需在天人合一的环境下造就，也在一定程度上表明了酒的神力。唐宋大诗人大词人对酒也情有独钟，经常借酒作诗抒情。贺知章晚年从长安回到故乡，寓居"鉴湖一曲"，饮酒自娱。李白《重忆》中"稽山无贺老，却棹酒船回"，表达了他对贺知章的深深怀念之情。陆游曾自称"放翁烂醉寻常事"，他在《醉中书怀》一诗中写道："平生百事懒，惟酒不待劝"，表达了他对酒的喜爱之情。鲁迅笔下的咸亨酒店，已经成为绍兴游客的必到之处。酒以城而名，城以酒而扬，绍兴黄酒已经成为绍兴一张金灿灿的文化名片。

（三）淳朴凝重的生计习俗

"千里不同风，百里不同俗。"绍兴的"生计习俗"蕴涵着丰富的文化基因。它存续于生产、流通等活动的各个领域，其中某些习俗，有助于生产发展及流通活跃。由于农业及手工业生产受地域制约，商贸活动又因行业而异，此类习俗有明显的区域特色。

从农事习俗看，在由狩猎进入农业垦殖之后，稻谷是古越先民赖以生存的物质条件。由于他们对这种天赐的物质条件不能作出科学的解释，认为这是冥冥之中的神安排的，于是把稻谷及其土地加以神化，在不同的节令都要举行相应的生产祭祀，以祈求风调雨顺。如迎春牛、撒谷籽、开（关）秧门、尝时新、"抢蚕花"、"放青"、"'斫'果树"等习俗。所谓"迎春牛"，就是每年"立春"前一日，"自府县以下之官吏，均高车大马而出"，"备有春牛太岁"，以"占来岁农事之如何"。春牛有鼓乐前导，差役鸣锣开道，旗伞仪仗相随，太守或知县辈"父母官""持竿而驱行"，地方士绅鱼贯相送，观者如潮。及至农村，农民笑脸拱手相迎，以迎接"父母官"所送春牛，作为农事伊始标志。自此，农民结束春节期间娱乐，着手备耕生产。所谓"撒谷籽"，就是农民在清明前后晴天下午撒播稻种，以免烂秧。旧俗于撒种前，循例先燃三支清香，以祈五谷神呵护。"开（关）秧门"就是立夏前后，首次下田拔秧插种,先祀土地神,食餈、食糕,"餈"、"想"与"糕"、"高"均谐音,寓种田"有想头"(有希望)、收成高,意在祈求丰收。首位下田插秧者,秧把须均匀地抛至田中,称"打秧"。忌将秧把甩于人身,以免"遭殃"。缚秧稻草须埋入插好秧苗之田土中,秧苗不得种于秧缚草圈中,以免"子犯娘"。秧苗忌手手相传,以免患"秧疯"。插至田头,多余之秧须成把插于田土,称"多秧",祈当年多粮并供补苗之用。插秧结束俗称"关秧门"。是日,须于天黑前插完全部秧苗,如当日未完工,谓不吉利。"尝时新",就是稻麦登场时,要尝尝时鲜货。即以刚收获之稻麦加工为饭、面,先祭祀天地菩萨、五谷神、灶神及祖先,后按辈份尊幼依次品尝;诸暨等地有于祭神米饭上插三株煮熟稻穗之俗。"抢(踢)蚕花"就是在元宵节,舞龙看灯时,蚕妇须争抢"龙须"、"龙鳞"。抢来后,贴于蚕房墙上,以求蚕茧丰收。诸暨一带蚕妇,于农历二月十三日,多至祠堂上供、点香,举行"踢蚕花"庙会。用竹篾丝及彩纸,制成蚕状,称"蚕花",置之灶司前,祈求当年蚕壮茧大。"放青"就是清明后,农民开始放牧耕牛。会稽山区农民以养牛羊为传统副业。首次放青,多于牛角挂红丝绵以求吉利,饲牛粥、牛酒。牛羊多而辅助劳力少者,常与劳力富裕而无力购买牛犊、羊羔之家合饲。前者将犊、羔交后者饲养,后者于养成后与前者分享收益。这些习俗实际上是与越地稻作农事和节令食俗相对应的,具有丰富的农业文化背景。

从匠作习俗看,绍兴有崇祀祖师、悬青龙匾等习俗。旧时店堂中多供奉财神(赵公元帅),合伙经营则供关公读春秋像,以示"情契义深"。绍俗民间各种匠作,均崇奉本行业祖师爷,如酿酒业祀杜康、木匠祀鲁班、梨园祀唐明皇、铁匠祀李老君等。一般于店堂、作坊、工场设神位,挂神像行春秋两祭,亦有于开工前祭祀者。祭祀时间、方式等,因行业而异。店堂中设置显示商店特色的青龙牌招徕顾客,箔铺、箔坊、箔庄,俗多悬挂书有"洪武遗风"的青龙匾。

从商务习俗看,遍及城乡的米行、绸庄、当铺、酒肆、酱园、茶店等,虽各有经营特色与范围,但店堂格局大抵相似:店铺临街墙上挂店招,店堂设曲尺形大柜台,一边与街平行,另一边与其垂直,靠里一端竖"青龙牌"。牌上所书字样因行业而异,米行书"食为民天",酱园书"调和鼎鼐",酒肆书"太白遗风"、"刘伶停车"、"杜康佳酿"等。还有庙会进行集市贸易之俗。集镇多有"市日",于逢单、逢双或逢五、逢十之日,进行集市贸易。此外,旧时,店铺均设神堂,供奉"五路财神",并组织"财神会",于正月初五财神诞辰举行祭祀,祈求财源茂盛。

民俗文化作为透视社会的"广角镜",受到自然环境和社会条件的制约,往往具有鲜明的地域特点。在历史的演变过程中,根植于越地经济土壤的民间信仰不断地发展和繁复,于是各种习俗风情也随之而不断丰满,最后成为一种独特的行为体系。当然,绍兴历来民风淳朴,不可避免地夹杂着若干落后的封建习俗。但是,一方面,农事习俗在越地别具风情,反映了越地农民的期盼和祝福。另一方面,随着时代的变迁,这些文化习俗势必与时俱进,不断扬弃。

三、当代越地经济发展的文化动因

文化在经济发展中扮演着重要角色。任何经济现象或经济模式的生成背后总有某些文化因素在起作用,因为人的经济活动总是要受到其所在环境的文化传统、价值观念的影响。改革开放以来,绍兴在兼容以民营经济为主体的"温州模式"和以乡镇集体经济为主体的"苏南模式"的同时,充分发掘绍兴深厚的历史文化底蕴和体制创新的先发优势,走出了一条既反映绍兴地方特色又符合市场经济发展方向的"绍兴模式"。从深层次分析,在这一模式蕴涵着厚重深邃的文化动因。就是说,"绍兴模式"是越文化与越地区域经济交融互动的结果。

(一)当代区域经济发展的"绍兴模式"及其特点

"绍兴模式"的基本内涵是:在独特的人文精神诱致下,由"适度"无为政府推动,通过上下结合、供需互动的制度变革带来先发优势,并以乡镇单元为基础、民营经济为支柱、市场价值为导向,城市与农村协调,强市与富民同步,区域之间、经济与社会之间以及人与自然之间相对比较和谐的区域发展模式。

这种发展模式的显著特征,一是并有发展的多元主体。绍兴近不效仿"温州模式",远不照搬"苏南模式",也不盲从"珠江模式",而是力求把它们的长处结合起来,坚持多种所有制主体以其各自基础对生产力状况的适应性,并存于各经济领域,协同发展。在规模以上工业经济中,各种产权相互融合的股份制经济和分资经济占52.8%。二是适时"跟进"的改革策略。在历史机遇面前,绍兴善于审时度势,因势利导,适度超前;善于把握节奏,不事张扬,随机应变,这种稳健型的改革导向,较好地获得了体制创新带来的先发优势,又避免了转型时期因制度变迁而导致的高成本和高风险。三是活力强劲的产业集群。这种在一定区域内集聚而成、具有比较优势、能带动当地经济发展的特色产业组织形式,是绍兴混合经济的支撑力量,也是打造长三角"金南翼"先进制造业基地的重要依托。四是内外并重的市场导向。绍兴经济走的是一条由内而外的市场开拓之路,即先利用国内市场做强做大,再顺势而为,勇闯国际市场,实现两个市场齐头并进,均衡发展。五是协调发展的城乡格局。绍兴农业村工业化造成了分散型的城市化,城乡之间在经济发展、生态建设和环境改善诸方面,互动互补,共生共荣,协调推进。

从改革开放以来绍兴经济发展的轨迹来看,"绍兴模式"具有很强的生命力和创新力。这种发展模式有三方面特点:

第一,"绍兴模式"具有超前性。民营经济是造就"绍兴模式"的中坚力量。而引领民营经济方面,绍兴有着较强的超前意识。20世纪80年代末,当其他地方还在争议"民营经济"概念是否科学的时候,绍兴就率先召开了发展民营经济大会。在绍兴人看来,"民营经济"的概念比个体经济更大,比集体经济更活,比国有经济更广,就是以乡镇企业为成长基础,是个体私营经济的放大,是原生态私营企业的提升,是集体经济的转型,是混合所有制经济的雏形。于是,在实践中绍兴较早地实现了乡镇、集体企业的改制,较早地推动了民间资本与国家资本的联合,较早地推行了混合型经济发展模式,较早地推进了企业上市,先人一步完成了企业的集聚,抢占了企业发展的先机。这与绍兴人发展理念的超前性和引领性是密不可分的。

第二,"绍兴模式"具有兼容性。"苏南模式"是指以发展乡镇集体企业为主的地方政府推动型模式;"温州模式"是指以家庭经营和发展个私经济为主的发展模式。从初始动力看,"温州模式"属私人发动型,"苏南模式"属政府(或社区)发动型,"绍兴模式"则兼而有之;从筹资途径看,"苏南模式"倾向于外来资本嵌入型,"温州模式"倾向于自筹资金内生型,"绍兴模式"则倾向于内外结合型;从路径依赖看,苏南是典型的"自上而下"的体制

越文化通论

第六章 当代越地经济发展的历史沉淀

内供给型、强制性制度变迁,温州则是自下而上的体制外需求型、诱致性制度变迁,绍兴则兼而有之。就是说,与苏南、温州相比,"绍兴模式"因地制宜,各取所长。因此,它既具有很强的本土附着力,又具有很强的社会吸纳力和辐射力。在形成过程中,一方面大胆地借鉴了温州的私营机制,依靠"优胜劣汰"的市场培养出一支具有创造精神的企业经营者队伍;另一方面又虚心吸收苏南经验进一步"向外走"。在此基础上,进一步瞄准省内市场,大力提升技术和品牌,积极引导企业往集群经济的深处走,往知识型经济的高处走,往外向型经济的远处走。从经济视角看,"绍兴模式"最显著的特征就是:乡镇基础、民营机制、市场经济。这是兼容"温州模式"(个私经济、私营机制、市场经济)、"苏南模式"(乡镇基础、集体机制、外向经济)的结果。归根到底,从文化的生成层面看,在绍兴人的内心深处具有一种向内求生存的忧患意识,向外开放的接纳心态和开拓进取的运行机制。

第三,"绍兴模式"具有和谐性。绍兴的民营企业家跟其他企业家不一样,他们在"公"的环境和"私"的环境中都经历过。对计划经济条件下和目前多种经济成分并存空间里的生长方式都很明白,所以素质较好,起点较高。为此,在绍兴发展过程中,表现出一种"和谐力",包括经济与社会的协调发展、文化与经济的互促共进、企业与社会和谐互动,以及经济发展与生态环境、本土经济和外向经济都较为融洽。再则,由于外来资本的动机主要来自对地方廉价劳动力的利用,企业的社会责任感很难培育或持久,而本土资本则因为受地方归属感等因素影响,往往表现出较强的区域植根性,较能注重企业的社会责任。因此,与"苏南"、"珠江"模式不同,在以"本土经济"为主体的绍兴,企业中的劳资关系也显得比较和谐。

总之,从经济与文化互动的辩证法原理来审视,今天的经济就是昨天的文化。绍兴混合经济发展模式的形成,只能来自独具特色的传统历史文化土壤之中。

(二)历史上越地经济发展中蕴涵的多重文化品格

从文化结构上来说,整体文化的生成是多个区域文化的有机聚合与相容,而从文化对于人的影响来说,区域文化原型的影响最为深远。在一定区域中,类似的文化特质构成一个文化丛,分别的文化丛相区别,如吴越文化。各文化丛中又包含着许多亚文化丛,如吴越文化中有沿太湖周边的吴文化,浙东地区的越文化等。随着区域经济社会的发展,某些亚文化丛往往以其鲜明的特色,突出于文化丛中。吴越的共性是"水文化",但吴文化之"水"重在江湖,良田桑畴,平原沃野,以传统耕织为主;越文化的"水"则为海洋,尤其是浙南沿海的闽浙丘陵地带,陆地资源不足以供百姓的生存之需,只好向海洋谋求生机。从宏观角度看,在东南沿海区域的吴越文化丛中,占统治地位的内陆文化占据着苏南地区,而温台地区则染上了浓重的海洋文化色彩。介于两者之间,宁绍地区则地处内陆文化与海洋文化的文汇区,在多元文化的碰撞下,在丰富多彩的历史传统文化影响下,历史上绍兴文化具有多重文化性格,从而对绍兴区域经济发展路径造成多角度、多重性、多层面的影响。

一般地,在内陆文化中,从政与经商、为官与为学、传统与创新、"务虚"与务实等往往成为绝对对立的两个极端,两者似乎是水火不相容的,前者必然否定后者,后者肯定排斥前者。这是延绵几千年的封建文化的主基调。

但是,在绍兴,由于多元文化潮流的激荡,奇迹般地出现了上述"矛盾"既"对立"又"统一",既"相反"又"相成"地和谐地结合在一起,构成了历史上绍兴人所独具的多重文化品格。突出表现在:

亦文亦商,儒商结合 历史上,绍兴文人"下海"经商者并不鲜见,这使商人队伍具有比较高的文化素养,带有某种"儒商"意韵。在绍兴历史上,计然和范蠡便是中国最早的两位儒商代表。据司马迁《史记·货殖列传》记载,计然博学聪颖,曾南游至越,受越王句践礼遇。他提出的经商"七策"为兴越灭吴奠定了经济理论基础,其核心就是注重供求关系,以"息货"(防止商品呆滞)而赢利。范蠡功成身退,隐姓埋名,乘一叶扁舟浮于江湖,经营商业,成了拥有数十万家财的巨富。他的儒商精神是不断地追求、创造、积累财富,当他有了数十万家财后,却把家财散给穷人,到当时的交通枢纽之地、商业中心"陶"(在今山东定陶县西北)经商,19 年中又三致千金,家产达亿万。他开创了文人经商的中国商业传统,又有神奇的令人叹为观止的经商技巧,极受人们的尊重和爱戴,被以后的历代人们尊为"商圣"、"财神"。此外,王艮本人即由经商发家,然后才转向治学。①

---

① 参见侯外庐等主编:《宋明理学史》下卷,人民出版社 1987 年版,第 421—427 页。

亦官亦学,官学结合 一边做官一边做学问,在绍兴名人中俯首可指。被李贽奉为"儒子名臣"的王阳明,虽官拜兵部尚书,却先在越中稽山书院设馆讲学,后又自立阳明书院,广招弟子,创立了"阳明心学",并成为整个中晚明影响十分广泛而又深刻的社会思潮。明末蕺山学派创始人刘宗周官至礼部主事,他不仅是一位勤政廉政的名臣,更是一位宋明理学的殿军和著名的"儒学大师"。

亦"虚"亦实,虚实结合 在绍兴人们既"务虚"即重视思想观念的作用,又务实即重视社会实践。绍兴是历史上"阳明心学"的诞生地,人们自然以为这很容易导致重精神轻行动的后果。但是,绍兴人并未过分强调思想观念的先导性而陷入空谈妄议、知行脱节的泥潭,而是讲"知行合一","经世致用"。① 也就是,既受"心学"影响又重行求实。因此,在绍兴历史上,不仅文才众多,名士迭出,不乏一代学坛宗师,而且还涌现了一批泽被后世的"实干家"。这集中反映在兴修水利上。如马臻筑堤蓄水,形成烟波浩渺的鉴湖,造就了"鱼米之乡";贺循疏通浙东运河,竟达到"今之会稽,昔之关中"之境地;汪纲整修府城、浚治街河,使绍兴从此有了"天下绍兴路"之誉;汤绍恩修三江闸,令山会之水蓄泄有度,等等。众多贤士俊达的务实之举,见证了越地经济的变迁,推动着区域文明的演进。

亦旧亦新,承创结合 对于传统历史文化,绍兴人较好地处理了继承与创新的关系,既不全盘否定也不一味承接前人的文明成果,而是在继承中创新,在创新中发展。如出自刘宗周门下的明末"启蒙思想家"黄宗羲强调既不"弃古"又不"泥古",反对"一字一义皆圣人之用"的观点,主张不拘于传统,不流于时俗。他虽继承理学思想,但具有创新思想,尤其表现在他从儒学"天下为公"的理想出发,猛烈地批判了君主专制制度,成为清末维新变法的重要代表人物之一。他的民主启蒙思想比卢梭早一百年,比孟德斯鸠早七十多年,为此黄宗羲堪称是全人类启蒙主义的"启明星"。

(三)当代区域经济发展中形成"绍兴模式"的文化动因

区域性的越文化的一些重要特征,还会潜移默化地渗透到人们的思想、行为中。比如,古代越国卧薪尝胆、励精图治、开拓创新的自强精神,就

---

① 滕复、徐吉军:《浙江文化史》,浙江人民出版社 1992 年版,第 176 页。

是市场经济急需的主体性人格和创新精神。实践表明，文化因子总是"润物细无声"地融入"绍兴模式"的经济、政治、社会力量各个层面之中，成为经济发展的"助推器"、文明建设的"导航灯"和社会和谐的"粘合剂"。从深层次探析，"卧薪尝胆、奋发图强、敢作敢为、创新创业"的胆剑精神，是铸就"绍兴模式"的"文化灵魂"。以此为核心，"绍兴模式"还蕴涵着极其丰富的文化因子。

1. 开明大方与沉稳谨慎兼具的文化性格

"游过三江六码头，勿如伢绍兴街埠头"，是绍兴人开明与保守兼具这种文化性格的折射与显现。它蕴涵着两层含义。一方面，绍兴人开明、开拓、开放，不甘局限于一时一地，敢于"走出去"见世面，善于学习借鉴外地经验，具有较大的宽容性和外向度。绍兴地处东南沿海，水运发达，商贾兴盛。这种历史地理背景使绍兴一地风气较为开通，不固执，对新事物反应敏捷，善于学习和吸收，具有较大的宽容性和外向度，不像内地由于受制于传统的自然经济而自我封闭。绍兴民间诱语，如"好猫走四方，懒猫钻灶堂"，反映了绍兴人的开放型性格。追溯历史，自明代以来，绍兴一带学术更精深、民风更开化、经贸更繁荣，多种文明方式在这里碰撞，不管是保守还是开明都把这里视为前沿。另一方面，绍兴人容易产生自满情绪，且时时处处奉行中庸之道，说话办事往往留足一定的缓冲余地，过于沉稳、谨慎。"街埠头"是旧时绍兴城内舟楫云集、商贾繁华之地，便容易沉醉于自我满足之中，凡事往往过于沉稳、谨慎，缺乏"敢为天下先"的首创精神和敢闯敢为的恢宏气度。"脚脚走在路中央，勿怕别人话短长"，奉行中庸之道，办事喜欢随大流，不愿做"出头椽子"，认为出头椽子必先烂；所以"说活余地很大，办事余地很小"，不是开门见山，而是转弯抹角，让人可以从多种角度去理解。虽然绍兴人外出的人也不少，但往往走得不远，大多滞留在上海、杭州、苏南等周边区域，或在街门里当差，凭着小聪明当"师爷"，或做鞋匠、木匠、竹匠、泥水匠及做酒师傅、裁缝师傅，或做些小本生意，养家糊口，如此而已，而很少像温州人那样，背井离乡，闯荡世界，成就大业。

这种开明与沉稳兼具的文化性格，是一种内在的文化整合。正因为"开明""沉稳"不是落后、狭隘的代名词，更多地是意味着沉着、稳妥，遇事冷静而不冲动，务实而不浮躁；反之，正因为"沉稳"，使"开明"不会走向轻率、蛮干或作秀。其实，这是一种富于实践理性的文化品性。在实践中，这种文化性格对形成独具特色的"绍兴模式"起着至关重要的促进作用。比如,改革开放之初,国家大力提倡发展乡镇企业,绍兴不是照搬照抄"苏南模式"或"温州模式",而是提倡"集体为主、多轮并进"。这样,既适应了国家政策导向,照顾了各阶层的情绪,减少了改革阻力,也鼓励了个私经济发展,为民营经济留下了成长空间。在乡镇产权制度改革过程中,坚持不搞"一刀切",在客观上避免了由于制度创新可能带来的政治风险和稳定成本,走出了一条快速而又稳健的发展道路。

2. 自主进取与务实功利并行的价值取向

价值取向是人们的一种理想追求,是支撑其行为取向的内在驱动力。正如宋代大儒王应麟在描绘绍兴人品性时所云:"其民复存大禹卓苦勤劳之风,同勾践坚确慷慨之态,力作治生,绰然足以自理。"①一语道出了绍兴人进取与务实并行的价值取向。

这种价值取向首先集中体现在浙东学术文化之中。从汉唐、两宋至明清,先后有王充、王十朋、王艮、王阳明、刘宗周、张岱、黄宗羲、章学诚等鸿儒,自始至终贯穿了求实效的文化品格,十分强调"经世致用"。如东汉哲学家王充大力提倡"实和"、"知实",疾斥虚妄之学,十分注重学以致用;南宋王十朋主张学者须当为有用之学,反对"读书全不作有用看"的空疏做法;元朝王艮,明确提出"读书务求明现实用","学而无用,学将何为也";明代王阳明强调"为学重在实践,不实践不以为学",提出"知行并进";明末张岱十分鄙视那些只会抠书本,不通经济世务的"章句之儒";"方志之祖"章学诚强调学术研究必须"经世致用","得一言而致用,逾于通万言而无用者",治史之要在惩恶劝善,等等。但是,他们这些"务实"主张并未湮没自主进取理念。相反,绍兴学术名家不迷信过去结论,不拘泥于现存模式,而是十分崇尚变革与创新。如王羲之提出书艺不拘一家,他原师法于卫夫人,后博采众长,汇集精粹,一改魏晋以来质朴古板的波挑用笔,独创妍美劲健的圆转流利体,被后人誉为"书圣"。此外,谢灵运从玄言诗的迷雾中解脱出来,开创了"山水诗派"之先河;徐渭之奇之狂,就在于他在书画领域独辟蹊径,故"公安派"领袖袁宏道称他"一扫近代芜秽之习"②。如此范

---

① 引自鲁迅:《集外集拾遗补编·〈越铎〉出世辞》,《鲁迅全集》第 8 卷,人民文学出版社 2005 年版,第 327 页。

② 袁宏道:《徐文长传》,《潇碧堂集》卷十,上海古籍出版社 1979 年版,第 76 页。

例,不胜枚举。

不仅如此,这种价值取向还显现于绍兴传统的商贸文化之中。在古代自然经济条件下,统治阶级所倡导的价值导向是"重农抑商"、"崇本抑末",即视农业为天下之本,而将工商业视为"末业"。但绍兴人并不囿于此,而是明言功利,农商并重。越国大夫范蠡就提出了"农末俱利,平粜齐物,关市不乏,治国之道也",主张农、工、商务业并举,协调发展;并敢于冲破世俗"士农工商"的"本末之见",主张尊重能工巧匠;清末黄宗羲在中国历史上第一次鲜明地提出了"工商皆本"的主张,反对"以工商为末,妄议抑之",认为"工固圣王之所欲来,商又使其愿出于途者,盖皆本也"。[①] 反映出当时市民阶层发展商品经济的要求。随着明朝倾覆,尤其是科举废止后,绍兴的士大夫阶层中有一大批人选择了经商之路。近代绍兴在上海滩的形成和崛起,充分反映了绍兴人务实进取的文化价值取向。上海开埠后,大批绍兴人移民到上海创业,主要从事柴碳业、锡箔业、绍酒业、染坊等。他们重实干,不玄想,脚踏实地,经营有术,不少人成为商界巨人,这在上海钱庄业界尤其突出。据研究,清末民初,以经商起家的绍兴钱庄堪与"山西票号"抗衡,几乎垄断了上海金融业,可见其势力之盛。[②]

3. 适度无为与随机应变共存的政府理念

改革开放以来,绍兴各级地方政府一贯奉行适度"无为"的理念,并将其贯穿于市场化改革全过程。在改革策略上,既不麻木落后,也不盲目冒进,而是随机应变,适时"跟进"。一是留有余地。十分注重为传统体制和观念的变革留足一定的缓冲空间,并不寄希望于一次变革解决所有问题。比如1984年国家提倡乡镇企业发展以后,绍兴就采用了"集体为主,多轮并进"的政策,既适应了国家导向,照顾了各阶层大多数人的情绪,减少了改革阻力,也鼓励了个私经济发展,为新生事物留下了成长空间,使多种所有制在农村中稳健有序地发展;在随后的乡镇产权制度改革中,也坚持不搞"一刀切",客观上避免了因剧烈改革可能造成的不稳定。二是不事张扬。在历史机遇面前,又尽可能做到稳健有序。看不准的决不盲目行动,对世事变革往往不当头,不冒进;有争议的则细心观察,不否定,这既避免

---

① 黄宗羲:《万充宗墓志铭》,《黄宗羲全集》第10卷,浙江古籍出版社1993年版,第417页。

② 参见陶水木:《近代旅沪绍兴帮钱庄研究》,《绍兴文理学院学报》2001年第1期。

了"枪打出头鸟"的风险和"首发效应"的高成本,也不至于错失良机。如针对个私经济发展,绍兴并没有像温州那样受人瞩目而招致争议,而是采取了诸如"三个放手"、"四个不限"的实际保护政策,取得了政策效应和经济效益的"双赢"。三是灵活应对。在转型时期,绍兴各级地方政府在对具体政策把握上体现了灵活性。如用"戴红帽子"方式,替个私企业冠以所需的"公有"性质,为其在投融资和进出口方面提供便利。这在客观上营造了政策先发优势。所有这些,生动地体现了绍兴地方政府在指导经济发展过程中,善于把握节奏,富于随机处事的领导艺术,从中体现出的适度"无为"思想,正是绍兴千百年来积淀的"开明而沉稳、进取而务实"等文化秉性的集中反映。

辩证唯物主义认为,经济基础决定上层建筑,上层建筑服务并反作用于经济基础。同样,绍兴人独具特色的人文精神,深层次地影响着绍兴混合经济模式的选择与形成。

首先,从文化性格层面看。20世纪80年代,在经济发展的模式上出现了"温州模式"和"苏南模式",并引起了种种争论。这是中国从计划经济向市场经济过程中无法避免的现象。经济发展模式的多样化对经济发展本身也是有益的。绍兴在地理上地处温州和苏南之间,在经济发展的成分上也处于两者之间,既有较为发达的乡镇企业集体经济,也有迅速发展的个体私营经济。但是务实的绍兴人似乎并不在意什么模式,他们更关心的是怎么发展快就怎么干,即所谓"那咯各好就那咯来",执著于营造"不看成分看发展、不看比例看贡献、不看规模看效益"和"不搞争论埋头干,多种经济齐步走"的氛围,结果是创造出了既不同于集体经济占主导的"苏南模式",也有别于私营经济唱主角的"温州模式"的具有活力的混合经济模式。多种所有制经济的"共生共荣"、多种经济形式的双赢互补式的竞争成为绍兴活力的源头之一。这得益于绍兴独特的文化性格。在20世纪80年代,温州在发展个体私营经济方面走在全国的前列,但也面临了很大的政治和意识形态上的争论的风险,要是没有邓小平1992年南方谈话,"温州模式"有可能面临夭折;苏南地区在20世纪80年代发展集体经济方面一直比较稳妥,发展势头较好,但自1992年以来特别是近几年来,随着社会主义市场经济体制的逐步确立,苏南地区的乡镇集体企业呈现出国企化倾向,面临着体制不适、机制不活的问题,不利于释放经济本身的活力。相比于温州,绍兴要保守一些,在发展个体私营经济方面没有大力推行和大张旗鼓地宣传,而是不事张扬、不搞争论埋头干。相比于苏南地区,绍兴则要开明得多。早在20世纪80年代,绍兴有些地方的乡镇个体企业的产权体制和经营机制已经开始变化。1992年以后,绍兴充分领会邓小平同志南方谈会精神,超前推行了产权制度改革,搞活乡镇企业经营机制,克服了乡镇企业因"国企化"带来的弊端,从而获得了发展的先机。除了宏观的发展模式的选择,开明保守兼具的文化性格在具体的制度创新方面也有充分的体现。从全国范围来看,绍兴是一个制度创新比较活跃的地区,例如近几年来绍兴实行的行政审批制度改革、户籍制度改革、社会保障制度改革、设立人才引进的绿色通道、工业园区建设工作等,都较早地走在全国前列,产生了相当的影响。但是,客观地说,绍兴这些制度创新大多是在其他城市已经先行、并且有了一定的成效后加以学习借鉴的结果,绍兴自己独创、并在全国范围产生广泛影响的并不多见。如政府联合审批中心的设立也是邻近的上虞比宁波做得早,但绍兴做得更完善,效果也更好。绍兴在制度创新方面这种适度超前、随机应变,又不麻木落后、盲目冒进的安排,使得绍兴在发展中处于相对领先的地位,使绍兴避免了制度创新有可能带来的政治风险和过高的改革成本,使绍兴的发展不会出现大的曲折和弯路,走出了一条快速、稳健、和谐的发展道路。

其次,在价值取向层面上看。一个区域的发展从根本上说是由于内在的动力。始于农村的工业化使绍兴在其发展过程中形成了国有经济、集体经济、个体私营经济和外商及港、澳、台商投资经济等多种所有制经济共生共荣的格局,但其基本面仍然属于内源性民间力量推动型的经济发展:企业创办者主要是个人或者是家庭,区域经济的基础主要是个体户、家庭企业和股份合作制企业,经济发展所需资金和企业家资源主要依靠区域内部积累,市场化和工业化的主导性推动力主要来自民间。从发展的要素角度分析,绍兴经济发展成功的关键性因素主要是与人的观念和行为方式相关的人力资源优势。即绍兴人具有的自主进取、务实功利的文化价值取向使他们较早形成了与市场经济相适应的观念和行为方式,然后从意识创新到体制创新再技术创新,逐步推进它们本身之间的协同作用。如果说在改革开放之前和改革开放之初,绍兴的经济发展主要得益于意识上的领先,即不等不靠、自主进取所营造的优势,那么,从20世纪80年代中期到90年代中期,绍兴经济的发展则主要归功于务实的体制创新所释放的潜力,而到了90年代后期,由于体制改革的边际效应,绍兴的经济发展基本上进入了寻求技术创新的支撑来获得新的发展优势的时期。所有这些,都彰显了绍兴人自主进取、务实功利的文化价值取向。

第七章 历史时期越地经济思想的形成及特点

越
文
化
通
论

越地经济思想源远流长,丰富多彩。它肇始于春秋战国,形成于两汉时期,成熟于明清时期。在此后的不同历史阶段,又有所发展与完善。作为一种具有悠久历史的地域文化,越地经济思想已成为中国古代经济思想史的一个重要组成部分,它进一步丰富了我国古代经济思想的理论宝库。

一、越地经济思想的形成与发展

越地历来的思想家虽无严格的师承关系,但客观上存在着内在一致的精神气质、思想观念和价值追求。这些思想文脉,向上可以追溯到先秦和越文化、两汉时期的王充和南宋时叶适、陈亮、吕祖谦的事功之学,向下可以延伸到清末民初领风气之先的著名思想家的学术思想。最早阐述越地经济思想的历史文献,是《国语·越语》、《太平御览》、《越绝书》、《吴越春秋》、《史记·越王句践世家》、《史记·货殖列传》、《吕氏春秋》等。此后,嘉泰《会稽志》、宝庆《会稽续志》、万历《绍兴府志》、康熙《会稽县志》、康熙《绍兴府志》、乾隆《绍兴府志》、道光《会稽县志稿》以及近年来新修的《绍兴市志》等地方文献中，也有非常丰富的著述。

（一）越地经济思想的演进过程

社会经济的发展与繁荣，必然会在思想领域有所反映，促使各种经济思想的产生。正如恩格斯在《反杜林论》中所说的：每一时代的社会经济结构形成现实基础，每一个历史时期由法律设施和政治设施以及宗教的、哲学的和其他观点所构成的全部上层建筑，归根到底是应由这个基础来说明的。同样，古代越地经济思想也是由越地经济发展的状况决定的。先秦时期，越地商品经济的较高发展水平，为经济思想的产生提供了可能。长期以来，随着人口的繁衍增殖，越地总是难以摆脱"地小人众"的窘境。于是，越人为弥补农业"少五谷"的不足，除大力发展农业生产外，只得因地制宜，以经营工商业作为出路。更为难能可贵的是，即便在农耕社会中就开始强调"义利并重、工商皆本"的观念。这种局面的形成，不仅与越地的地理环境、人口因素、商业氛围有关联，而且与越地的人文精神息息相关。

任何一种文化都有其形成和发展的历史，越地经济思想也不例外，同样也具有其萌生、型构和演进的历程。

1. 先秦时期是越地经济思想的孕育时期

越地是于越民族的聚居之地。古代越地经济思想发端于先秦时期。这个时期最为典型的是大禹、句践、范蠡等人的经济思想。大禹是越地经济思想的始作俑者。公元前 21 世纪，大禹治水与大力发展农业生产、富民安民结合起来，赢得了"天下平安、人民安居乐业"的局面。据《管子》记载，夏朝有一次连续五年大水，贫民不得不卖子求生，大禹用历山的金铸货币，将孩子从高利贷者手中赎回。① 这说明，夏朝私有财产已经"神圣不可侵犯"，以至君王都不能改变交易。越王句践执政时期，跨越了春秋和战国两个时期。为了争雄称霸，句践致力于发展经济。在兵败夫椒（今江苏太湖中洞庭山）以后，句践夫妇亲自践行"君自耕，夫人自织"的"农本"思想，大

---

① 《管子·山权数（轻重八）》："汤七年旱，禹五年水，民之无粮有卖子者。汤以庄山之金铸币，而赎民之无粮卖子者，禹以历山之金铸币，而赎民之无粮卖子者。"

胆吸纳范蠡、计然等人"农末俱利"的重商主义,而且作为国策定下来,"以丹书帛,置之枕中,视为国宝",并施行"缓刑薄罚,省其赋敛"。① 于是,越国"人民殷富,皆有带甲之勇"。作为雄才大略的句践最终实现了灭吴雪耻、强国称霸的夙愿,创造了越族的一代辉煌。越国范蠡和计然的商品经济思想,体现了不尚虚功、求实利的风格,他们甚至提出了"农末俱利"的思想,让农民和商人实现双赢,共同推动越国的经济发展。范蠡曾拜计然为师,学习我国古代最早的商业理论,诸如《贵流通》、《尚平均》、《戒滞停》等七策,只用了其中五策,便使越国强盛,成为春秋五霸之一。在越王句践战败之时,范蠡向句践献出了经济治国之策。他说:"知斗则修备,时用则知物,二者形则万货之情可得而观已。"他主张发展经济,加强对商品经济的指导和管理,为越国积聚了大量的物质财富。功成身退后,"游于江湖",到齐国经商,后"之陶为朱公",经商"三致千金",被后世誉为"治国良臣、兵家奇才、华商始祖"。

2. 西汉到元代是越地经济思想的形成时期

这个时期最为典型的是东汉王充、魏晋嵇康等人,以及宋代"浙东学派"陈亮、叶适等人的经济思想。王充秉持"实事疾妄"的宗旨,主张凡事应讲"验证"和"实效";嵇康提出了"至德之世"的理想社会。在这个社会里,大家都从事耕织的生产劳动,取得必要的生活资料,吃饱穿暖,剩余的财物都归社会所有,不必要去积敛财富;人们认为最难得的不是财富和名誉,而是知足,吃饱穿暖就没有什么不自在了;在那里人们对一切财富都是不羡慕的。② 宋代陈亮、叶适主张"功利之学",强调"义利双行"、"农商并举"、"道不离物"。③ 这种理论与儒家学派的"君子喻于义,小人喻于利"、程朱学派"重农轻商、重义轻利"的儒家主流观点直接相悖。叶适认为,计较利害,就利远害,是自然之事,只要不越其分就可以了④;"必尽知天下之害,而后能尽知天下之利"⑤。经过几百年的侵染,浙东学派的"经世致用"思想已经渗入越人的血液骨髓,成为一种集体无意识,是越地人文精神的实质。

---

① 《吴越春秋》卷八。
② 参见戴明扬:《嵇康集校注》,人民文学出版社 1962 年版,第 163 页。
③ 《陈亮集》,中华书局 1987 年版,第 42 页。
④ 参见叶适:《习学记言序目》卷五。
⑤ 《水心别集》卷十四。

3. 明清时期是越地经济思想的成熟时期

这个时期最为典型的是王阳明、黄宗羲等人的经济思想。王阳明主张知行合一,反对"冥行妄作"或悬空思索,明确反对各种"侵商"、"困商"的行为,呼吁"独商人非吾民乎"。清初最有影响力的浙东学派代表之一黄宗羲,以讲世务为己任,崇尚贴近实际。他明确认为,治学的目的,"大者以治天下,小者以为民用"。经过几百年的侵染,浙东学派的"经世致用"思想已经渗入人们的血液骨髓,成为一种集体无意识,是越地民众人文精神的实质。近代"绍兴商帮"也自觉或不自觉地打上了"经世致用"的思想烙印,强调个性、功利、务实已经成为他们的主导思想。

(二)越地经济思想对后世的深刻启示

自古以来,越地的许多思想家、实业家凭借他们深厚的文化素养和超常的经营能力,在长期的商业经营活动中,总结出一套卓有成效的经营管理经验,并影响着后世的经济行为范式。尤其是范蠡等人的经济思想,对现代企业尤其是在建设有中国特色的商业文化中具有重要的借鉴意义,也带给我们更多深刻的启示。

审时度势,精心谋划发展战略 越地思想家十分强调要懂得经济的发展规律,并要预谋在先。在他们的经济思想中,充满着"万事预则立"和"有备无患"的观念。这些主张用之治国则国强,用之生产则生产发展,用之经商则发财致富。他们善于总结前人经商经验,并根据天时变幻及自身条件调整经营战略,逐渐形成了一套主要包括预测分析、经营谋略、业务作风等较为完善的经营之道。比如,范蠡不仅预见到市场上商品"论其有余不足,则知贵贱。贵上极则反贱,贱下极则反贵。贵出如粪土,贱取如珠玉"①的变化趋势,所谓"夏则资皮,冬则资缔,旱则资舟,水则资车"②,使自己掌握自主权,而且还预见到"居天下之中,诸侯四通,货物所交易"③的定陶,为经商的好去处,最终取得了"十九年之中,三致千金"的经济效益。在现代经济活动中,人们的经济行为日趋复杂化,"商情极幻"得到充分验证。这就需要经营者具有敏锐的眼光,善于捕捉稍纵即逝的市场机遇,根据企业

---

① 司马迁:《史记·货殖列传》卷二十九。
② 《越绝书》卷四。
③ 《吴越春秋》卷十三。

所处的行业竞争环境和这种环境下企业的地位和状况制定合理的企业发展战略和经营策略。这些现代企业管理理论无不受到越地经济思想的影响，并对商家的经营决策起着重要的指导作用。

加强管理，着力搞好资本运营　范蠡的商道理论博大精深。他的经营思想中具有重视商品仓储管理和资金周转速度的闪光点。他主张"积著之理，务完物，无息币〔《史记索隐》作"毋息"，意为"长时间停放货物则无利"〕，以物相贸，易腐败而食之货勿留，无敢居贵"，"财币欲其利如流水"。① 积贮货物务必合理，货物完美，不要贮存滞销的货物，不可积压资金。在资金管理中要注重资本周转速度。这些思想彰显出他资本运营的朴素理论。对于商业经营者来说，最关注的不是看得见的物质流，而是看不见的资金流。因而，必须加速资金周转，理顺经营关系，保证资金合理投向，使企业成为完全以追求资本回报率为中心进行运转的经济实体。

因势利导，切实加强宏观调控　范蠡善于把握时势，主张有理智地实施调控。在他成功实现越国兴越灭吴称霸以后，便毅然引退；在齐国经商闻名而被任为齐王副相时，又主动"辞相散财"。他经商讲求薄利多销，只"逐什一之利"，且对合作伙伴"不争利"，追求双方的互惠双赢。他强调采用经济手段对商业运行实施间接管理，从而有利于发挥价值规律的作用。范蠡所说的"夫粜，二十病农，九十病末。末病则财不出，农病则草不辟矣。上不过八十，下不减三十，则农末俱利，平粜齐物，关市不乏，治国之道也"等，说的是平抑与稳定粮食价格，但实际上蕴涵着现代企业经营中合作共赢的思想。这里，2500 年前的范蠡，能如此灵活地运用市场供求及其价格变动规律，利用国家的力量平抑物价，这在世界经济思想史上无人能与之相比。

弘扬商德，大力推动文化建设　越地许多学者认为，没有伦理道德约束的经济行为将导致效率低下、资源的浪费。商业伦理文化为枢纽，以商品文化为纽带，以营销文化为集中表现，以商业环境文化为背景和条件来建设本企业的经营与管理。范蠡主张"逐十一之利"②，薄利多销，不求暴利，这是非常人性化的主张，符合中国传统思想中经商求"诚信"、求"义"的

---

① 司马迁：《史记·货殖列传》。

② 《史记·越王句践世家第十一》，上海古籍出版社 1997 年版，第 79 页。

原则。范蠡经济思想中最可贵的是"富好行其德"。《史记》记载,范蠡经商,"十九年中,三致千金"。但是他两次把钱分给贫穷人和远房兄弟,圆满实现了他的自我价值,成为历代商家效仿的典范。在现代社会中,企业家必须注重文化建设,努力构建包括企业的经营思想、经营作风、道德风尚和信誉的企业文化机制,把服务社会的基本信念融于商业经营中,把振兴民族经济、产业报国作为企业最崇高的经营理念。只有这样,才能在市场竞争中立于不败之地。

总之,距今两千多年的越地经济思想可谓博大精深,有一系列独创性的贡献和不同凡响的预测和洞察,是我国古代经济思想的一份宝贵遗产。历史的风风雨雨,使越地经济思想逐渐渗透在当地民众价值观念、思维方法、行为准则和文化心理的深层结构之中。

二、历史时期越地经济思想的特点与成因

古代越地的经济思想,除了重视农耕、兴修水利等方面以外,还有一些自身的特点。

(一)历史上越地传统经济思想的特点

由于所处不同的自然地理条件以及不同的经济社会发展的历史路径,不同国家和地区形成了不同的经济思想体系。自古以来,越人头脑精明、处世灵活、偏好商业和手工艺,越地经济思想渗透着商业特色文化因子。它具有以下几个特征:

1. 自利为重、个体本位的理性思辨

按照亚当·斯密对经济人的理解,每一个经济活动中的人都是以自利为导向的,都无例外地追求自身效用的最大化。这种个体本位的经济人理性是商品生产活动的产物,同时也是商品生产活动的前提。与个体本位理性相对应的是群体本位理性,如家族本位理性和团伙本位福利完全取决于家族和帮会整体福利的状况,甚至生杀予夺、婚丧嫁娶都由家族和帮会决定。这是导致个体本位理性难以发育成形的深层社会制度原因。越地历史上由于手工业和商业活动比较发达,手工艺人和商人在长期外出卖艺与

经商的活动中,逐渐脱离了家族和帮会团伙的生存共同体,形成了自己独立的利益体系和利益观念。因此,考虑问题和形成决策更多地决定于个体自理性。在我国古代封建家族和封建帮会团伙当中,个体成员无法获得自身独立的利益,个体往往从自身利益出发,较少从家族和帮会的群体利益着眼。所以,越人的家族伦理纽带虽然也比较紧密,但内部却有细致的利益差别,"亲兄弟"之间也要"明算账"。在越地民间,帮会团伙的影响较弱,哥儿们义气和患难与共的绿林好汉精神相对偏淡,为朋友"两肋插刀"的事情很少发生。在越地人的利益与效用序列中,个人利益与效用明显优先于家族和帮会团伙。正如著名经济学家钟朋荣所说:"在越商眼里,没有办不成的事,而且还喜欢不断地给自己设定新的目标,不等不靠,相信市场,相信自己,因此浙商的自立性比较强。"

2. 交易生财、商游四海的谋生传统

自秦汉以来,我国就形成了"重农轻商"、强本抑末的社会传统,民间工商活动一直受到统治者的压制及上流士大夫阶层的鄙视。越地沿海地区的民风却逐渐偏离了这一价值传统。比如,先秦越国范蠡和计然的商品经济思想,就体现了不尚虚功、求实利的风格,他们甚至提出了"农末俱利"的政策,让农民和商人实现双赢,共同获利,发展经济。在当时重农思想占统治地位的情况下,范蠡能看到并十分重视排列为"末"的商人的利益和作用,实在是难能可贵的。尤其是自明清以来,越人更加悯商重贾,认为工商皆本,甚至认为做官也不如经商,许多士大夫一扫往日的清高,纷纷介入商贸,出现了"士而商"、"商而士"的全新社会现象。所谓"虽士大夫之家,皆以商贾游于四方",士子"以商贾为第一等生业,科第反在次着"①,"满路尊商贾,穷愁独缙绅"②,反映了这一骤变之风。据史料载,清末民初浙东沿海的乡民热衷于经商,"夹道商铺,鳞次栉比","自科举废后,商多士少,世家子弟至有毕业学校仍往上海而为商者"。③ 经商赚钱成为越地东南沿海一带人们特别偏好的谋生手段。当时有"一流人才经商,二流人才到衙门做事,三流人才应试走仕途"的说法,可见当时求商崇商之风浓于一切,经商

---

① [明]凌濛初:《二刻拍案惊奇》卷三十七,上海古籍出版社 1986 年版,第 211 页。
② 孙枝蔚:《溉堂后集》卷四。孙枝蔚(1620—1687),清代诗人。明亡时离家,南下江都做盐商。不久,弃商读书。后授内阁中书衔。离京客游四方。
③ 陈训正:《民国鄞县通志》。陈训正(1872—1944),民国著名的方志学家、教育家。

成为立业之首。同时,他们也深谙交易生财之道,懂得如何通过不同区域各自具有比较优势的产品之间的贸易来获得剩余。长期经商交易活动由于知识经验和人工物质成本的"锁定"而形成了自我增强的"路径依赖"作用,使商业交易和手工业成为越地人十分倚重的基本生存和生产活动。越地绍兴是纺织、印染、酿造之乡,"酒缸"、"酱缸"、"染缸"是古老的谋生器具。其中,蚕桑缫丝业有千余年的悠长历史,当时,出现了华舍"日出千丈绸"的现实图景。

3. 顺应环境、随机应变的柔性心理

在长期经商交易活动中,为了寻觅商机,经常要北上南下、游走四方,甚至要扬帆出海,远下南洋诸国。即使坐地经商,也每天要与性格和文化背景各不相同的天南海北客应对交往。顺应各种不同类型的文化和社会环境,善于与各种不同性格和文化背景的客户周旋交往的需要,逐渐塑造了越地人文化性格中善于见风使舵、随机应变,能够适应各种陌生人际环境的柔性心态一面。比如,范蠡遵循经济丰歉循环论经商,提出"待乏论",主张把握商机,候时转物,不要人等货,应让货等人。从一定角度看,越文化是一种适应性非常强的软文化。它没有鲜明的棱角和显露的锋芒,它首先寻求的是适应、理解与相互沟通,然后才逐步形成权利和控制。它可以走向任何一种文化,被其接受,与其共存;同时,仍然保持自身的文化个性。这是越地商人在世界各地和各种复杂的人文背景下都能取得成功的重要因素之一。我国中西部地区的湘赣文化和川文化,是一种典型的刚性文化,其基本特征是"劲悍决烈"、"刚直任性"。① 章士钊也曾说:"湖南人特征者何? 曰:好持其理之所自信,而行其心之所能安;势之顺逆,人之毁誉,不遑顾也。"②宋教仁也曾说:"湖南之民族,坚强忍耐富于敢死排外性质之民族也。"③可见湖南人普遍具有刚劲强悍的性格已成定论。这种文化熏陶下的人,往往志向高远而容易流于任性偏狭,常常壮怀激烈而难以趋同社会现实,常有大才大德、大智大勇之士出现。但是,这种文化与其他异质文化的相融性较低,不同文化背景人群之间容易引发"文明冲突",难以和谐

---

① 封德彝、房玄龄、魏征等:《隋书》,中华书局 1997 年版,第 217 页。
② 转引自白吉庵:《章士钊》(《民国人物传》第 4 卷),中华书局 1984 年版,第 176 页。
③ 转引自迟云飞:《宋教仁与中国民主宪政》,湖南师范大学出版社 2008 年版,第 193 页。

共存相融相洽。这种历史文化精神,有益于成就政治军事文化方面的事业,却不适合商业交往的需要。这也是湘、赣、川地区商品经济发展较缓的文化历史原因。而越人则不同,他们更多的是善于把握时势,权变机灵,能动地顺应环境,改造环境,以自己的主观努力去创造一个良好的营商环境。

4. 博采众长、善于学习的开放心态

自古以来,越人以一种开放的姿态和健康的心理接受外来新事物,能够机敏地感受到外界的信息和刺激,赶上时代的潮流,不断更新观念,丰富文化的内涵和生活的情趣,从而较少保守的思想和封闭的心态,有利于新生事物的萌生和成长。在越文化的演进过程中,不仅综合包容了佛教、基督教等宗教文化的内涵,也继承吸收了孔孟、老庄等先圣思想的精华;不仅保留着农耕文明古老的智慧,也勤于开拓小农商品经济知识的先河;不仅纳含了北方地区人们生存发展的某些经验,也融汇了中西部文化崇尚义理的明显优点;它虽然精于权变,内中却不乏风骨;它看若似水无形,然而却绵延不绝。明末清初时,浙东学派王阳明、黄宗羲的思想,在很大程度上反映了越地传统文化精神的上述风格。19世纪中期,越地最早接受了现代资本主义生产方式和知识文明,成为上海滩上华人民族资本家的少数先驱。据史载:20世纪初上海的华人钱庄共有69家,其中绍兴人开的就有38家,宁波人开的又有16家。① 20世纪70年代,绍兴人就开始在传统经济体制禁锢下尝试发展民营经济。80年代以后,绍兴人在从旧的计划经济体制向现代市场经济体制转型变迁的过程中,又始终善于吸纳总结践行各种新的制度知识,大力发展民营企业和市场组织。在日常生活、劳作、经商的操作细节上,更是善于学习模仿、博采众长。一种好的产品、好的技艺,常常会不胫而走,在绍兴人群中迅速传播。巴黎时装的最新款式和色彩,不出半个月就会出现在绍兴企业家的服装生产线上,在中国轻纺城的摊位上,可以很容易发现欧美最流行的各种面料花色、颜色和款式。

5. 勤俭刻苦、劳作不息的人生态度

勤俭刻苦是越地传统文化精神所崇尚的美德。二千多年前越王句践"卧薪尝胆"的故事,一直成为越地人刻苦上进所瞩望的远古智灯。凭着刻

① 参见中国人民银行上海市分行编:《上海钱庄史料》,上海人民出版社1978年版,第279页。

苦的劳作,越人生产出旷世魁宝绍兴老酒、越窑青瓷、诸暨千柱屋等诸种商货文物;形成了嵊州越剧、绍兴书画等各类文化艺术。绍兴人的勤俭刻苦传统,在改革开放三十余年历程中充分表现出来。"十年生聚,十年教训"的历史,培养了绍兴人"卧薪尝胆,奋发图强,敢做敢为,创新创业"的"胆剑精神"。"晚上睡地板、白天当老板"的吃苦精神,激励着成千上万的绍兴人,秉承"跋涉千山万水,尝遍千辛万苦,不惜千言万语,想尽千方百计"的"四千精神",把越地的产品销往全国,把全国各地的生产要素和自然资源引入越地。在有市场的地方,无论多么穷贫和偏远,都经常可以看到开店经商的绍兴人。著名经济学家吴敬琏说:这里(浙江)是一个具有炽烈企业家精神的地方,越商既聪明又肯吃苦,敢冒风险,敢为人先,最让人佩服。

6. 蚂蚁搬家、小中见大的务实精神

越地传统文化精神有较多的务实倾向和较少的虚骄成分。难以从中发现那种通贯古今瞩望千年然而却遥不可及的宏愿与理想;却很容易看到人们不停地为各种具体计划与目标谋划奔忙。比起为某个未来的幻景激动与颠狂,他们更倾心于当下的生活,更关心与实实在在的福利和效用的增减相关联的眼下的事件。对绍兴人来说,对身边每一件细小事情都很专注认真,力求做好而不肯苟且。他们似乎深谙"小"与"大"之间相互蕴涵的玄机和相互转化的法则:"千里之行,始于足下;合抱之木,起于毫末。"大事必须从小事做起,小事功累积可以成就大的事业。这种蚂蚁搬家、小中见大的务实精神,在绍兴民营经济运行发展过程中体现得淋漓尽致。领带、袜子、伞件以及其他各种七零八碎毫不起眼的小商品,绍兴生意人经过持久不懈的努力,把它们发展成了在国内外市场具有很强辐射力的大产业。绍兴人的务实性格还表现在另一个很重要的方面,即慎于言而敏于行,喜欢做而不说,信奉"临渊羡鱼,不如退而结网"①的格言。改革开放初期,许多地方的人们还满足于谈论发展商品经济的好处,提出各种对策、思路与方案的时候,绍兴各种类型民营企业不声不响中已经发展到了一定规模。

7. 和谐中庸、隐忍自谦的处世态度

越人行商遍走四海。但是,无论到哪里,无论当地人群的文化性格、风俗传统属于哪种类型,越商都能够与当地人和谐共处。在中国,几乎每一

---

① 班固撰,颜师古注:《汉书·董仲舒传》,中华书局 2001 年版,第 219 页。

个角落都能看到越商的身影。越人的文化性格和行为方式并不是总能被当地人理解和认同，甚至往往给人"只知赚钱"或"过于势利"的直面印象。但有趣的是，越文化在任何一个不同的、陌生的甚至非常排外的文化圈中，都保持着很强的生存附着力；都能够在弱势条件下，不改变自身的文化品格，同时与其他文化维持一种相互差异而又非对抗性的共存关系。一个很重要的原因是，越文化性格中存在着浓重的隐忍自持、和谐中庸的因素。绍兴人的文化性格没有明显的外向攻击性，是一种防守性性格，不会对其他文化形成直接的威胁。同时，绍兴人对外部环境和异种文化的压力又有很强的包容和忍耐力。因此，越文化具有广泛的可通约性，能够与各种不同文化沟通、交流、对话。

8. 自然无为、柔弱胜刚的商战伎俩

《宋史·地理志》言越地时首提"人性柔慧"四字，对越文化的独特气质可谓一语道破。越文化因为"柔"，故不至于枯槁折灭，而能生生不已，柔弱处上；而因为"慧"，故能随机应变，趋利避害，善进取而巧奇技。既柔且慧，故能在新与旧、中与西的种种夹缝中游刃有余，顽强而机智地存活，这可以说是越地经济发展生机勃勃的直接源泉。从深层次看，越地传统文化性格中的中庸、隐忍、不争、不怒，并不表明它是一种弱质文化。越文化的进取心和包容力，是通过顺法自然、柔弱胜刚的道家"工夫"表现出来的。首先，不顶、不丢，表现为一种"粘力"。当置身逆境，或面临激烈的对抗性竞争时，绍兴人一般会避开对手的正面锋芒，甚至会给出放弃竞争、愿意"称臣"的假象；以消挫对方的锐气，等待对方失误或寻找对方"软肋"的机会；此谓不顶。但又不会轻易放弃自己的目标，而是暗中蓄积力量，准备条件，寻找时机；此谓不丢。其基本原则是：顺势而为，如水随形，决不逆势而动。江河奔泻千里，或跳腾激越，或浩漫舒缓，一切随自然形势而变。江河虽无常形定势，然而穿山劈谷，一路到海，在漫长的岁月中显示了它无穷的伟力。其次，不喜、不怒，表现为一种"定力"。绍兴人比较具有"平常心"；自然和社会复杂演变的历程，使他们已经习惯了顺逆、荣辱、胜败的流变无常；所以荣辱不惊，顺逆不改，胜败不乱；既不骄横，亦不废颓；始终保持着勤勉刻苦、向上进取的人生姿态。在商业交易过程中，越地人表现出一种特殊的竞争手段与风格。越地境内商家林立、企业众多，市场竞争的激烈程度不言而喻。然而市场竞争的表面却显得异常平和，很少出现狼烟四起的场

景。对手之间,少见剑拔弩张、擂鼓鸣金,而只是不断交换着"阴"招和"软"手;竞争似隐似现,对抗若有若无。外界商家不太容易感到越地商人咄咄逼人的商战攻势,但也不难发现越地商人那种源源不绝的贴身缠绕的竞争"绵力"的威胁。

9. 注重功利、讲求实效的价值理念

与中原正统的传统文化相比,处于"边缘"的越文化更注意实际,讲求实效,反对空想。在频繁的商业交易中,越人摒弃了北方人"耻言利"的传统意识,普遍具有强烈的功利主义,形成了务实不务虚的精神特质,并倾向于实在的内容和价值,更看重行动的可能性与现实性。改革开放以来,绍兴人秉承"适者生存"的务实品质,奉行"哪咯好就哪咯来"的信条,"不唯书、不唯上、只唯实",大力弘扬"坚忍不拔、奋发图强、崇尚科学、务实创新"的绍兴精神,在兼融以民营经济为主体的"温州模式"和以乡镇集体经济为主体的"苏南模式"的同时,充分发掘绍兴深厚的历史文化底蕴和体制创新的先发优势,博采众长,兼容并蓄,走出了一条具有自身特色、稳健有序、统筹协调的科学发展之路。

10. 不尚意气、工于算计的行为范式

绍兴人做事情,无论涉及经济实务、人际交往,还是律法国政,都很少仅仅从理义出发做规范性的判断与决策;而是同时要对事情过程和结局可能有的实际效果进行估量分析。也就是说,不仅要考虑对错、正斜、善恶、亲疏的道义原则,而且要计算付出多少成本代价与可能获得多少实际收益。后者在影响决策的各种因素中甚至占有更大的权重。外界谓绍兴人"精明"的真实所指即在于此。这种经济理性,使越人在商业交易活动中往往如鱼得水。然而,在一些需要义节刚勇的其他场合,也使越人往往表现出了某种"劣根性"。

(二)古代越地经济思想的成因分析

如前所述,越地经济思想的特点,是由文化、地理环境、多种因素促成的。

1. 传统宗教文化的影响

佛教思想的影响　佛教文化自东汉灵帝建宁中(168—172),由安息国高僧安世高云游会稽,弘传佛教,经过三国、西晋的初步传播,后从东晋、南

北朝延续至隋唐、宋元、明清近二千年,越地一度成为浙东传播佛教的中心。在长期宗教实践中,佛教那种禁欲苦行、积德向善的精神,和隐忍自观、寓动于静的操守,逐渐融入了越人的文化性格,成为越地人群"集体无意识"的一部分。比如,佛教的斋戒素食促成了越人节俭的生活传统,以及清苦素淡的日常饮食风格;崇尚苦行苦修的价值指向构成越人勤苦劳作的精神动源,使越人在长期刻苦劳作过程中获得一种自我安慰、减轻痛苦的心理平衡和价值依归;积德行善的日常操守和普渡众生的终极职愿,是越人勤恳踏实、尊章守法、自强不息的人格范式形成的一种重要的精神根源。

儒教思想的影响　长期以来,孔孟儒教对越地传统文化精神的渗入影响很深,对越人的行为方式产生了广泛持久而重要的影响。比如,由于受传统"忠孝"伦理的影响,越人在一个纵向组织中的层级依附倾向明显较强。为此,越地企业的协调稳定性较好,内部摩擦损耗较少,凝聚力增强。

老庄思想的影响　柔顺、无为、退守是老庄思想的精神内核。受老庄思想影响,越人的传统文化性格表现为两个特质:一是虚实相兼,以静制动。越人做事踏实、勤奋,但外部却往往给人虚静无为的表象。比如,改革开放以来,越人善于凭借细活柔功来开拓市场,在不声不响之间,把千万种小商品推向了全国和世界市场。二是随机运化,不执极端。越人在市场经济的客观规律面前表现了更多的灵活性,善于根据客观经济规律和市场变化,调整所有制结构、经营方式、产品种类。

2. 自然地理环境的影响

越地农耕时代商业、手工业的繁荣,很大程度上得益于农业自然条件的优越。正如恩格斯在《反杜林论》中指出的:农民家庭差不多生产了自己所需要的一切:食物、用具和衣服。只有当他们在满足自己的需要并向封建主缴纳实物租税以后还能生产更多东西时,他们才开始生产商品;这种投入社会交换即拿去出卖的多余产品就成了商品。越地东北部平原良好的农业自然条件和丰富的农业产出,导致自给消费之后仍有大量农产品剩余。在这种基础上,养蚕、丝织、酿酒、制酱等传统农产品加工业得以逐渐发展起来,各种集市交易活动也日益繁荣;当地盛产的丝绸、绍酒、麻布、茶叶、官瓷等货物通过往来不绝的商贩销往南北各地。同时,河网密布、舟楫相通为小农商品经济发展提供了运输与交往的便利。如越地历史上手工纺织、酿造业十分发达,商业集市交易活动非常活跃,除了其他因素以外,四通八达的水道和频繁来往的乌篷船,起了很大的作用。此外,在海洋捕捞过程中的合作传统,使越地人逐渐形成了一种比较适合团队生产要求的内在潜质。

3. 近代商业文明的影响

越地毗邻宁波、温州两个最早与国外通商的口岸,与国外资本进入中国的桥头堡上海亦唇齿相依。在当时的上海总商会中,绍兴籍商人占了38%左右。绍兴人不仅成为上海民族资本家的主要来源,而且也是上海从事具体工商劳动的大量中下层人士和各类小商贩的主要来源。上海开埠以后,有20%的外来移民来自绍兴等地。西方的资本主义商业文明通过上海、宁波、温州等口岸,特别是通过上海民族工商业的发展,对绍兴人商业素质的形成和商业文化理性的完善产生了直接的影响。

三、历史时期越地经济思想的局限性

国学大师季羡林曾经说过:"讨论中国文化,往往就眼前论眼前,从几千年的历史上进行细致深刻的探讨不够,从全世界范围内进行最广阔的宏观探讨更不够,我们必须上下数千年,纵横数万里,目光远大,胸襟开阔,才能更清楚地看到问题的全貌,而不至于陷入井蛙的地步,不能自拔。"[①]据此,我们必须从历史(时间)和地理(空间)的双重视角,全面透彻地解读历史时期越地博大精深的经济思想。

(一)"农末兼营"思想领先于西方学界

回眸历史,我们发现先秦时期越地经济思想已经有了相当的发展水平,完全可以与古希腊思想家色诺芬、柏拉图和亚里士多德等人的经济思想相媲美。比如,古希腊思想家色诺芬、柏拉图和亚里士多德等在公元前3世纪虽然发现了商业和手工业的存在和作用,并且初步论证了社会分工,但他们却鄙视手工业和商业。然而,在他们之前约公元前490年,范蠡就提

---

① 季羡林:《从宏观上看中国文化》,《北京大学学报》(哲学社会科学版)1989年第3期。

出了"农末兼营"的思想。充分肯定手工业和商业的作用,认为手工业可以提供生产工具、作战武器和生活用品,商业则可以沟通有无,沟通生产者和消费者的联系,打破生产和消费的界限。在这种经济思想指导下,当时的越国农业及手工业、冶铸业、造船业、盐业等全面发展。这一思想比色诺芬、亚里士多德的职业划分理论早二百多年。

(二)古代越地经济思想的内在局限性

然而,古代越地经济思想却没有最终产生系统的经济学理论,其原因主要是它具有"先天不足"的局限性。

其一,经济学缺乏范式。如古代越地经济思想缺乏构建古典经济学所必需的一系列基本范畴,如商品、价值、价格、货币等。之所以如此,又是因为先秦思想家的概念是不确定的、模糊的,无论外延、内涵都因时因地因人而异,比如本末、奢俭、兴利、除弊、富民、长技、商战等。不同的概念体系、学术语言成为学术交流的严重障碍,也是理论难以形成共识、进行代际交流从而不断走向深入的"鸿沟"。与之相反,西方早期经济思想家所建立的经济学范式是其后来以至现在西方经济学理论不断发展升华、推陈出新的坚实基础。

其二,经济思想缺少理论品格。历代统治者认为,商人具有积聚社会财富的强大力量。只有"重农抑商",才能统筹商人和农民的利益。同样,古代越地经济思想夹杂着浓厚的道德伦理色彩,例如,抑末、困辱商人,禁止穿戴"奇装怪服",严禁奢侈品生产和流通,把先进科技纳入"奇巧淫技",担心商品交换上的欺诈,破坏纯朴敦厚的社会风气。道德伦理具有巨大的历史张力,阻碍经济思想肯定人的谋利动机和谋利行为,反对围绕"利"思考社会经济生活,反对基于此组织社会经济生活。此外,这些思想家过于偏重实用性,而忽视理性思维。例如,征赋纳税的办法很多,却没有赋税原理;历代铸钱、行钞层出不穷,却没有货币理论;土地改革方案(名田制、井田制、占田制)汗牛充栋,却没有国土经济原理,等等。

其三,政权更替极其频繁。中国古代社会是典型的耕织结合的自然经济社会,商品经济并不发达,秦朝的过早统一使得春秋战国各地区的经济还没发育完善,就过早地终结了。许多有助于生产力发展的体制和技术,以及一部分优秀的经济思想被完全地扼杀。再加上,内部政权很不稳定,国家时常处于"合久必分,分久必合"的态势中,没有给后续经济思想体系的建构提供一个相对稳定的环境。

所有这些,正好印证了经济学本身的历史属性:经济学理论自身的发展过程,没有任何超越历史性质的要素产生,因为任何经济学理论都只能产生于历史发生过的经济问题与经济现象之中。

第八章 稻作文化的生产方式及越地的消费方式

一种文化的形成首先取决于这种文化所处的自然环境,正如美国人类学家克莱德·克鲁克洪所说:"人类的生态和自然环境为文化的形成提供物质基础。"[①]而人类在长期的生活过程中为适应这种自然环境而形成的生产方式又决定了这种文化的特色和个性,由此形成了众多不同的文化类型。实践证明,不同经济发展水平的区域环境、民俗风情等,往往孕育不同个性的区域文化。文化对经济的影响作用最终通过对人的影响来实现。为此,研究越地的经济问题,必须结合当地的区域文化、传统观念、习惯心理等"非经济因素"。稻作文化是越文化的重要组成部分。在那里,由于水稻的种植需要大量的劳动力,无论是生产过程还是修建农田设施,都需要大量的劳动力。于是,促进了当地人口的增长,使人口密度不断上升,给农业生产带来巨大的压力。为了满足对粮食的需求,人们不断兴修水利,共

---

① 引自[美]克莱德·克鲁克洪:《文化与个人》,浙江人民出版社1987年版,第310页。

同抵御自然灾害带来的威害,并祈求神灵的保佑,从而形成了具有越地特色的物质、社会、精神三个层面的稻作文化印记。

一、越地稻作文化溯源

人猿相揖别已有500万年的历史。越地作为越文化的发源地和越民族的聚居地,在新石器时期,越族先民在其"老家",即会稽山地和稽北平原上的活动状况,一直是为考古工作者和越文化研究者所关注的问题。其中,稻作农业的起源以及稻作文化(Rice Cultivating Culture)的传承,是探究越地生产方式及消费方式的重要内容。

(一)河姆渡文化时期的"稻作农人"

西方文化源自畜牧,东方文化源自农耕。粟、麦、稻是我国古代三大人工栽培的粮食作物。从稻的记载量、农谚数量和《耕织图》[①]三方面看,这三大作物的地位因时代而异。从新石器晚期到西周时期,粟及黍居首位,麦次之,稻又次之。秦汉以后,麦的地位上升,接近粟的地位,稻仍为次。从三国到南北朝,随着南方开发加快,稻的比重上升,几乎与粟、麦相当。唐宋以后,稻便取代粟、麦而居首位;麦次之,粟又次之。[②] 目前,全世界有一半人口以稻米为主要食物。

稻作农业是一个将野生稻驯化为栽培稻的过程。作为稻作农业起源地至少需要具备这样两个条件,一是必须有野生稻,二是必须有把野生稻驯化成为栽培稻的人,即"稻作农人"。[③] 河姆渡文化时期的水稻生产已有近七千年的历史,但越族先人驯化水稻的年代肯定要早得多。2005年"中国十大考古发现"之一的嵊州小黄山遗址,表明早在距今10000—8000年,越地小黄山

---

① 《耕织图》是我国古代为劝课农桑,采用绘图的形式翔实记录耕作与蚕织的系列图谱。系南宋绍兴年间画家楼俦所作,作品得到了历代帝王的推崇和嘉许。它不仅是中国现在最早纪录男耕女织的一套画卷,也是"世界第一部农业科普画册"。
② 参见冈彦一:《水稻进化遗传学》,《中国水稻研究所丛刊之四》,中国水稻研究所,1985年。
③ 参见卫斯:《关于中国稻作起源地问题的再探讨——兼论中国稻作起源于长江中游说》,《中国农史》1996年第3期。

先民就已经进入了定居生活阶段,地层中稻属植物硅酸体的大量发现,表明那时人们已栽培或利用水稻。这对我国稻作农业起源的研究具有重大意义。

水稻种植的起源,是一个困惑世人的"歌德巴赫猜想"。现在有两种意见。一种认为是古河姆渡人驯化当地的野生稻,并将驯化后的栽培稻波浪式向各地传播,例如北农大教授严文明、美国著名考古学家张光直、农史专家闵宗殿等,认为我国的栽培稻起源于长江下游,然后"以江苏、浙江为中心而向外传播"①。一种意见则认为,栽培稻起源于印度的阿姆邦和我国的云南省,或起源于中、印、泰、缅、老、越等国交界、互相毗邻的一大片山地地区。浙江大学游修龄教授持这一观点。作者认为,从河姆渡文化遗址出土的大量稻谷遗存和配套的生活要素,及当时的古地理、古气候条件分析,作为栽培稻的起源地之一是令人信服的。

我国著名考古学家严文明教授将 1980 年以前中国各地新石器时代遗址出土的水稻遗存,按年代早晚和分布地域联系起来进行考察,从而勾画出中国栽培稻发展的一个大概轮廓:"它们很像是从一个中心出发,像波浪一样地逐渐向周围扩展开来。由于河姆渡第四层的年代最早,稻谷又最丰富,它所在的杭州湾及其附近自然是最有条件被当作起源中心看待。"②接着拓展到马家浜文化期区域(前 4300—前 3700),再向西直达两湖盆地的大溪文化区域(前 3800—前 2900),然后再到长江下游和杭州湾地区的良渚文化、两湖盆地的屈家岭文化、北江流域的石峡文化,以及分布于黄淮平原、江汉平原邓区域(前 2900—前 2100)。考古学家杨式梃也指出:"从长江流域古今野生稻的存在、栽培水稻生活的自然条件、考古发现的稻谷遗迹,以及我国古籍的有关记载,完全可以认定,长江流域,特别是下游的东南沿海地区是我国栽培稻的一个起源区。"③其实,越地地处江南,水网稠密,河湖并连,素有"水乡"之称。气候温和,雨量充沛,溪流星罗棋布,构成了稻作文化发源的特定条件。

我国著名的历史地理学家陈桥驿教授认为,河姆渡文化时期的植稻

① 张光直:《中国东南海岸的"富裕的食物采集文化"》,《中国考古学论文集》,三联书店 1999 年版,第 78 页。

② 严文明:《中国稻作农业的起源》,《农业考古》1982 年第 1 期。

③ 杨式梃:《从考古发现试探我国栽培稻的起源演变及其传播》,《农史研究》第 2 辑,农业出版社 1982 年版,第 17 页。

者,即河姆渡先民的祖先可能是距今10万年左右就存在的"建德人"。距今2.5万年的假轮虫海退,至距今1.55万年左右,我国东部海水后退达600公里,海平面比现在低155米,今舟山群岛全部与内陆连接,形成宁绍平原与杭嘉湖平原以东一条东北、西南走向的弧形丘陵带。在这条丘陵带以东,还有大片陆地。钱塘江河口约在今河口以东300公里,今杭州湾及西岸支流,都不受潮汐影响。另外,由于东亚季风的迎风面上,夏季半年降水丰沛,气候暖热;冬季半年虽然气候寒冷,但由于降水少,即使在山阜,也不足以形成永久性的冰盖,就是说,基本上不受冰川影响。宁绍平原当时成为越族先民的聚居中心,是一片背山面海的广阔平原,既有山林之饶,又有鱼盐之利,平原上气候暖热,水土资源丰富,自然环境得天独厚。但从晚更新世末期开始,卷转虫海侵促使海平面回升,到距今1.2万年前后,海面升至现代水深110米处。到距今7000—6000年,海侵高峰,宁绍平原与杭嘉湖平原沦为相互联接的浅海,期间可能有几次小规模的海退与海侵,否则低于海平面的萧山跨湖桥遗址和河姆渡三、二、一文化层难以形成。卷转虫海侵使聚居于平原地区的越族先民进行大规模的迁徙。第一阶段有三条路线,一条是今舟山以东东海大陆架的越族先民内迁到宁绍平原;另一条可能外流,利用原始独木舟漂向琉球、南日本和南洋及我国南部各省;第三部分是迁至舟山丘陵。在距今一万年以前,宁绍平原环境恶化尚不十分严重,此后环境恶化加速,古越族人进行第二阶段迁徙,一部分进入浙西和苏南丘陵,另一部分由宁绍平原迁入南部丘陵山区,还有一部迁入平原孤丘。[①] 从上述推测表明越先民河姆渡人的祖先可能是中石器时期的建德人,在卷转虫海侵时向各地迁徙,形成河姆渡文化遗址和良渚文化。当然,上述的推测有待进一步考证。另外,从余姚市姚江两岸陆续发现的二十多处新石器晚期为主的古文化遗址以及宁波八字桥遗址和绍兴马鞍寺桥仙人山、凤凰墩遗址等遗物分析,大多数遗址出土一批石犁、石锛、石斧等农具,已演化为良渚犁耕农业文化。

据考证,妇女是原始稻作农业的发明者,即真正"稻作农人"的祖先[②],她们把野生稻改造成为人工栽培稻,为人类做出了很大的贡献。近一万年

① 参见陈桥驿:《论良渚文化的基础》,《文明的时光——良渚文化》,浙江人民出版社1996年版,第186页。

② 参见帕蒂古丽:《河姆渡稻作文化研究综述》,《宁波通讯》2009年第6期。

以前,在包括河姆渡在内的越地广袤的原野上、沼泽地上和芦苇杂草丛中,生长着大量的野生稻、稗子以及其他禾本科植物,它们一起杂生着,春华秋实,自生自灭。当时的人们尚不知道种植水稻,甚至还不知道它们是可以食用的。由于在当时的氏族内部分工中,男人们多从事狩猎、捕捞等危险性较大的劳动,而妇女们除了照顾老人、孩子外,也承担了就近采集野果、野菜的活计。这就给了她们发现水稻可以种植的历史机缘。妇女们领着孩子,经常在野外采集野果和野菜,看到鸟雀飞来啄食那些成熟的野生稻谷,受到了启发,认识到那是一种可吃的植物,于是就大批采集回去,用石头或木棒捣碎去壳,煮熟充饥。与此同时,还对生长在沼泽地上的野生稻有意识地进行观察和保护,等到种子成熟了再采集。这样代代相传,过了相当长的时间。很有可能是某一天,从外采集回来的野生稻谷,偶尔丢弃在住地附近低洼而湿润的土地上,由于条件适宜,在阳光雨露滋润下,到第二年就发芽、抽穗、成长,并结出谷物种子。妇女们经过细心观察,认识不断深入,有意识地在某些比较低洼湿润的地方,播下野稻谷的成熟种子。播下的种子跟在野外一样,也能长出稻谷来。就这样,妇女们逐渐掌握了水稻生长的规律,还认识到人工种植水稻比去野外漫无边际地采集野稻方便得多。于是,逐步地扩大播种面积,把住地附近的沼泽地上的芦苇和杂草放火烧掉,开辟成水稻田,种植稻谷。这并不完全只是凭空的想象,而是跟从考古发现还原出的远古历史的情形基本相符的。

如果将以上新石器时代古越先民的稻作遗存资料稍加整理,可以得出这样两点结论:一是古越先民栽培水稻有着 8000 年以上的历史。二是当时,古越族的稻作农业技术已有一定水平,在稻田耕作中懂得了使用畜力,可能已使用了犁,懂得了施肥。此后,无论是在商、西周,还是春秋战国时期,水稻种植始终是越人农业中的一个重要部门,而且,古越族在其先民的基础上,使稻作农业水平飞跃到了一个新的高度。尤其是到了春秋战国时期,古越族的稻作农业进入一个鼎盛时期。越国的统治者已经能够站在一定的高度对稻作农业予以重视,认为水稻种植的好坏是能否实现国泰民安的关键所在。《齐民要术·杂说》中有范蠡之言:"五谷者,万民之命,国之重宝",句践则有"人之要,在于谷。故民众,则主安;谷多,则兵强"[①]之言。

---

① 《越绝书·越绝外传枕中》。

基于这种认识,越国统治者制定措施,奖励耕作,广辟田野,修筑堤塘,句践还"身自耕作",带头参加农业生产,这一切,无疑推动了稻作农业的发展。那时,已出现了自成体系的铁制农具,表明越国先民的水稻耕作过程已趋于精耕细作了。① 而且,对水稻的耕作规律有了一定认识,开始圩(围)田植稻。据文献记载,吴王夫差曾一次借给越国稻谷"万石"②,足见吴国粮食之多,越国敢于一次举借如此巨债,表明"越地肥活,其稻甚嘉"之言的可信,也证实了"民具有三年之食","仓廪满,府库实"以及"越国炽富"的记载。此外,还有一个现象值得关注,即古越族对青蛙的崇拜。《尹文子·大道上》记载:"越王勾践谋报吴,欲人之勇,路逢怒蛙而轼之。比及数年,民无长幼,临敌虽汤火不避。"③这就是"越王敬蛙"的传说。在余杭瑶山良渚文化祭坛遗址中曾经发掘出土了一蛙形玉牌饰。④ 这是在我国稻作农业生产中最早有意识地利用益虫来帮助消灭农业害虫的反映。

(二)越地稻作农业的文化意蕴

水稻是古越族地区的主要生产作物,稻作生产在古越先民的社会生活中打下了深深的印记,并由此形成了具有浓郁区域特色的稻作文化。稻作文化是指与栽种水稻和杂粮有关的砍烧地农耕生产方式、生活习俗、社会结构和宗教信仰等。具体说就是,与之相关的物候节气、与水田作业相适应的各类工具、使用水牛的耕作方式、稻谷加工工具等器物文化,和以水为介质的米饭饮食、为适应傍水而居之需的栏杆式建筑等造形文化,以及以牛为牲的祭祀活动、对蛇与蛙等水田动物的崇拜和与之有关的生活禁忌,以篝火歌舞为媒的社交仪轨、口头传说等精神文化。也有人细分为稻作生产的耕作习俗而带来的乡规民约、民间生活方式、民间农艺、经贸习俗、民间医药、民间礼俗、民间巫术、民间神灵信仰、民间口头文学等综合而成的文化体系。

稻作文化是千百年来形成的一种民间历史文化积淀,是一种原始的农

---

① 参见林华东:《吴越农业初论》,《农业考古》1988 年第 2 期、1989 年第 2 期。

② 参见《吴越春秋·句践阴谋外传》。

③ 引自历时熙注本《尹文子简注》。"怒蛙",就是鼓足气的蛙。

④ 参见浙江省文物考古研究所:《余杭瑶山良渚文化祭坛遗址发掘简报》,《文物》1988年第 1 期。

耕文化现象。在越地的一些文献中，鸟是一种与稻作生产有着密切联系的动物。《吴越春秋》云："禹崩之后，众瑞并去，天美禹德而劳其功，使百鸟还为民田，大小有差，进退有行，一盛一衰……往来有常。"王充《论衡·偶会篇》云："雁鹄集于会稽，去避碣石之寒，来遭民田之毕，蹈履民田，啄食草根，粮尽食索，春雨适作，避热北去，复之碣石。"有人认为，雏鸟除草松土为农耕生产提供了方便。其实，这大约与首先发现鸟拉下没有消化的谷种落到地上，然后长出禾苗得到启发有关，此为百越人对鸟崇拜的原因之一。其实，古人把鸟田说成鸟帮耕田，所谓"春拔草根、秋啄其秽"，是一种误解。在进入农耕社会时期，古越人就已对鸟有所崇拜，否则就不会有鸟图腾的崇拜。需要说明的是，无论是鸟帮助人耕田还是鸟是越族人的图腾，其最根本的文化内核应该是在越族传统文化中鸟与农耕即与丰饶祈求的文化关联。

显然，稻作文化的产生是历史必然。稻作起源之前，先民们主要靠狩猎和野生采集来维持生计。随着人口增长，野生资源的持续减少，人们仅依靠野生采集及狩猎简单的生产方式难以维持生计，以及社会复杂化等因素的共同作用，先民们开始寻找新的生存方式，后来才发展到野生稻移植、驯化、培育、提高其产量，为人类提供赖以生存的粮食，给人类生存发展壮大创造了条件。因此，史前稻作农业经历了从起源、产生、发展到成熟的全过程。新石器时代中期是稻作农业产生的时期，晚期是稻作农业大发展的时期，末期是稻作农业的成熟时期。正是在史前稻作农业发展的基础上，我国长江流域及以南的广大地区才产生了丰富多彩的稻作文化，显示了史前稻作农业的辉煌成就，并最终从史前走向了文明。

文化是一个地方的品格和灵魂。人类只有解决了生存与发展的难题才能走向文明，才能增加繁衍数量，才得以发展壮大。水稻的生产习性是喜高温多雨、土壤肥沃、灌溉便利的自然环境。因此，根据中、外农业考古专家分析认证，河姆渡文化遗址是我国最早的水稻栽培地。这与四明山麓的地理位置和气候条件是分不开的，因为那里的地理环境利于水稻生长。

从时代视角来审视，稻作文化有着深厚的历史底蕴，蕴涵着丰富的人文精神。概括起来：一是科学的精神，即实事求是、与时俱进的精神。栽培稻是从普通野生稻演化而来的，是人工长期培植的结果。从野生稻进化为栽培稻或驯化稻，从自然生长演变成人工栽培，就是一个崇尚科学、讲究科学的过程。没有科学的精神,野生能驯的特性就不会被发现,能栽培的方法就不会被掌握。从实物发现来看,古越族生活区在史前时代也应有野生稻的存在。1917 年,美国人麦尼尔在广东罗浮山至石龙平原一带发现了普通野生稻,我国水稻专家丁颖曾在广西的西江等地也发现了普通野生稻。①翻阅史料,在一些古文献中可以看到有关野生稻的记载。比如:"黄龙……三年〔231〕由拳〔今浙江省嘉兴县〕野稻自生。"②又如:"〔文帝〕元嘉二十三年〔446〕吴郡嘉兴、盐官县野生稻自生三十许种。"③"〔开元〕十九年〔731〕……扬州□稻生。"④再如,"宋太平兴国四年〔979〕八月,宿州符离县郫湖稆生稻,民采食之,味如面,谓之圣米。淳化五年〔994〕温州静光院有稻稆生石罅,九穗皆实。大中祥符三年〔1010〕二月,江陵、公安县民获稆生稻四百斛。"⑤上述记载,无不透露了这样一条重要信息:在千年以前,长江下游的越地,野生稻还广泛地存在着,何况更早的远古时代。可见,居住在这一带的原始越地先民,就是凭借科学精神,从大量实践中探索栽培稻技术。二是创新的精神,即敢为人先、打破常规的精神。水稻从没人吃到有人吃,从野生生吃到加工熟食;从无人种到有人种,从少量种到大量种,就是一个大胆创新、不断创新的过程。与稻作文化息息相关的陶器,从其最初用晒干的泥土做盛具到用烧制的陶罐做容器,从打制石器的简单加工到磨制工具的深度加工,原始先民都是在走前人没走过的路,做前人未做过的事。这些都表明,只有敢为人先,才能不断领先;只有打破常规,才能不断超越。三是执著的精神,即坚忍不拔、锲而不舍的精神。据考证,在河姆渡、良渚两处文化遗址新石器时代早期地层中都出土了丰富的野生稻种硅石和栽培稻植硅石。这表明,从野生稻到栽培稻的过程,前后历经 7000—8000 年,这是越地原始先民执著追求、执著奋斗的过程。其核心就是体现了坚忍不拔、锲而不舍的精神和品质。四是拼搏的精神,即艰苦奋斗、自强不息的精神。拼搏精神是稻作文化能够逐步形成的最有动力特征的因素。在远古时代,恶劣的自然条件,使得越地先民们选择了"择穴而居"的生活

---

① 参见严文明:《中国稻作农业的起源》(续),《农业考古》1982 年第 2 期。

② 《三国志·吴书》。

③ 《宋书·符瑞志》。

④ 《新唐书·玄宗本纪》。

⑤ 《文献通考·物异考》。古文献上所说的稆稻,就是今日的野生稻。

方式。但就在这样艰苦的生存环境下,越地的原始先民们不怕苦,不服输,奋力拼搏,永远进取,这本身就是一种高贵的奋斗者品格。正是有这股顽强的拼搏精神,最终野生稻驯化成为栽培稻、粗糙的石头磨制成了精细的工具,普通的泥土烧制成了精美的陶器,人类才实现了从茹毛饮血的狩猎时代到刀耕火种的农耕时代的飞跃,才完成了接绳记事到刻图记事的历史性变革,才开启了农业文明不断向工业文明、商业文明演进的伟大革命。五是和谐的精神,即团结协作、和衷共进的精神。从旧石器时代晚期主要栖息在地势较高的山腰或山顶,到新石器时代早期主要群居在洞穴之中;从在野外合力捕获野兽到集中屠宰分食,原始先越民众共同生活,共同劳作,体现了人与社会的和谐、人与人的和谐。只有团结协作,才能形成整体合力;只有和衷共济,才能实现社会和谐。从生产方式看,河姆渡稻作文化已脱离了原始的"火耕"阶段,进入了较为先进的用耒耜耕种的"耜耕"农业阶段。

综上所述,"稻作文化是指包括由于稻作生产发生出来的社会生活的一切方面"①,它不仅是指有关水稻的产生、发展及其谷物生产的一系列问题,而且包括由于稻作生产而影响所及的民间的生活方式和生产中的种种习俗,以及稻作民族特有的性格、爱好与文化心态等。

二、稻作文化与越地生产方式

依据马克思主义基本原理,生产方式(Mode of production)是指社会生活所必需的物质资料的谋得方式,在生产过程中形成的人与自然界之间和人与人之间的相互关系的体系。在区域经济发展的历史进程中,各种"经济体系总是沉浸于文化环境的汪洋大海中。在这种文化环境中,每个人都遵守自己所属群体的规则、习俗和行为模式,尽管未必完全为这些东西所决定"②。由此形成了不同的区域文化特色,并对其生产方式必然发挥着重要的影响作用。由于区域文化具有强大惯性,促进了区域经济也有传统习

---

① 姜彬:《稻作文化与江南民俗》,上海文艺出版社 1996 年版,第 76 页。
② [法国]弗朗索瓦·佩鲁:《新发展观》,华夏出版社 1987 年版,第 19 页。

俗回归的冲动。这种文化惯性对经济有积极的作用，也有消极的负面影响。在当代，文化力量对于经济发展的作用日益显著。一方面，人们享受着文化背景所赐予的灵感和力量；另一方面，他们也日益感受到消极文化所带来的惰性与锁定效应。

（一）稻作文化对越地人们思想观念的影响

文化在一定意义上说，是一种精神、一种生存方式、一种生产力。而稻作文化显示的是越地发展最深厚的底蕴，是千百年来激发越地经济社会发展内在活力之所在。文化经济学认为，劳动者具有什么样的文化背景，有着什么样的价值观念，会极大地影响他们对待生产劳动的态度从而影响到工作的质量。所以，精神气质是人力资本的不可忽视的组成部分。[①] 一个人乃至一个民族是否具有坚忍不拔、百折不挠的创业精神，是否能够承受创业活动的辛劳，和文化有着十分密切的关系。衡量一种文化能否对创业有积极的促进作用，核心的标志在于这种文化能否培育大批具有创新精神和创业能力的企业家。文化正是通过经济这种塑造市场主体，进而影响市场主体行为的各个环节，而且以伦理道德规范和修正经济人的过度自私行为，将其引导到有利于市场秩序之形成和维持的方向。

无数事实证明，区域文化影响着劳动者的素质和观念，创造独特的氛围，从而引导区域经济的良性发展。一个区域的经济发展，不能模仿他人的模式，只有研究该区域的文化底蕴，才能真正发展该区域的经济。因为一个市场、一种产品可以模仿，但是一个区域的"性格"及人的精神文化是没法模仿的。一个群体思想观念的保守落后，制约着一个区域的扩张与发展，总体上说，当代绍兴人有自主、冒险、创新和逐利性、实用性等特点，但同样存在着小农意识较浓、商业气味不浓、气魄不够、保守思想偏重等不利因素。比如，越地文化从根本上说属于稻作文化或农耕文化，适合小农经济的创业需要。农民安分求稳，这是滋生淳厚民风的源泉，恰失领风气之先的波澜。农民视野不宽，胸襟不广，步子不大，少了创业者闯市场的动力。而且，重商心理淡漠。虽有厚重的人文积淀，重商思想也源远流长，但

---

① 参见［瑞士］布鲁诺·弗雷：《文化经济学：个人的视角》，《国外理论动态》2007 年第 3 期。

是，如果与温台地区相比，越地耕读传家、"不乐商贾"观念根深蒂固。表现为：不敏于重商、敬商、亲商，不强于"特别能发现商机、特别能化解危机、特别能适应市场经济"的潜能。在这样的文化环境的潜移默化之下，人们竞争理念欠缺，民众的普遍心理往往存在怕因与众不同、"鹤立鸡群"而惹人眼目，持有慢慢来、悠着点的心态，因此容易错失稍纵即逝的发展良机。

此外，稻作文化还造就了古越先民理智缜密的思维方式。就是说，绍兴人在经济活动中具有明确的目标，思维谨慎周密，往往是三思而行，不意气用事，不轻易弄险，善于权衡利弊，选择最佳方案，并且根据实际情况灵活调整。《宋史》说绍兴府"民性柔敏而慧"，《诸暨县志》中说诸暨人虽"好斗"却"易解"，嘉靖《余姚县志》说余姚人"其思深，其虑远"，讲的就是越地老百姓在思维方式上的理性特点。这一点在计谋甚多、机警圆滑的"绍兴师爷"这一明清时期闻名全国的特殊管理人才群体身上，表现得非常明显。

（二）稻作文化对越地人们价值取向和行为方式的影响

软环境本质上是人的问题，具体表现在人们的价值观、行为方式等方面。软环境直接影响到该地区的市场经济发展的模式、经济的走向。越地人乡情浓郁，有重地缘的文化背景，即使外出发展亦将根留在越地，而温州人恋乡不恋土，走南闯北打天下。

稻作文化促成了越地人们务实尚利的功利观。绍兴人在经济活动中，讲究实效，追求利益。在绍兴地区多个方志中，都说绍兴"质朴"，有古风等，就是务实，像《万历志》曾说："嵊县和新昌本一邑，在万山中，其士子知好学砥行，嵊尤近质，不浮不做无益。"务实表现在商业领域就是"尚利"，绍兴有一句民谚："打也来，骂也来，蚀本勿来"，形象地表达了追求实利的功利性特点。绍兴人的功利性特点在绍兴名人笔下多有反映，陆游在归隐山阴以后亲自参加耕作，他在《杂兴》中说："谋生在衣食，不仕当做农。识字读农书，岂不贤雕虫，妇当娶农家，养蚕事炊春。"明代山阴心学大师王阳明主张"吾心便是宇宙"，然而在经济观上却主张"士以修治，农以具养，工以利器，商以通货，各就其资之所近，力之所及者而业焉，以求尽其心。其归要在于有益于生人之道"。其后的刘宗周提出"六经皆经济学问"的主张，章学诚主张"道器合一"、"六经皆史"的史学思想，都表现了绍兴人务实求利的功利观。在鲁迅的小说《孔乙己》中，"单衣帮"们之所以嘲笑孔乙己，就是因为他在举业、幕业、商业和馆业上一事无成,生计都成问题,还不务实,放不下读书人的架子的缘故。此外,在越地一些重大历史事件中,也从一个侧面反映出这种文化品格。"舜耕"说的是虞舜躬身耕耘,亲历亲为,不问朝暮,不畏艰辛,以至于感动飞鸟、大象。虞舜的这种务实,逐渐构成了越地人文特征。其后,句践"身自耕作,夫人自织,食不加肉,衣不重采,折节下贤人,厚遇宾客,与百姓同其劳"和"苦身焦思,置胆于坐,坐卧即仰胆,饮食亦尝胆"①的胆剑精神,以及王充《论衡》萌芽重务实的唯物史观,接续了越地一以贯之的务实文化基因。当然,务实尚利并非唯利是图,越地传统文化中虽有较多"以小搏大、合理牟利"积累财富的精神元素,但是,在越商看来,物质财富积累到一定程度后就只是一种"符号",量的增加并不能改变个人的生活质量和人格品质,只有富有爱心,行善积德,从点滴做起才能真正提升越商的人格品质。他们更多的是通过对公益事业、慈善事业的资助来彰显金钱"善"的光辉。这不但从文化的层面,还从道德、伦理的层面诠释了财富的意义。

稻作文化促成了越地人们柔和坚韧的交往方式。一个社会的根本的文化气质直接决定着人们的生活态度和相处的方式。在经济活动中同人交往时,温和委婉,不走极端,通达权变,工于心计,持之以恒,锲而不舍,总称柔韧。当然,"柔韧"并不是见风使舵,它讲究的是一种协调和谐、随机应便的能力,该柔时即柔,该韧时即韧,该放手时绝不挽留,该挽留时绝不放弃。这是绍兴人文化精神气质的一个主要特征。《晋书·地理志》上讲会稽府"其民循循",《宋史·地理志》说绍兴府"民性柔敏而慧",《诸暨县志》中说诸暨人虽"性质直而近古,好斗",却"易解",嘉靖《余姚县志》也说余姚"人柔敏而慧",这些都表现了绍兴人"柔和"的一面。《余阙均役记》记载:"山谷之间,有一夫而居十亩之田者,祖宗相保至累世不失"②,《万历志》说诸暨民"好讼,所争毫末,至累世不休",表现了绍兴人格坚韧的一面。肇始于改革开放初期绍兴县的"四千精神",充分体现了柔韧的交往方式。

在这里,所谓"柔",并非弱,常与"和"联系,所谓"惠",则随机应变、趋利避害。由于崇尚"柔惠"的精神气质,绍兴人在日常生活中总是显得委婉

---

① 《越王句践世家第十一》,《史记》卷四十一。

② 余阙(1303—1358),元诗人、书法家。庐州(今安徽合肥)人。元统元年进士,官至淮南行省右丞,追封豳国公,谥忠宣。工诗文。篆、隶亦古雅可传。著有《青阳集》。

含蓄不失分寸,即使在处理一些棘手的问题时,也总是以"不伤和气"、"不撕破脸皮"为基本要则,因此邻里和睦、社会安定。如绍兴传统习俗中的所谓"讲生意"和"吃语"可说是绍兴人"柔惠"的一例。所谓"讲生意",就是东家决定留用还是辞退伙计,有两种方式:一是东家摆一桌酒席请大家吃,席间东家亲自端一盘鱼上桌,鱼头对准谁,谁就被辞退;二是在酒席结束后,东家依次找伙计谈话,若留用则口头表扬或加点工资,若不再留用,则送上红帖一张,双方好聚好散。所谓"吃语",就是各商店的一套行话。为了对付顾客,这套行话只有内部知道,如在南货店买东西,恰逢有欠账的顾客来买东西,老板就跟收钱的员工打招呼,说一声"人昔",员工就把原价加上二三成算账,既不让顾客难看,又收回了赊账。

越地的稻作文化还直接影响人们的经营理念和方式。"水"是水稻的"命根子"。于是,"水"的三个特点也在越地民间打上了深深的烙印。具有浓郁"草根"气息的越商明显地体现了"水"型的商业文化观念。比如,水的第一个特点就是"往低处流"。越商的文化观念,行事为人的一个明显特性是低调、务实,从不争着抢着去露脸。例如有些民营企业家做了许多好事,捐赠等等,却连名字也不愿意留下。越商进入某地做生意,很少跟人家发生正面冲突,抢占人家已经成熟的市场和商品等,而是往往从小商品、小生意,从一般人不愿干的事做起,这就是水向低处流,这同时也就是水"处众人之所恶"、"善利万物而不争"(老子语)的体现。又比如,水的第二个特点就是至柔,"无形"。与五行中的其他物质相比,水没有什么固定的形状,可大可小,随机应变,无孔不入。在商战中,越商在做生意中并没有什么一定之规,没有什么尊卑观念。什么能赚钱,什么能满足顾客需要,他们就做什么。与其他地域经济相比,越商占领的更多的是小商品领域,或者是看起来很不起眼的行业,一般人根本不会放在眼里,越商就是靠做这个发了财。又比如,水的第三个特点是柔中带刚。水虽然看起来属于至柔,但如果用力拍打水面,就会发现水其实是很"硬"的,也就是说水实有至刚的一面。所以说是水,以"刚中之德"显现"天行健,君子以自强不息"的儒家基本精神。老子也说,水"为天下之至柔,驰骋天下之至坚"①。"天下莫柔弱

---

① 《老子道德经》第四十三章,陈鼓应:《老子注译及评介》,中华书局 1984 年版,第 63 页。

于水,而攻坚强者莫之能胜。"①越商文化观念就是"柔中带刚",他们看起来很低调,甚至于可以说很谦卑,他们能适应和接受看起来无法忍受的条件和环境,但是决不是懦弱。而是坚忍不拔,持之以恒,"抽刀断水水更流"、"水滴石穿",总是能最后战胜看起来貌似强大的困难和对手,赢得成功。再则,水的第四个特点是"随风潜入夜,润物细无声"。水的渗透不仅无孔不入,而且也不知不觉。越商也有这个特点,许多行业灵活地运用战略战术,往往采取"小狗"战术,以多打小,以弱胜强。许多企业在扩张中往往采取悄无声息的"水"的渗透,不管采取什么办法(例如买壳或者参股),往往不声不响。在人们尚未觉察之时,事情早已干完了。许多商业领域,越商在不知不觉中,就打开了一个又一个领域,进入一个又一个行业和地区,占领了一个又一个市场。

(三)稻作文化对越地人们生产方式的影响

越地最突出的生产方式是辛勤精细,即在进行生产活动时,舍得出力吃苦的同时,追求用智取巧。因此,在农业上精耕细作,在手工业上精益求精。这在一些地方文献上有较多记载。比如,《余阙均役记》说绍兴府民"土瘠民贫,小人动身而食力,其君子检析而敦诗书",《会稽县志》上说"民有耕耨,而诵其业,丝布其服,鱼盐与稻果瓜而赢蛤其实也",《陈敬宗萧山科甲提名记》中说萧山"男女有别而耕织惟勤,诵相闻而文风益振",《诸暨县志》说诸暨民"力稼不事浮费",《余姚县志》讲余姚"士以读书为本业,小人以技艺为耕作",《上虞县志》讲"君子好文学,邱民理檔事",这些都说明了在农业社会中绍兴地区民众在人格的生产性方面的特点。改革开放以后绍兴出现的"走遍千山万水,吃尽千辛万苦,想尽千方百计,说尽千言万语"的"四千精神"也说明了辛勤精细的特点。

在历史上,越地农业上的精耕细作特点,尤为突出。《越绝书》、《吴越春秋》,以及王充《论衡》和晋代张华《博物志》等古籍,都记载了越地"鸟耘"的传说。"关于"鸟耘",古人曾作过许多猜测和解释。他们大都把它说成是天美舜禹之德的瑞应,这当然是一种迷信的附会。唐代陆龟蒙认为"耘者去莠,举手务疾而畏晚",是从鸟类啄食"务疾而畏夺"的行为中学来

---

① 《老子道德经》第七十八章,陈鼓应:《老子注译及评介》,中华书局 1984 年版,第 213 页。

的,所以叫"鸟耘"。① 元代王祯不同意陆氏的解释,认为农人以手耘田,"无异鸟足之爬抉,岂非鸟耘者也"。又说"耘爪,耘田器也",认为用小竹管或小铁管做成的耘爪,套在手上耘田,以代指甲,"犹鸟之用爪也"。② 陆龟蒙会意式和王祯象形式的解释,都没有抓住"鸟耘"的本质。其实,汉代唯物论者王充早就对此作过科学的解释,他认为"象耕鸟耘"是人们对"天地之情,鸟兽之行"的利用,是"鸟自食草,土跃草尽,若耕田状,壤靡泥易,人随种之"的一种水稻栽培方式。他进一步指出,在"会稽进行""鸟耘"的鸟类是春去秋来的候鸟——雁鹤。可见,历史上的"鸟田"是越地先民或其后裔在水稻生产中对动物的利用,即从利用野生动物到利用家养动物,从利用其踩踏爬掘的习性以搅烂土地,再到利用其为动力,牵引耕具。再则,越地先民不仅利用野生的雁鹊进行"鸟耘",而且直至今天还有利用家鸭进行"鸭耘",如绍兴一些山区和半山区,至今仍有人利用鸭群中耕、除草、治虫,方法是把鸭群赶入稻田,并以少量谷物为诱饵,引诱鸭群反复多次地在稻田中来回奔走,竞相觅食,以起爬掘杂草、疏松泥土、吞食害虫、拉粪肥田的作用。还有的地方把养鸭中耕与稻田免耕结合起来,每当稻苗返青后,即把鸭群赶入稻田,以收"耙草、除虫、粪田、松土"之利。这是越地历史上农业精耕细作稻作文化的传承与延续。在日常生活方式和理念上,稻作文化的精耕细作方式,成为越地生活追求繁缛精细,以及日常生活化审美趣味的深层背景。在精耕细作这种生产方式上,越地先民极其强调精细准确、不厌其烦,按照作物生长的具体特点和季候情况,进行细致、有层次有规律的生产作业活动。如对于稻田粪肥的投放,就是一个非常复杂而又需要细心的工作。

与精耕细作的生产方式相联系,越地先民还是犁耕文化的创始者。河姆渡遗址出土了大量的工艺水平相当高的骨耜,大部分是用偶蹄类哺乳动物的肩脚骨制成的,骨耜上面装上木柄,便可直接操作。不少学者都认为它的主要作用是用于翻土。其实,从当时当地的自然环境和地广人稀、生产力水平低下的情况分析,骨耜的主要作用可能是在软烂的土地上整土平田。因为当时的水稻栽培,很可能是类似上述的"鸟田"或"火耕水耨"式的,不一定需要也不太可能一耜一耜地翻土,很可能是把泥土搅烂、爬平,

① 参见[唐]陆龟蒙:《笠泽丛书》丙,台湾商务印书馆 2009 年版,第 47 页。
② 《王祯农书·农器图谱集》之四。

便行播种。据文献记载，少康封其庶子于越于会稽时，仍然是"人民山居，虽有鸟田之利，租贡才给宗庙之费，乃复随陵陆而耕种，或逐禽鹿而给食"①，说明当时会稽一带的水稻栽培仍然是"鸟田"式的。如果将河姆渡的骨耜装上曲柄，则可变为骨锄（骨梛），也可象木梛那样在软烂的土地上平整土地。骨耜还可用于除草筑塍和开沟，因为水稻生产首先要有水，没有田塍就不能贮水，没有水沟便无法进行最起码的排灌。从浙江省出土石犁、破土器分析，我国的铜犁、铁犁无疑是从古越先民创造的石犁、木犁发展而来的②。此外，越地先民还是"火耕水耨"的始创者。由于越地属于地广人稀的滨水地区，畜力缺乏，水源充足，人们以火烧草，不用牛耕，直播栽培，不用插秧，以水掩草，不用中耕。这种"火耕水耨"的水稻栽培方式，由于巧妙地利用了水和火的力量，所以具有较强的生命力。

三、稻作文化与越地消费方式

稻作文化可界定为以稻作为主的经济形态所产生的文化，它在稻作民族的民俗、语言及其民族特点上有着集中的体现，内涵十分丰富。它在消费方式上的表现为，作为包括"稻作农人"在内的消费者以什么身份、采用什么形式、运用什么方法来消费物质生活资料。它既是消费者与消费对象发生自然关系的方式，又是消费者作为社会的人在消费生活中形成一定社会关系的方式。因此，消费方式是消费者在一定的自然和社会条件下与消费对象发生关系的方式。它既要受自然和社会条件的制约，也受处于一定的自然和社会环境中的消费者的主观心理因素的影响。

（一）精打细算的消费方式

从越地史志记载中，不难发现，浸透着稻作文化的越地民众的消费方式，反映出绍兴人的文化品性。其中，最突出的就是，绍兴人素来有一种稳健、谨慎和精算的生活习俗。

---

① ［唐］陆龟蒙：《笠泽丛书》丙，台湾商务印书馆 2009 年版。
② 牟永抗、宋兆麟：《江浙的石犁和破土器——试论我国犁耕的起源》，《农业考古》1981 年第 2 期。

绍兴人秉承"大不可小算"（仔细计算，实质是指对某事物的估量不能小看）的理念，是精于算计、善于运作的典范。他们"不以利小而不为"，踏踏实实地从小事做起，一步一步创业。他们继承前辈"能握微资以自营殖"的传统，凭着几十元、几百元的本钱起家或合伙办厂，一分一厘地赚钱。有人说："如果对绍兴商人做一个形象的比喻，应该说他们就像鉴湖水一样风平浪静，稳健、谨慎又精打细算。"这话有一定道理。稳健、谨慎让越商作决策时很少"拍脑袋"，而是要经过深思熟虑、百般盘算，再作决定。在每一次金融风暴中，越地商人所受损失也相对较小。比如，就地取材，用于建设和生计，是人类在适者生存的自然界中的必由之路。绍兴人与苏州人一样，开山取石本意无丝毫区别。但如何取得更多的石料，又不浪费资源，这点绍兴人显然就比苏州人精明。苏州金山浜的开山历史也很悠久，但一座金山四周全是宕口，将整座山先是开得满目疮痍，最后成了巨大的深不可及的宕洞，变成了后人无法利用的负担。而绍兴柯山、绕门山的开凿，宕口在一侧，从现在留下的悬崖劈面看，劈面光滑；再从湖底的横面看，当年采石时是很有层次的，这充分说明，此地采石是物尽其用，消耗不大，这不能不说绍兴人的算计强于苏州人。再说，金山浜的现状令人沮丧；而柯山和东湖，留下了满坡苍翠的半座山以及石佛、奇石、东湖、悬崖、奇洞，这些构成了后人加以雕凿整理的宝贵的旅游资源。柯岩、东湖当年开山采石损耗了半座山，但是留下取之不尽、用之不竭的旅游财富，远超过了半座山的价值。这不能不说绍兴人比苏州人精明且善于运作。

另一方面，如果精打细算表现极端了，则变成了"小家子气"，闯劲儿不够。当然，由于越商精于算计，太过务实，在他们的头脑中形成了很多规则意识和条条框框，该防范的防范，不该防范的也防范，所以越商的一个致命弱点就是"自顾自"，抱团意识薄弱，团队合作少。一位专家曾诉记者，越商之间过分的算计使得人与人之间的信任度普遍降低，导致交易成本的增加，这在某种程度上抑制了合作意识。

（二）节俭适度的消费方式

越地老百姓非常讲究节俭适度，反对奢靡浪费。① 嘉泰《会稽志》曾

---

① 参见梁涌：《生活中的越文化张力略论》，费君清主编《中国传统文化和越文化研究》，人民出版社 2004 年版，第 186 页。

说,绍兴府的民性"不事奢靡,士大夫占产甚薄,缩衣节食以足以伏腊"。万历《山阴县志》说,山阴民"其男女屏浮靡不事",诸暨《旧志》说诸暨"商贾工作皆习简朴,不事华丽",嘉靖《余姚县志》说余姚民"让检而不陋,华而不废,勤而不匮,质而不俚","占产至薄,缩衣节食以足以伏腊",《嵊县志》说嵊县民"俗尚勤俭好古",《新昌县志》说新昌民"商不尚华丽"。旧时,在绍兴农村,教育孩子饭米不可抛于桌上、地上或随便乱丢,否则要遭雷公公打;"剩饭碗脚,来世要饿肚皮";"饭子勿吃净,来世要亦麻子"。煮饭时,多用冷饭作"饭娘",以提高出饭率;祀神祭祖时,才煮纯米饭。开饭时,第一碗供灶神,以后以长幼为序,先给尊长,后给幼儿。收获季节,俗尚"尝新",以新收稻麦,做成时鲜糕、麦糕、麦果等时鲜果品,一以供奉祖宗,一以孝敬尊长。

业内人士认为,越商之所以能立足商界,是因为越商一直把节俭视为创业守业的商道法宝。在越商看来,节俭不仅能积累财富,还能培养人的艰苦创业的精神、奋发向上的品质。事实上,越商的节俭不仅体现在生活上——"白天当老板,晚上睡地板",还体现在管理理念上——通过屡次降低成本来实现赢利目的。不仅如此,这种节俭作风还传承到第二代身上,他们大多保持着前辈的勤劳俭朴、吃苦耐劳精神。而随着融资水平的提高,第二代越商还拓展了节俭的含义。现在在越商中"少花钱多办事;不花钱也办事;最好是花别人的钱办自己的事"已日渐兴起。

另外,在绍兴方言中,也可略见其中的节俭内涵。"乌干菜,白米饭,神仙看见要下凡",反映出古越百姓勤劳,生活简朴,吃着"乌干菜,白米饭"自得其乐,连神仙见了也羡慕思凡。还有,绍兴人有"一年烂饭买条牛,三年薄粥起高楼"和"吃饭吃到八分,饮酒饮到七分"、"少吃多滋味,多吃坏肚皮"、"头一要做人家"(过生活,第一是要求做到勤俭节约)等民谚,以及"开头门多路风"、"细水长流,吃穿勿愁"等俗语。所有这些,讲的就是节俭和适度。另外,直到现在,绍兴人出外消费比例比较低,都是节俭适度的体现。

综上所述,节俭适度的消费方式、辛勤精细的生产方式和柔韧的交往方式主要反映了绍兴人经济行为的基本特点,务实尚利的功利观和理智缜密的思维方式则主要反映了绍兴人经济活动时的基本心理倾向。二者互为条件,互相促进,有机统一,节俭适度的消费方式、精细辛勤的生产方式以及柔和坚韧的交往方式,表现在思维方式就是理智缜密,表现在价值取向上就是务实求利的功利观,同时理智缜密的思维方式也是务实取利价值取向的表现和要求。

第九章　越地商贸业的演进及商业行为特点

越地重商求利的传统工商业文化源远流长。在唐代,越地就已是全国工商业发达的地区之一,杭州、宁波和温州均为繁荣的商业城市。两宋以来,越地更成为了全国工商业的重要中心。明代以后,越地的商品经济非常发达,强烈的求富意识和趋利尚贾的社会习俗逐步形成。马克思说:一个社会不能没有商人,近现代社会更是如此。商人、商品和商业资本是推动社会发展的积极因素。商人可以存在于任何社会微笑的缝隙中,为自己开辟出一个活动的大天地,这种顽强的生命力遇到适当的机会便会勃发出旺盛的生机,以致在一定的历史时期里,商人可以产生压倒一切的影响。因此,古今中外,经商是一种社会需求,也是一种自我发展的需求。

一、源远流长的越地经商传统

恩格斯认为:"我们所说的'商品生产',是指这样一个经济发展阶段,在这个阶段,物品的生产不仅是为了供生产者使用,也是为了交换;也就是说,物品是作为商品,而不是作为使用价值而生产的。"①就是说,商业是以买卖方式使商品流通的经济活动。商业传统是区域经济发展中的重要文化资源,具有地域性、行业性与因袭性特征。商业传统与区域经济发展正相关,它不仅是区域经济发展中不可或缺的文化资本,而且对区域经济发展具有"加速器"作用。

(一)越地商贸业的演进轨迹

我国的商贸业大约肇始于西周初年。周公平定武庚叛乱后,为防止殷遗民再度造反,便令殷民迁居洛阳。王亥"肇牵车牛远服贾,用孝养厥父母"②,意即用牛车拉着货物到远地去做生意。由于殷原称商,所以从事经商活动的殷遗民被称为"商人",他们的职业也被称为"商业"。

越地的商贸业起源甚早,源远流长。越人早在先秦时代就同朝鲜、日本、印度、大食以及中国其他沿海省份有贸易往来。据《史记》记载,中国最早的大商人,也就是后代商人的鼻祖"陶朱公"范蠡。早在战国时期,大越城内就出现商事活动。范蠡经商"积著〔贮〕之理",影响至今。秦汉时,城内商事活动已见记载,在郡城都亭桥有大市,越人于此为市,相传即蓟子训卖药处。范蠡的商品经济思想中,最主要的风格是不尚虚功、求实利。春秋战国时期,越国大夫范蠡在营建越国都城时,就把市场纳入城市建设规划之中。先筑"小城",为君子和贵族居住的宫殿区,是部族的军事保垒和政治中心;后筑"大城",是从事手工业和商业的平民区,是部族的经济中心和生产基地,但当时的经济和商业氛围并不浓。后来,被称为"越大市"的市场,位置就在今绍兴市城内都亭桥南。这是根据越大夫计然"贷物官市开而至"③的建议设置的"官市"。当时范蠡组织上万人的经商队伍,四海之内收购的贩运商品,运往越都城的商品"积山如阜",营业之巨,"日致千金",范蠡因此被后人尊为"商圣"。此后,从明代的王阳明心学,到清代浙东学派,重商思想一以贯之,基本思想是"经世致用"、"义利兼容"、"工商

① 恩格斯:《〈社会主义从空想到科学的发展〉1892年英文版导言》,《马克思恩格斯选集》第3卷,人民出版社1995年第2版,第697页。
② 《尚书·周书·酒诰》。
③ 《越绝书》卷四。

皆本"等重商精神。

从历史文献看,越地的商贸业发展经历了秦汉、唐宋、明清三次蓬勃发展时期。

东汉永建四年(129),吴、会分治,山阴成为会稽郡治,从此商业发展迅速。永和五年(140),会稽郡守马臻主持修筑鉴湖,为发展经济奠定了基础,加以汉代实施减赋政策,提倡"食货并重",境内商贸活动益见繁盛。《后汉书》载,会稽上虞人朱俊"母尝贩缯〔丝绸〕为业","抱布贸丝"遍及城乡。是时,日本人也慕名来会稽贸易,"会稽海外有东瀛人,……时至会稽市"。三国吴赤乌八年(245)八月,孙权"遣校尉陈勋将屯田及作士三万人,凿句容中道,自小其至云阳西城,通会〔稽〕市,作邸阁"。其时,会稽郡为全国最重要的铜镜、青瓷器交易中心,越布、丝绸市场海外有名。《三国志》云:"亶洲〔日本〕在海中","有数万家,其上人民,时有至会稽货布"。东晋六朝时期,北方人因战乱大批南迁。一时人文荟萃,经济繁荣,有"今之会稽,昔之关中"之美誉,民物殷阜,商事活跃,山阴道上商旅往来频繁,征货贸粒,是两浙绢米交易的中心。

唐宋时期发生的经济社会变革,促进了当时商品经济的发展。唐代,国家盛平,经济发达,越州城不仅是一州首府,又是浙江东道节度使驻所,俨然一大都会。其越瓷、交梭、白纱、花纱、轻容、吴绢等闻名全国,畅销各地,有"杭州在唐,繁荣不及姑苏、会稽两郡"之说。南宋,建都临安,绍兴当时与金陵不相上下,成为首都以外的全国两大城市之一。宋高宗在此驻跸逾年,城市扩大,市容繁华,街衢整齐,交通便利,商业发达,茶叶交易已居全国第一。

到了明清,开始出现资本主义萌芽,商品经济达到了鼎盛时期。当时,绍兴手工业发展迅速,促使商业繁荣,尤其是丝绸、酿酒等业,在全国已居重要地位。明清以来,绍兴以"三缸"(染缸、酒缸、酱缸)为特色的手工业十分发达,民间经商之风甚浓,药业会馆、布业会馆、钱业会馆、造箔会馆、丝织会馆、酱园业公所等商会众多,商业文化之浓厚至今仍为人们所称道。鸦片战争后,绍兴市场开始出现洋货,民族工业兴起,商品种类增加,行业扩大,专业分细。如米业、酒业、酱业、茶食业、南北货业、百货业、绸布业、钟表业、金银业、油烛业、茶漆业、铜锡业等。尤其是清代的上海钱业的开创者——"绍兴帮"在我国民间商业活动中,始终具有举足轻重的地位和影响。

（二）颇具地方特色的越商文化传统

越商文化是越地商人在生产经营活动过程中所铸就的一种特殊的文化现象，它是由越商所创造并且渗透在其一切行为系统里的观念体系和价值体系，是越商在工商业行为过程中表现出来的思想、情感、价值观、行为方式和道德规范的总和。其中，一个重要特点，是在传统经营内容中最能体现地域特色的，是那些"八仙过海"式的竹编、弹花、箍桶、缝纫、理发、修伞、厨师等百工手艺和挑担卖糖、卖小百货等工商活动。农村改革后，那些原来到处流浪的手艺人和购销员摇身一变成为这一地区生产事业的组织者，"他们捎带外地商品到家乡出售，成了商贩，然后自家生产商品，出外购原料和推销成品，成了购销员。接着发展到和各地签订合同，带回家乡，分给各户生产，成了邻里间的经纪人，甚至进一步，用贷款或预付贷款的方式支持外地生产他们所经营的商品的厂家，成了区域间产销的组织者"①。这一勾画准确地反映了多数越商在起家时的较低层次的经营活动情况。从表面上看，这些经营活动，至多只成就了一批谋取糊口之资的小生意郎、百工手艺人或所谓的"艺商"。但是，按照演化经济理论，可以将这些具有越地"代表性"的经营活动，看做是越商的文化记忆或"惯例"。在长期计划经济造成日用品严重短缺的情况下，这些经营活动，不仅与改革开放之初国家"经济系统的制度背景（更一般的基本运行环境）"，具有一种天然的亲和性，而且对国民经济产生"拾遗补缺"的作用，所以都是国家政策所允许和鼓励的。因此，改革开放之初的国家政策，虽然是一种普照之光，但在实际上，特别有利于激发越商的文化记忆或"惯例"的。这正是改革开放以来越商的文化传统得到了延续，并成为当代区域经济渊源的一个极其重要的原因。

与晋商、徽商"纯粹商业"的性质不同，越地商业文化传统的另一个鲜明特点，是"工"与"商"的天然耦合，也就是费孝通所说的兼营手工业和商业、集手工艺人和商人角色于一身的"艺商"。晋商、徽商的传统，不仅商人本身不是手艺人，而且他们的经营活动也基本上局限于商品的流通领域。正如山西学者张正明所说："山西商人虽然富有，但其资本投向产业却是个别现象，而且多在清末民初，并未出现商业资本向产业资本转化的大趋势，

---

① 费孝通：《小商品，大市场》，《浙江学刊》1986 年第 3 期。

商业资本仍然停留在流通领域。"①毋庸置疑,在长达30年的计划经济年代,尤其是经过"文革"运动,我国有利于工商活动的社会环境,已不复存在。一种商业文化传统要得以延续,必须有一种学习的环境。纯商业行为属于一种实践型的知识。而越商"工"与"商"相结合的文化传统,则不仅可以在社会中学习,而且也可以在家庭中学习。这是因为,"艺商"的经济活动,既无经理,也无伙计,或者说一个经营者既是经理又是伙计,只需与顾客打交道,都是可以通过父传子、子传孙的言传身教而在家庭环境中得以学习的。因此,即使有利于工商活动的社会环境已经不复存在,越商"工"与"商"相结合的文化传统,仍然可以通过家庭而得以绵延不绝,并不断得以发扬光大。被评为历届"风云越商"的有90%出身贫寒,被称为"草根越商",其中相当一部分,就是从改革开放之初的"工"与"商"相结合的手艺人、小商小贩开始发家的。

越地商业文化传统还有一个特点,是众多的的行业会馆。会馆是旧时商业同业设立的机构,为同业聚会交流信息和议事之场所。早在清道光年间,绍兴就有了行业会馆。药业会馆是绍兴最早出现的会馆,在太平天国以前(道光中期)已经建立,馆址设在下大路药王庙。以后各行业会馆相继建立,名声最大的为山会布业会馆。② 鸦片战争后五口通商,大批"洋布"源源不断地从宁波输入,经绍兴府城转销各地,山阴、会稽两县布商生意兴隆,两县布业股商联合向府衙承揽了布捐,并建山会布业会馆。最初主事的为胡三羊布店,后由陶泰生布店陶汉中、陶荫轩兄弟俩为主事。陶泰生布店于光绪三年(1877)在花巷建造了布业会馆,馆内有厅堂、楼阁、花园,后又附设有戏院(觉民舞台)、茶室(适庐)。觉民舞台建于1913年,舞台格局仿效上海大舞台模式。

别具一格的钱业会馆,始建于清光绪十年(1884),由成康、震丰等42家钱庄出资建造,地址在萧山街笔飞弄,光绪十三年建成。会馆的匾额为"和丰堂"。会馆大厅作为议事堂,为同业相互调剂沪汇、杭汇、甬汇及互通行情、评议日拆之处。会馆正楼有赵公元帅神座,供同行朝拜。大厅对面建有戏台。钱业会馆于每年农历五月初二这天举行隆重的接财神祭祀,农历九月十七、廿八两日,相传是文、武财神华诞,会馆演绍兴大班(绍剧)两

---

① 引自经君健:《明清时代山西商人的性质问题》,《文史研究》1994年第1期。
② 参见祁广潮:《联谊报》,2005年8月11日。

天,以敬酬财神。大厅前面左侧砌有焚烧字纸的砖炉两座,因各钱庄的废纸,多有业务记载,规定须送会馆砖炉烧毁,并于每年农历八月十八大潮汛日,将所积藏之纸灰载去三江口投海。这些行业会馆,在社会上有影响的,除布业、钱业、药业三会馆外,还有萧山街的南货会馆,上大路的造箔会馆(当时也称造箔公所),新试前的绸业会馆,府桥头的衣业会馆,缸灶弄的油业会馆,下大路的酱业会馆等。据统计,1937 年抗战前夕,绍兴共有行业会馆 143 个,正在筹备的还有 29 个。

绍兴的行业会馆,除平时聚会议事外,还有其例行活动。逢年过节,会馆必酬神聚宴,实力雄厚的会馆,还举办迎神赛会。会馆一般都置有房地产,收取租息作会馆开销。有的会馆还兴办学校,聘请名师,培植本业接班人,如药业小学、箔业小学、钱业小学,都是当时有名气的学校。行业会馆设业董主持日常馆务。1928 年,绍兴县政府颁发同业公会组织法则,各同业会馆也就奉命改组成为同业公会。1946 年 6 月,绍兴县政府重申取消同业会馆,并批准成立粮食、酱园、箔庄、南货、国药、钱庄、棉布、百货、绸缎等43 个同业公会,取消会馆业董制,设理、监事会。至此,同业公会从根本上替代了昔日的同业会馆。但群众仍习惯称为会馆,如对"布业会馆"的称呼,直到绍兴解放而未改。除了行业会馆外,还有同乡会馆。同乡会馆是同省、同县的人在外地设置的机构,作为同乡人聚会或寄寓之处,如旧时绍兴设有江西会馆、天台会馆等。而绍兴人在外地也设有多处同乡会馆,如在北京等地都有绍兴会馆。但同乡会馆与同业会馆有所不同,同乡会馆除同一籍贯的商贾参加外,其他同籍不同职业的人,均可参加,其宗旨是增进乡谊,在外地形成一个地方帮,以相互照应。

现在,尽管大部分绍兴会馆已在世事更迭中湮灭,难寻踪影,但是透过这些林林总总的行业会馆,我们可以窥见,这座城市曾经有过的商业传统,以及已然被岁月尘埃覆盖的厚重的商业文化。

此外,越地还形成了一些具有自身特色的工商业习俗。如按从商的交易方法分,有"行商"、"坐商"、"代办商"之分。"行商"为流动性交易方式;"坐商"有固定店铺或摊位;"代办商"又称"居间人"、"掮客",平水茶区由茶行派出去收购茶叶的人,就称为"水客"。"坐商"如南货店、米行、绸庄、当铺、酒家、茶栈、酱园、药店等,为了宣传自己,发展商务,修桥铺路,十分讲究店名招牌、柜台陈列、匾额题词、商品包装、待客礼貌等。在商店里,还有各种规矩,如称谓上,经理称大先生或阿大,协理称二伙,襄里称三伙,营业员也有头柜、二柜、三柜之别。旧时,还有不准站立门槛、不准坐于柜台、不准伙计背朝街、不准往外扫地等忌讳。

二、越商的商业行为特点及其文化渊源

从文化的角度来看,越商背后都蕴涵着浓厚的商业文化氛围。越商文化是在商品流通过程中所铸就的特殊文化现象,是千百年来越商在工商业行为进行过程中的思想、情感、价值观、行为方式、道德规范的总和。灿烂辉煌的越文化始终洋溢着浓郁的区域经济的脉息,造就了越商刚柔相济、外圆内方的行为方式,以及兼容并蓄,"有胆识,权机变",脚踏实地,善于创新的个性特质。这些文化品格不仅成就了昔日"宁绍帮"的辉煌,也绘就了今日越州大地崭新的一页。

(一)越商行为方式的基本特征

一个社会文化的主导价值观念是怎样引导人们去追求实现其积极的目标或事业的,是更强调人与人之间的对立而突出竞争还是更注重人与人之间的相互依赖而崇尚合作互利,是这个社会是否能够和谐稳定、快速有序发展的一个重要的因素。越商文化是一种重商主义的地域文化。循着越商的发展进程溯流而上可以发现,越商文化是在特定的地理环境、人文传统和社会历史背景下形成和发展起来的。在越地,古越文化博大精深,它蕴涵的"尚武爱国、创新进取、奉献自强"与现代市场经济具有内在的兼容性,沉淀了深厚的创新、自强、奉献等精神要素。正是这些潜藏在意识深处的越文化内核,造就了越商特有的思维方式、行为准则、道德及价值观念。与其他区域相比,越商的行为方式有如下特征:

刚毅耐劳的品格 黑格尔研究了人类历史的地理基础的差异,指出了生活在海洋区域的人们的特性:勇敢,机智,为追求利益敢于冒险。[①] 的确,

---

① 参见黑格尔:《历史哲学》,引自侯鸿勋《论黑格尔的历史哲学》,上海人民出版社1982年版,第217页。

濒临东海的地理环境和丰富的海洋资源,使相当一部分越人过着"十五习渔业,七十犹江中,历年试风涛,危险无西东"①的生活。由于七山一水两分田,资源缺乏,越地先民祖祖辈辈与大海搏击,养成了越人机智、果敢、刚毅的性格和顽强的生命力,磨练出靠自己的努力改变自身命运的自强不息、坚忍不拔、乐于拼搏的精神特质。而这种气质极有利于从事变幻莫测的商业活动,使越地的商业文化折射出一种具有强烈进取的特点,锤炼了世世代代越商吃苦耐劳、崇商敬业的品质和强烈的老板意识。改革开放以来,越商不受命运摆布,什么苦都能吃,什么脏活累活都肯干,初闯市场时,"走过千山万水,说遍千言万语,想尽千方百计,历经千辛万苦"。在创业的过程中,他们从不气馁,一个地方没有发展余地,就换一个地方接着干;一种办法行不通,就想别的办法;即使下岗了,也不怨天忧人,而是自己积极主动地寻找商机。

"弃儒业贾"的品位 越地山明水秀,人杰地灵,人文荟萃。自古以来,在各个领域都涌现出了众多杰出人才。但是,并不是所有的读书人都能如愿以偿。由于人多地少,名落孙山的秀才们,务农难成,在浙东学派提倡的经世之用的主张之下,不少转而经商。这点,从明清笔记、方志中都不难发现"弃儒业贾"的事例。特别是入清以后,许多文人多在誓不事清、耻于仕清的思想影响下,转业工商,并随着上海的崛起,鹜趋沪上,成为上海最有实力的商人群体。在他们的心目中,开店列肆而经商赢利是同读书赶考、金榜题名一样的荣耀。这样使越地的商业文化中蕴涵了别有品位的儒雅风范。

"团队主义"的品德 越商"抱团经商"的禀赋不是天生的,而是特定的海洋地理环境造就的。出于航运的需要和渔民出海捕鱼的风险,产生了合作生产的传统,使越商逐渐形成了一种比较适合团队生产要求的内在潜质,养成了越地商人更重视团队作战的习惯,赋予了他们遵从共同生产规范的内在禀赋,同时也提高了其对各种非合作行为进行协调与制衡的博弈能力。于是,以地域为中心,以血缘、乡谊为纽带,以"相亲相助"为宗旨的会馆、同乡会、公所作为在异地联络、计议的自发组织机构油然而生。这些组织最初虽然松散,但把单个的"人自为战"的商人,组成了可以依靠的商

---

① 宗谊:《渔父词》,《愚囊汇编》卷一,转引自嘉靖《定海县志》卷五。

人群体,这样必然使越地的商业文化带上了团队主义的光环和行业经营的特征。以商会为核心,还衍生出其他一些社会自治团体。如绍兴传统上有"银会"、"路会"、"公益会"等社会组织。① "银会"就是邻近各村志趣相投的同乡人,自愿合资购买山、地、田等不动产,每年花利除作为定期会餐的费用外,多余的施舍给鳏寡孤独、贫病交迫的困难户,账目公开,不贪分文;"路会"就是指每年定时对路面进行维修,若有塌方或大面积陷落,则集中力量数天,加以维修,直至竣工。各会脚聚会之日必须自带锄、铲、扁担、簸箕之类的修理工具。这些强烈的同乡团结精神,对当地经济发展起了很大的促进作用。正如有人所说,绍兴人是"大家庭制度的拥护者,乡党的观念非常强烈。只要有一个在一处地方成功,立刻一家一族、朋友亲戚甚至同乡都闻风云集了,不数年间,就成为一大群"②。绍兴人也一样。改革开放以来越商闯荡全国乃至全球的奋斗经营史就是一个"同乡三分邻,同姓三分亲"的团队精神的极好佐证。

注重理性的品质 越地商业能够经久不衰,既与其商业传统注重商业信誉、加强商业管理有关,更与从实践中总结经验,上升理论,又将自己的贸易理论付诸实践有很大的关系。如春秋时期,越国大夫范蠡就认识到"贵上极则反贱,贱下极则反贵"的价格波动规律,他认为应当"贵出如粪土,贱取如珠玉",即在贮存的商品价格已贵时,要把它当做粪土一样立即抛售,毫不吝惜;在物价下跌时,将便宜的货物,当做珠玉一样大胆地购进,待价格上涨时出售。他还提出"水则资车,旱则资舟"的"待乏"原则,认为洪水泛滥时要预计到水灾过后肯定出现车辆缺乏现象,天旱河涸时要预计到旱灾过后肯定会出现舟船缺乏现象,必须事先筹办将来急需的货物。这些商业理论使越地的商业文化带上了理性的色彩。因此,有人说"越地商人更加理智、温台商人更富激情"。前者强调智慧和能力,"看准了就做";后者信奉"三分天注定,七分靠打拼",强调"做了再看",爱拼才会赢,更注重主动出击,创造机会。

务实内敛的品性 历史上,东晋谢安隐东山而再起,是越地一个特殊的文化符号,其间也蕴涵着众多仁人志士务实内敛的境界和品格。这种文

---

① 参见阮庆祥、裴士雄等编纂:《绍兴风俗志》,绍兴市、县文联编印,1985 年。
② 上海通志社编:《上海研究资料》续集,第 128 页。

化品性渗透到商贸领域,就是越商"但求事功、不事张扬"的行为特征之一。它反映在做事上,就是兢兢业业,踏踏实实,任劳任怨;体现在为人上,就是简朴低调,谦虚谨慎,默默奉献。南宋时期,陆游曾以"急橹不闻人语声"的诗句,来描述浙东人的性格。只见"急橹","不闻人语",从中也折射出越商从古就有的默不作声的实干精神。这是一种难能可贵的商业理性。其实,越商长盛不衰的重要原因在于其实业兴国、开拓进取、自强不息、矢志不渝和不图虚名的"越商精神"。改革开放以后,越商迅速崛起的原因则在于其内源性民间力量推动经济发展的"草根"精神。越商始终把持"想尽千方百计、走遍千山万水、历经千辛万苦、道尽千言万语"的"四千精神",开拓创新了无数城乡市场。越商创富成功的关键在于其牢记"先下手为强"的古话,"船小好掉头"的"嗅觉"灵敏,善抓市场机遇。同时,越地商人的共性就是憨厚淳朴、不事张扬的文化心态,但其背后则往往是暗潮涌动,他们所创下的业绩却令人折服。"白天做老板,晚上睡地板"的俭朴耐劳精神常常让人感慨。他们走出家门,凭着智慧和勤劳、不事张扬和从不满足的脾性,使看起来并不起眼的生意悄悄地扎下根来。

总之,越地商业文化凝聚了越地商业活动的经验和创造,造就了一种世代相传的商业智慧和商业技巧,铸成了越地商业经济的灵魂。鸦片战争以后到新中国成立以前,以"宁绍帮"为代表的越地商业文化的涌现,就是千百年来越地商业文化的映现。尽管随着历史的发展和社会的变革,它会不断地变异,但优秀的传统文化不但不会消失,而且会在新的历史条件下发扬光大。

(二)越商行为方式的文化渊源

黑格尔说过:"我们在现世界所具有的自觉的理性,并不是一下子得来的,也不只是从现在的基础上生长起来的,而是本质上原来就有的遗产。"[1]同样,越商商业行为特点的形成不是偶然的,具有深刻的文化渊源。这里,不妨从地理文化、哲学精神、工商传统、家族纽带等多个文化层面分析。

1. 地理文化渊源

据汤恩比"挑战—应战"论,地理环境向人类提供生存空间、生存物质

---

[1] 黑格尔:《哲学史讲演录》第 1 卷,三联书店 1956 年版,第 191 页。

的同时也提出挑战,而文化(文明)是人类应战的结果。不同的自然地理环境会使人们日常生产生活方式具有不同的特点,从而形成不同的行为习惯和经验传统,导致人的文化性格上的差异。从地理区域与自然环境看,越地古为越国,历史上相当长的一个时期内,其生活的自然条件是相当恶劣的。地质学考古的结果证明,大约自更新世晚期以来,越地的平原地区即宁绍平原,经常发生海侵,土地盐碱化严重,开发利用相当困难。因此,自古以来,靠海的地理位置和绵长的海岸线,以及滨河而居的环境和生产实践,孕育了越商扩张的海洋文化性格和善于经商的禀赋,形成了更具开放性和依赖商业交易的生产方式与生活传统,培育出越商心胸开阔、敢冒风险、开拓进取的海洋文化性格,随机应变的能力以及对风险的心理承受力。尤其是距今 7000—6000 年前第三次卷转虫海进以后,宁绍平原主体部分逐渐成为一片沼泽之地。越地先民只能"随陵陆而耕种,或逐禽鹿而给食",一小部分勇敢的越人只能困守在突露于这片沼泽地上的几百座孤丘中,靠山坡上的小片土地和山上的清泉维持生计。因此,"越之水重浊而洎,故其民愚极而垢"[1],勾画了当时生活在沼泽中的越人正与潮汐、湖水搏斗的困顿状态。还有,从政治区划看,长期以来越地大多数区域处于政治中心的边陲地带,在相当长的时间内政府没有能力发展集体经济,没有了政府与社会精英的支持,越商的发展只能靠自身的力量。改革开放以后,他们靠小商品、理发、补鞋、木匠、铁匠、补锅等手工艺走向全国各地。在这种地理文化背景下,越商创业带有浓厚的被迫色彩,其主体性的根源即在于此,其"草根性"、务实性的创业特点与这种地理文化不无关系。

2. 精神文化渊源

越商的精神文化是越商长期形成的人生观与价值观。自秦朝以来的近两千多年,"重农抑商"一直是中国商业的基调。但在浙江历史上,许多著名的政治家和思想家大多提出了重要的经济思想和发展经济的主张。在北宋时期,这些价值观念与"儒学思想"交汇,产生了所谓"新儒学思想运动"。这一思想在浙江中、东部一带传承过程中,形成了一股具有鲜明的反经学与理学倾向的革新思潮,脱胎形成所谓的"浙东事功学"[2]。浙东事功

---

① 《管子·水地》(全文注释本),华夏出版社 2000 年版,第 111 页。
② 滕复:《陈亮与浙江精神》,《浙江学刊》2005 年第 2 期。

学大体有三派,以陈亮为代表的永康学派、以吕祖谦为代表的金华学派和以叶适为代表的"永嘉学派"。这三个学派在哲学思想造诣上各有千秋,但均扎根浙江现实,并互相兼容,是越地精神文化的理性升华。① 他们都曾大胆地提出了具有倡导功利、注重工商的新思想,在中国传统文化中独树一帜。其蕴涵的精神文化特质,根植于越商的实践,反过来指导越商的价值取向与行为导向,在本质上是越商的精神文化渊源。

特别是南宋时期形成的浙东学派的事功之学传统对越商的影响可谓至深,在观念形态上直接影响着越商的经营理念与方式,直至商业行为。浙东事功学学术思想的一个显著特征是,主张学术与事功的统一,强调实事实功,学术的目的在于经世致用。越商的处世哲学正是基于这些共同主张所形成的浙江人文精神,即以"实事疾妄、崇义谋利、经世致用、兼容并蓄"为特色的人文精神。② 这种处世哲学概括而言就是"功利与仁义并存"的新价值观念。③ 如陈亮认为义理存在于功利之中,"功到成处,便是有德,事到济处,便是有理"④,指出"农商一事","商藉农而立,农赖商而行"。叶适反对义利两分,提倡功利,主张"以利和义"、"义利并立"。他说:"既无功利,则道义者乃无用之虚语耳。"⑤疾呼要"通商惠工,以国家之力扶持商贾,流通货币"。黄宗羲则指出:"世儒不察,以工商为末,妄议抑之。夫工固圣王之所欲来,商又使其愿出于途者,盖皆本也。"⑥徐渭认为:"凡马医、酱师、治尺揰、洒寸铁而利之者,皆圣人也。"⑦袁宏道说:"凡艺到精处,皆可成名。"⑧张岱高度评价了杰出手工艺人的成就,称能工巧匠的社会地位的提高是"人以物贵"的结果。⑨ 这些思想既是对传统抑商理论的否定,又是对传统商业文化的一种全新的整合,集中反映了越商在长期的社会实践中所形成的价值观念和行为方式,成为越商文化的重要思想源流。越商的

---

① 参见缪仁炳:《文化与创业倾向关系研究——基于温州与关中地区的比较分析》,浙江大学出版社 2004 年版,第 197 页。

② 参见吴光:《简论"浙学"的内涵及其基本精神》,《浙江社会科学》2004 年第 6 期。

③ 参见张仁寿、李红:《温州模式研究》,中国社会科学出版社 1990 年版,第 130 页。

④ 《宋史·陈亮传》,第 436 卷。

⑤ 叶适:《宋元学案·水心学案》,第 55 卷。

⑥ [明]黄宗羲:《明夷待访录·财计三》。

⑦ 《徐文长佚草》卷五《司马氏嫂传》,《徐渭集》,中华书局 2003 年版,第 1139 页。

⑧ 《袁宏道集笺校》,上海古籍出版社 1981 年版,第 311 页。

⑨ 参见[明]张岱:《陶庵梦忆》卷八,蔡镇楚译注,岳麓书社 2003 年版,第 216 页。

精神文化正是在浙东事功学指导下的精神文化,越商在创业中表现出来的务实创新的处世态度,讲求功利的做法与浙东事功学倡导的处世哲学是一脉相承的。① 更值得肯定的是,浙东事功学派并非一味"事功",而是坚持辩证的"著诚去伪"精神。比如,叶适充分吸收义利之辩双方的合理因素,既主张"崇义以养利,隆礼以致力"、"以利和义",反对以义抑利,重义轻利,又反对鼠目寸光,近功浅利,唯利是图。

3. 工商文化渊源

一般说来,商业文化都是商品经济发展、商业繁荣以及商人力量壮大并在社会上具有一定影响之后所形成的一种特殊的文化形态。换言之,商业的兴盛与商人的强大是商业文化形成和发展不可缺少的历史前提。越地历史上是一个工商活动相对发达的区域。越商的工商文化传统是与地理文化结合在一起而形成的一种独特的区域工商文化传统。正如前文所言,自古以来,越地人多地少,地理环境恶劣,决定了人们只能以工商业传统为生活支撑。越地工商文化传统是"小手工艺与小贸易"式的工商文化传统。② 如入宋以后,温州"民生多务于贸迁"③,当时温州从商者"晨钟未歇,人与鸟偕起"④。费孝通也认为,温州的"历史传统是'八仙过海',是石刻、竹编、弹花、箍桶、缝纫、理发、厨师等百工手艺人和挑担卖糖、卖小百货的生意郎周游各地,挣钱回乡,养家立业"⑤。事实上,据史志所载,唐宋时期的绍兴,越窑青瓷、越罗、越绫、茶叶、纸张的制造和贸易已在国内外享有盛誉。明清时期,不仅在温州,宁波、绍兴等其他地区,都可以发现当代工商活动与工商文化传统的联系⑥,都不同程度地存在着相对发达的集市贸易和手工业活动。明清时期,绍兴的酿造食品如黄酒、腐乳和手工业制品如纸扇、花边等也已漂洋过海,参与了国际经贸大循环。明清以后的绍兴

① 参见潘起造:《浙东学派的经世之学与浙江区域文化中务实精神》,《中共浙江省委党校学报》2005 年第 4 期。

② 参见张佑林、陈朝霞:《区域文化精神与区域经济发展的理想思考——兼论"浙江工业化模式"的形成机理》,《浙江社会科学》2005 年第 3 期。

③ 祝穆:《方舆胜览》卷九。

④ 戴栩:《浣川集》卷五《江山胜概楼记》。

⑤ 费孝通:《小商品大市场》,何福清主编《纵论浙江》,浙江人民出版社 2003 年版,第 347 页。

⑥ 参见陈立旭、祁茗田:《文化与浙江区域经济发展》,浙江人民出版社 2001 年版,第 173 页。

人"向外发展",除了大批人去当师爷外,还有大批人去务工经商。遍布海内外的"三缸"即酒缸、酱缸、染缸行业和经营南北杂货行业的绍帮,在当时与宁波帮、徽帮并称为三帮。越地民间历来看重会手艺的手工匠人,对生意人也并不看得低人一等,有所谓"好汉不如瘪店"之说。"精明小器,锱铢必较"被认为是妨碍绍兴人做大生意的障碍,但这却是市场交易活动中的基本素质要求。"打也来,骂也来,蚀本勿来"、"小钱勿去,大钱勿来"等越谚俗语,可窥见绍兴人经商理念之一斑。① 应当指出,政府对越地工商文化传统的支持与干预是相当弱的,这一工商文化传统与官商、与国家经济命脉关系很弱。越地分散的、小手工艺式的工商文化传统是与越商的"草根性"息息相关的。

改革开放以来,越商非常流畅地继承了历史上具有鲜明区域特色的民间工商文化传统。这些工商文化传统虽然在计划经济实践过程中受到了急剧的冲击,但是,从深层次看,越地经济发展模式与历史上的民间工商文化传统之间,确实具有一种清晰的传承关系。或者说,乃是传统工商经济自然演化的结果。这种工商文化传统的主要内涵特征表现在:积极稳健的政治态度;机智敏锐的战略眼光;个人自主的文化观念;以小搏大的务实精神;勤俭刻苦的人生态度;和气生财的处世态度;与时俱进的创新精神;以诚为本的商业道德等。

4. 家族文化渊源

越商的家族性、群体性与扩张性特点,在很大程度上根源于强大的家族主义与泛家族主义。家族关系是中国几千年来传统的一大特点,但从19世纪开始,家族关系屡次受到冲击。比如,1911年辛亥革命提出家庭革命、家族革命的口号,认为家族制度是"万恶之源",主张"祖宗革命",铲除祖宗崇拜的种种凭借,号召拆毁祠堂、掘平祖墓、焚烧神主、废除祭祀;1919年的"五四运动",提倡民主与科学,也对家族制度进行了深刻的批判和激烈的冲击;土改运动对家族制度的瓦解比较彻底,这项运动以阶级关系代替家族关系,不是以自然村为单位进行土地改革,从根本上动摇了家族关系原有的伦理原则;"文化大革命"打破了家族内部由于血缘关系、家族内部关

① 参见陈荣昌:《绍兴农村工业经济发展文化动因的思考》,《绍兴文理学院学报》1999年第1期。

系所带来的阻力,从根本上动摇了家族关系原有的伦理原则。但是由于浙江远离政治活动中心,在多次运动中家族制度几乎没有受影响。① 改革开放以后,越商的集群式发展模式正是基于这一家族纽带以及由此衍生的泛家族主义发展起来的。② 通过亲戚关系与泛家族关系(朋友、同乡、认亲等模式)进行群体性创业,进行集群性跨区域发展。

5. 西方文化渊源

越地具有对外交往的悠久历史,又是近现代中西方文化交流的重要前沿,这使越商较早和较多地接受了西方文化的熏陶。明朝时,与越地有许多具有早期启蒙思想的学人热衷于西学,他们对西方科学技术及其教育制度作了大量译介。比如,黄宗羲对西方科学知识的广泛吸收等。正是这些与中国传统文化主流不和谐的文化因素极大地影响着越商的文化心态。鸦片战争以后,一方面使越地的经济文化发展受到严重的摧残,另一方面客观上也为越地经济文化的发展注入新的生机。近代工商业的兴起、新式教育的开办等,都使越商较早和较多地接触到近代商品经济的生产方式和管理模式,接触到大量同资本主义文明相关的价值观念、思想方式、行为模式及生活方式,开阔了自己的视野,这对越商文化理性的完善产生了直接影响。

三、当代越商对传统商业文化的传承与超越

从历史和现实看,区域群体的工商业活动往往会与地域文化结合在一起,形成一种独特的区域工商文化传统。在这些区域中形成的商业群体,生产经营一般十分相似,工商经济活动也具有一定的地方特色,即使这种工商活动向区域外拓展,也保持一定的地域特征。区域工商文化的发展是一个历史的过程,存在着继承和超越的问题。越地传统的商业文化既有其巨大的生命力,也存在着固有的缺陷。只有在继承中发展,在超越中继承,

---

① 参见陈宏辉、王夏阳:《泛家族主义文化与浙江省家族制企业模式的演进》,《浙江社会科学》2002 年第 6 期。

② 参见史晋川等:《制度变迁与经济发展:温州模式研究》,浙江大学出版社 2004 年版,第 276 页。

才能不断增强越商文化的软实力,为区域经济发展提供不竭的源泉和强劲的推动力。

(一)传统越商文化对经济发展的推动作用

越地素有的工商传统以及越地历史文化理性中浓郁的商业气息和求利唯实主义倾向,成为改革开放以来越地经济发展的重要资源。这是一种内含于人的行为规范、道德理念、价值取向、思维习惯中的精神文化资源。这种资源虽然无形,却通过对人们经济行为的规约激励调整,在经济活动和经济发展中发挥了重要作用。

1. 传统越商文化为现代经济发展提供了丰厚的人力素质资源

从亚当·斯密开始,资本、劳动、土地就被当做决定经济发展状况的基本生产要素,自然资源的丰瘠、资本积累的比率和人口增长的速度被认为是经济增长的发动机。直到诺斯、林毅夫提出包括道德意识形态、价值观念、文化旨趣、行为习惯在内的非正式制度的概念以后,人的潜在的精神素质和道德意识形态架构对经济发展过程的重要性才受到普遍的关注。根据他们的思想,可以把人力资本归结为两个基本的方面:一是知识人力资本。它可以通过教育和培训来获得与传承,也能够通过文字和图形来外化、传递、保存。二是素质人力资本,这是由一个人的信仰、习惯、价值观等非知识性的因素所构成。它不能通过一个简单的知识传授和信息交流过程获得,而是在特定文化环境和知识传统长期培养和熏陶下形成的。知识人力资本主要提供正确的手段、方法、工具、途径,解决"怎样做"的问题。素质人力资本则主要给出行为与需求的偏好、方向、特征与风格,解决"做什么"和以多大的努力去做的问题。所以,素质人力资本与知识人力资本同样对经济发展起着重要作用。

从素质人力资本的角度衡量,越地具有明显的优势。越地人受充满商业气息的传统文化精神的长期濡染熏陶,工商素质特别见长。具体表现有如下三种:一是对商业交易活动有特殊偏好。即使是偏远山区的农民,也喜欢把出外做生意作为赚钱谋生的重要手段。改革开放以来,绍兴市成千上万的农民供销员和各类小生意人是越地经济发展最重要的资源,同时是绍兴经济发展的鲜明特色——"商贸兴市"形成的原因。他们总是首先开辟市场,打通商路;然后组织生产,扩大货源。绍兴市民营中小型企业以群落形态迅速衍生扩张,并在五金、轻纺、日用小商品等许多产业领域占据全国主要市场份额,依靠的就是遍布全国城乡的百余万越商和由他们构筑的密集的流通管网,以及绍兴境内几十个辐射广远的专业化市场。绍兴经济在企业规模、产品品牌、产业技术高度等方面并不具有明显的竞争优势,但在市场营销网络方面却明显胜出一筹。在绍兴,无论在国内外从事商务活动的总人数、境内各种专业性市场的数量、规模和吐纳功能,还是越商的精明程度,在全国都处于领先水平。二是对经济发展方向和创业投资机遇特别敏感。改革开放以来,绍兴人抓住了几次大的发展机会。一次是民营经济发展的机会;20世纪80年代初期,民营企业蓬勃兴起。90年代初,绍兴乡镇集体企业开始逐步向民营企业转制。到90年代中后期,绍兴乡镇企业已经全面更新打造好了一个产权明晰、充满活力的民营经济新机制。一次是城市化的发展机会。绍兴最早在全国突破旧的城乡隔离封闭体制,推进以农民小城镇为主体的城市化发展,实现乡镇企业与城市化发展同步互动的新道路。三是信息网络化的发展机会。绍兴企业家敏感地意识到因特网所蕴涵的巨大商机,随着网络的普及以及人们对网络依赖程度的加深,网络的信息服务和商务沟通功能会以几何级数增加。许多越商已经开始在网络产业投资,并掘出了第一"桶"金。门市网吧像酒店餐馆密布大中小城市的大街小巷;各种专业和综合性商务网站不断涌现,如全球纺织网、中国化纤网、中国五金网、"领带在线"等;许多生产性企业都已建立了电子商务管网,用于零配件和原材料采购以及产品销售,多数商务网站也都有了可观的赢利。

2. 传统越商文化为企业内部管理提供了作为润滑剂和胶粘剂的丰富的文化素养,有利于降低企业管理的摩擦成本

企业内部管理的运行效率与企业内部文化类型密切相关联。一种好的企业文化,是管理者与被管理者以及员工之间的粘合剂,它能使不同个性、偏好、利益的矛盾所造成的离散力弭解消融,维持企业管理制度构架的稳定和生产经营功能的正常发挥。同时也是企业运行过程的润滑剂,可以减少不同层级、不同环节之间行为摩擦的强度,在很大程度上提高管理效率,减少管理成本。传统越商文化包含有维持既定的社会层级秩序和管理治理结构稳定这样一种典型的"治世"文化的价值取向,它通过上层管理者的"仁"和被管理者的"忍"这种道德伦常规则来消除管理两端之间存在的矛盾与冲突,维持管理系统的整体性与和谐性。传统越商文化所认同的层级服从观念、人际和谐观念、家族血缘观念,对维系现代企业管理运行是一种有效的文化纽带。这种传统文化给企业内部管理带来鲜明的特点:管理者与被管理者、员工相互之间的协作共融性强,内部管理摩擦多是一种柔性摩擦,即使存在观点信念差异与利益矛盾,也不会导致严重的行为冲突和规则紊乱。被管理者对管理者的行为冲突,仅仅以个人的形式彼此离散孤立地存在,难以形成一种联合的合力,因此不会对正式的管理组织与结构形成威胁。

3. 传统越商文化精神对营造良好的交易环境,降低交易成本,提高交易效率起了重要作用

由于绍兴人素有偏好交易的商业传统,各类交易人才和交易性劳动的蕴藏和供给相对富足,使完成交易所需支付的人工成本较低。许多赢利微薄的小商品诸如袜子、领带、伞件等,正是利用人工成本低廉的大量农民销售员才走向全国各地市场。传统越商文化还使越商具有较高的"诚信"度,交易过程中产生于"失信"和"诈骗"的机会主义成本亦较低。在一些法规与监管不完善的新兴市场,源于"失信"的过高的机会主义成本使许多交易无法完成。越商所以具有较强的行商能力,除了经验、技巧与勤苦精神,与他们秉持的传统"诚信"理念同样有密切关系。另一个重要因素是,越地人由于偏爱经商而非常重视商业设施建设。密集并且功能完善的大量交易设施使交易过程的物质成本耗费也相应降低。

总之,源远流长的重商区域文化传统和浓郁的商业气息流淌在浙江人的血液之中,"一有阳光就灿烂,一有土壤就发芽"。改革开放的伟大实践,全面激活了越商的文化基因,众多越商正在用自己的实践提升和完善这种文化基因,使其与时代发展有机地结合起来。三十余年改革开放历程证明,越商文化与经济增长之间存在正相关关系。它通过对经济行为主体内在素质与禀赋的影响与塑造,对经济运行过程及经济增长的最终绩效会产生重要影响。

(二)超越传统越商文化的路径选择

文化是中性的,越商败亦文化,成亦文化。文化的本源力量在一定的历史条件下会促成某些事物的蓬勃发展。同时,又可能埋藏下发展的障碍,需要人们继承的同时,进行适时超越。越商目前出现的一些曲折与困境,如果深究产生的根源,无不与前文所提到的越商的文化渊源息息相关。越商的适时演进与超越,仍应建构在文化基础之上,顺时达变,真正让越商精神重焕光彩。

超越路径之一,就是突破由于地理文化与工商文化传统所决定的"草根性",实现企业家素质与企业发展层次的战略性跨越。按照新制度经济学的观点,在制度变迁中存在着报酬递增和自我强化的机制。一旦一种独特的发展轨迹建立以后,一系列的外在性、组织学习过程、主观模型都会加强这一轨迹。也就是说,初始制度选择会强化现存制度的刺激和惯性。越商的"草根性"、务实性在相对封闭的国内产业竞争环境下,在短缺经济条件下,在制度不均衡的改革开放之初,使得越商实现了超常规的发展,但是随着这些环境与条件的逐步丧失,这种优势也越来越难发展,越商企业家必须整体性地提升自身素质,培养适应二次创业的、具有新战略眼光的战略型企业家。同时,对于越商来说,从"功利文化"到"责任文化"的演进,是越商整体品牌塑造的关键。

超越路径之二,就是加强制度创新,着力于产业群或块状经济区域内部产业链的整合,实现群体性创业向产业链式创业的跨越。以家族与泛家族关系为纽带而形成的越商群体性创业,在新的国际化竞争环境中,越来越显示出产业层次落后,缺乏竞争力。再则,绍兴存在外向依存度偏高,面临贸易保护主义抬头等外部风险,产业发展处于国际产业链中、低端,经济发展模式粗放等瓶颈问题。扬长避短,外源与内源互补互动以相协调,转变经济发展模式、推动传统产业升级换代,势在必行。必须进行产业链整合,使平铺式产业集群逐步层级化,将核心的竞争力集聚于产业领军企业中,实现从粗放式的产业集群向集约化产业集群发展。

超越路径之三,就是超越家族化与泛家族化关系带来的一些管理问题与治理问题,实现从人格化社会网络交易而进入非人格化的制度性交易,完成从非规范的管理向现代化管理的转化。① 目前,越商逐渐从分散的家庭作坊过渡到现代私营企业,但家族企业运做模式在企业发展的过程中,缺乏规制和监管的家族企业管理模式,凸显出如管理效率、接班人等问题;

---

① 参见崔励金、陈鸣玉:《越商:"草根"中崛起的创富精英》,《民营科技》2004 年第 5 期。

而家族企业的相对封闭性使他们难以和国际资本对接,视野不够开阔,一定程度上制约了企业做大做强。实践证明,以家族与泛家族关系纽带形成的越商治理模式与内部管理模式造成了诸多管理机制困境。只有充分地认识家族主义文化的负面影响,因势利导适时地突破家族封闭的圈子,超越人格化社会网络交易而进入非人格化的制度性交易,完成从非规范的管理向现代化管理的转化,才能获得更大的发展。

实现以上三大路径,越商必须安上"三颗心"。一是坚忍之心。改革开放三十余年的发展,我们已经进入整顿、消退、反思、转型、重建的特殊阶段。越商要有坚忍之心,"知行知止唯贤达能屈能伸是丈夫"、"三军可夺帅,匹夫不可夺志"。社会上有的人只看到越商的风光,而没有看到越商的艰辛。其实,越商是"劳心者",是市场经济中贡献最大的群体,是人类社会中最需要毅力的职业。"苦其心志,劳其筋骨。"企业要有自己的精神家园,在这个家园里收藏一颗坚忍的心,忍着就是机遇,站着就是尊严,活着就是奇迹,不倒就是志气。在这样的时期,要自知其心,自强其心,自治其心,自净其心,自主其心。二是悲悯之心。只有自利利他,利乐众生,才能增强在市场经济条件下人与人之间的亲和力,消融对个人身心有害的争斗、报复、嫉害、愤怒、仇恨等情绪,防止执著与病态,培育出光芒四射具有强大感染力和人格美的慈善精英。三是智慧之心。企业身处险地,要做到智者不惑,审时度势,处变不惊。只有这样,让越商安上坚忍心——勇者不惧;安上悲悯心——仁者不忧;安上智慧心——智者不惑,才能真正成为新时代的儒商。

综上所述,越地传统的商业文化必须以时代精神加以衡量,取其精华,去其糟粕,不断拓展和提升商业文化的内涵和外延。越商创业的提升只有在继承文化的基础上实现超越,才能适时实现转型。在这一战略转型过程中,越商文化的内涵始终是不会变的,越商赖以生存与发展的地理文化不会变,要变的是扎根于这一"土壤"的企业家,要从"草根性"的企业家转变为高素质并具有战略眼光的企业家①;工商文化传统不会变,要变的是从小工商向大工商的蜕变;家族与泛家族文化不会变,而是因势利导,在家族制企业的基础上引入现代化管理机制。总之,要创造性地传承越商的精神文化内核,审时度势,与时俱进,在新的历史条件下努力实现越商新的超越。

---

① 参见鲁冠球:《著名浙商谈浙商精神》,《浙商》2005 年第 5 期。

第十章 越地经济对文化发展的影响

马克思指出,在现代文明形成过程中,"不但客观条件改变着,例如乡村变为城市,荒野变为清除了林木的耕地等等,而且生产者也改变着,炼出新的品质,通过生产而发展和改造着自身,造成新的力量和新的观念,造成新的交往方式,新的需要和新的语言"①。在推演越地经济发展的历史进程中,以绍兴为中心的古越文化与中原文化水乳交融,形成了具有多元性、包容性和延续性等鲜明区域特色的文化单元。在当代,越文化犹如"核聚能"一样,正在并将不断裂变成巨大的经济创造力、社会凝聚力和文化竞争力。

一、从青铜农具看越人"精勤耕战"的文化品格

长期以来,学者们对古代越人生活地区出土的青铜器评价不高,这是

---

① 马克思:《政治经济学批判(1857—1858 年草稿)》,《马克思恩格斯全集》第 46 卷(上),人民出版社 1979 年版,第 494 页。

因为在这一地区的田野考古中,人们很难找到中原汉人和两湖楚人那样的大型精美青铜礼乐器,而仅有一些体量不大的青铜农具和兵器。的确,如果从器物学的角度或工艺学的角度看,这些农具甚至兵器都无法与大型的礼乐器相比。那么,越人们为什么舍得将青铜时代最珍贵的材料用于制作农具和兵器,而不是像中原及楚地那样制造精美的礼乐器呢? 其实,这种不同的选择背后蕴涵着深刻的文化学含义,表明越人不同于汉人与楚人的文化品格以及这种品格对越人生存及发展的意义。

(一)越人"精勤耕战"的文化品格取决于艰难的生存环境

从文化历史源流来看,越文化是南下的华夏文化与会稽地区的鸟图腾部族文化相结合孕育而成的。我国史籍最早记录越人活动的,是今本《竹书纪年》,周成王二十四年(前1040)"于越来宾"。到公元前6世纪,越人以会稽(今绍兴)为都城建立了越国,一度成为越地乃至更广大地区的政治文化中心,并在公元前5世纪初列国纷争的形势下,从困顿中崛起,在吴越战争中战胜强吴,进而北渡淮河,称霸中原,成为号令诸侯的霸主。越国之所以由一个地处边鄙的小国迅速崛起,发展为国力强盛的"春秋五霸"之一,可以从越人的生存状态及其生发出来的文化品质中找到某些线索。在远古时期,越人生活的区域是一片广阔的沿海平原,由于咸潮卤涩,垦殖困难,他们面临着巨大的生存压力。在长期的争生存、求发展的过程中,逐渐形成了越人富有特色的民族文化。当中原国家大规模铸造精美的青铜礼器时,越人却将青铜这种珍贵的金属材料主要用于制造工具、农具和兵器,这种选择典型地反映了越人在文化品格和价值取向上与中原汉人甚至楚人不同的特质。他们把"耕"和"战"视为国家事务的重中之重。如果说越国兴盛的基础是经济繁荣与军事强大的话,那么,在国力强盛的背后支撑着的,则是越人精勤耕战的文化品格和经济为本的价值取向。

这种文化品格的形成,与越人早期的生存环境与生存状态有关。长期以来,以稻作经济为主体的农业生产,是越人赖以发展的根基。在距今八千多年前的萧山跨湖桥遗址出土物中就有水稻种植的确凿证据。但是随着卷转虫海进,杭嘉湖和宁绍平原成为一片互相联结的浅海。越人的生存环境变得极为恶劣。因此,在无余时期,越人主要生活在会稽山地,尚处于半游牧、半农耕阶段,过着"随陵陆而耕种,或逐禽鹿而给食"的迁徙农业和渔猎相结合的生活。当时的海岸线距会稽山地远较现在为近,广阔而充满诱惑的沿海平原因咸潮卤涩、垦殖困难而变得可望不可及。

(二)越国是越人"精勤耕战"文化品格的集中彰显

对越人具有里程碑意义的转折发生在越王句践时代。句践即位后,出于生存和争霸战争的需要,把国都迁移至山麓冲积扇的平阳,并以此为跳板,最终选择了沼泽平原上一处孤丘较多的地方兴建了句践小城和山阴大城。这意味着越人开始站稳脚跟,山阴会稽沼泽平原的拓殖时代全面开始了,也意味着越国强盛的前景比以往任何时代更充满着可能性。为适应环境而进行的改造和抗争过程,离不开越人精勤耕战的文化品格和先进的生产工具。

越国统治者非常重视发展农业生产,把它看做是国家生死存亡的关键。为了适应垦殖与拓荒的需要,他们用珍贵的青铜制造各种各样的农业生产工具。青铜农具的大量制造使用,为越国开发山会沼泽平原、兴修众多水利工程提供了重要的条件,并使越人的耕作技术出现了质的飞跃。《考工记》在记载粤(越)地时曾说此地"山多金锡,铸冶之业,田器尤多"。这可以从这一地区的考古材料得到证明。从越地出土的遗物来看,越国的青铜和铁制农具可谓品种繁多,包括耨、锄、铲、镰、犁桦、犁沟器、插、耘田器等农具,工具则有斤、凿、锛、斧、削等,其数量之众多和门类之齐全,都是中原地区所无法比拟的。这些农具按其用途可分为起土、除草、收割三大类,大致反映出越国农业"春生、夏长、秋收、冬藏"的生产程序和"精耕细作"生产方式的基本面貌。这些农具在器形、种类和地域分布方面都表现出鲜明的越文化特色,其中最引人注目的是刃部带有锯齿的农具,包括锯齿镰刀和锯齿铜耨等。用青铜或铁制作的锯齿镰刀,器形呈长条形,一端较宽,有些宽端有孔,可装柄,一面有锯齿,背面无纹,锯齿有粗细两种。这种锯齿镰刀设计非常合理,器形小巧而锯齿锋利,收割作物既轻便又快捷,用钝了只需用砺石磨砺背后的平面即可重新变得锋利。创制使用于春秋战国越王句践崛起年代的锯齿铜镰和铁镰,不仅流行于长江下游地区,而且影响到中原地区,成为稻作农业的典型农具。耨是除草的中耕农具,"耨柄尺,此其度也,其耨六寸所以间稼也"①。高诱注:"耨所以耘苗也,刃广

---

① [战国]左丘明:《吕氏春秋·任地篇》,岳麓书社 2006 年版,第 116 页。

六寸,所以入苗间也。"说明了耨的用途。从浙江地区出土的耨来看,其形式可分为三种:一种为无銎锯齿式,器呈"V"字形,无銎,器身一面密布细锯齿,背面无纹;一种为方銎双翼锯齿式,在銎的前端连接着一个三角形的有两翼的锋刃,在锋刃上满布齿槽,锯齿较前者略粗,背面无纹;另一种耨为无栏双翼锯齿式,齿略粗,背面亦无纹。这些刃部制成锯齿的农耕工具在当时无疑是较先进的生产工具,它的使用提高了越人垦拓收割和加工稻谷的能力,为越国的经济繁荣奠定了坚实的物质基础。

为了发展农业,越国还兴建了众多粮食、经济作物和畜牧、水产、盐业等大型官办生产基地,实行集约式的专业生产,重点生产战争急需的粮食、副食品和纺织品。据《越绝书》记载,官办的粮食生产基地有富中大塘、苦竹塘、炼塘等。塘田是越人改造沼泽平原的产物。句践时期,人们在今绍兴县富盛镇富盛村修筑起绵亘十余公里的富中大塘,阻遏了咸潮的入侵,较好地解决了塘田的蓄淡和灌排问题,其工程的规模、配套设施和效益,达到了系统堤防的标准,时间则比黄河流域最早的系统堤防还早一个多世纪。为了恢复国力、积极备战,句践还在今天的上虞市东关镇的山上专门建立了养鸡和养猪的场所,这些山也因此被称为鸡山、猪山。《越绝书》写道:"鸡山、豕山者,句践以畜鸡豕,将伐吴,以食士也。"此外其他官营养殖场所还有养狗的犬山、养鱼的范蠡养鱼池等。这种大型农业生产基地,是越国农业经济的重要组成部分,为对吴战争和争霸战争的胜利奠定了坚实的物质基础。经济繁荣是国家强盛的基石,也是越国能战胜强吴、争霸中原的物质保证。越人脚踏实地地面对现实,务实努力地发展经济,用自己的辛勤与智慧,支撑着国家的强盛。这种以农垦为第一要务的"精勤耕战"的品质,正是越人在艰难中求生存,在困顿中争发展,不断走向强盛和富裕的关键所在。

总之,一个民族在其形成过程中所遇到的困难及其由此引发的思考,会在很大程度上影响这一民族的文化品格的性质与特点。而这种文化品格又会通过人们的行为方式和价值取向影响该民族的历史进程。虽然越人先败于楚,继亡于秦,出现了大规模的流徙和融合,但在越人生活的土地上,一种经济本位的现实主义态度和自强不息的坚韧品质,一直伴随着这片土地上的人们,使这片土地从汉代"火耕水耨"的低迷状态发展到宋明之际的国家粮仓,再从明清时代富庶丰饶的江南市镇,发展到世纪末以来的经济腾飞,实现了中国历史上最具戏剧性的变化。在精神层面上,则出现了强调"事功"的浙东学派。在当今时代,深入人心并正在大力弘扬的"浙江精神"的本质就是一种以经济为本位的现实主义精神,是古代越人耕战传统的延伸与"事功哲学"的拓展。

二、植根于越地经济中的越文化特质

任何一个民族、任何一个地区的社会现代化,都离不开精神动力的支撑。德国著名的社会学大师马克斯·韦伯就曾深刻地揭示出,英国、荷兰等西欧国家之所以能成为现代化的先行者,同这些国家的人们具有的源自新教伦理的一种特殊的文化精神气质有着密切的关系。同样,越文化的孕育生成为浙江的改革与发展提供强大的精神动力,从一个侧面体现了人类精神文明发展演变的历史走向。

"文明形态之所以能够具有生命力,能够发展与延续,能够再生与重建,主要是由其内在的活生生的文化精神或文化模式支撑的。"[①]千百年来,越地先民们以不同凡响的作为,创造和传承了一个底蕴深厚的越文化传统。这种文化传统的独特性,正在于它令人惊叹的富于创造力的智慧和力量。依据文化概念的阐释,越文化是指越地的意识形态,与其意识形态相适应的制度、组织机构及其规范管理下所创造的物质财富和精神财富的总和。它包括物质生产、精神生活、科学技术、思想观念、风俗习惯以及有关的遗迹、遗存,等等。建立在越地经济基础上的越文化源远流长,意韵丰富,内涵深刻。它薪火相传,文脉绵延不绝,积淀了富于地域人文特色的诸多鲜明的文化特征。

(一)坚忍不拔的自主创新性

越文化中富有创造力的基因,早早地再现在其历史源头。亘古之时,越族先民就极具自由的个性,善于变革自己的观念形态。他们从不固守家园,总在不断流徙过程中寻求新的发展空间。

---

① 衣俊卿:《文化哲学十五讲》,北京大学出版社 2004 年版,第 283 页。

一部古越文化史，就是一部越人坚忍不拔、开拓进取的历史。越族先民的自主创新性首先表现在自强不息的进取心，以及对理想的执著追求，对人生价值的实现锲而不舍上。"大禹治水"，"劳身焦思十三年于外，三过家门而不入"，其人格精神已成为中华民族坚强意志与献身精神的理想化身。为了治水，大禹在新婚刚刚三天之时即去家远行，一去十三年，"三过家门而不入"。在治水过程中，他"身劳焦思"，"薄衣室"，"卑宫室"，终于制服水祸。《吴越春秋》里记载了越人的励志经典：句践三年，越王败于吴王夫差。句践夫妇忍辱入吴充当奴仆，为吴王清宫除道，驾车养马，三年如一日。为了进一步取悦于吴王，句践曾亲尝夫差粪便，终得吴王赦免。而句践归国，随即任用贤臣，练习攻战，修筑城池，建造车船，繁殖人口，薄赋轻徭，韬光养晦，结交盟国。"十年生聚，十年教训"，终于击败吴国，一雪丧权辱国之耻。从大禹笃定信念、敬业治水，到句践卧薪尝胆、励精图治；再到钱王保境安民、纳土归宋，直至方孝孺、张苍水刚正不阿、以身殉国。

　　越族先民以耿直著称。他们自主创新的个性特质还表现在敢于创新，锐意进取，不崇尚权威，不墨守陈规，颇具冲决网罗、一往无前的精神气概。对权威的蔑视，源于对理想的执著，由此而生发出勇气和硬气。南宋之际，面对主流文化——程朱理学，叶适的永嘉学派和陈亮的永康学派力倡"事功之学"，强调了学术与事功的统一。明中叶以后产生的阳明心学，更是对传统儒学进行改造，反对拘守经典，提出"吾心之良知，即所谓天理也"，并认为"求之于心而非，虽其言出于孔子，也不敢以为是也"，极大地弘扬了人的主体精神，成为影响全国的大思潮。以后，从明末清初至近代，越地出现了一批启蒙思想大家，如黄宗羲、龚自珍、章太炎、鲁迅等，更具创新精神，他们对封建制度进行了猛烈抨击。浙东学派为越人的创业创新砸开了思想的桎梏，使越人在很长一段时期，从事经商的人群比例大于同期全国其他地区的水平。明朝末年，资本主义经济在浙江地区已初露端倪，商贸繁荣，经济发达。正是在此基础上，黄宗羲等一批具有经世精神的浙东知识分子，开始依据市民社会的生活规则来批判君主专制制度和程朱理学，竭力反映"士、农、工、商"的利益，形成了对于后世具有重要影响的浙东学派和启蒙主义思潮。这是浙东地区发达的商品经济和中华民族经世致用的文化传统相结合的思想成果，很大程度上浙东学派颠覆了传统儒家经典，为越人突破"君子喻于义，小人喻于利"的传统桎梏，挺直腰杆走向工商业铺平了道路。除此之外,越地先民在工艺品制作方面的创新能力也让世人叹为观止,如铜器的精密铸造工艺、铸铁的柔化工艺等。

实现"个体自觉"是现代化进程在人的观念意识中的深刻反映。马克思就曾把传统社会形态向近代社会形态的演变概括为从"人的依赖关系"向"物的依赖性"的转变,认为正是商品经济的发展打破了"人的依赖纽带、血统差别、教育差别",使独立的个体"自由地互相接触"成为现实的可能。① 没有自强自立,自做主宰的自主精神,就不可能成为现实的市场主体。绍兴的改革发展之所以充满活力,就在于计划体制的文化精神遗产的相对稀薄,以及较早的市场化的改革取向,使绍兴人较早地摆脱了"等靠要"心理的束缚,迸发出了强烈的自主意识,从而使千千万万的普通百姓成为现实意义上的市场主体,有力支撑起了浙江经济发展的内在动力机制。同样,没有不断创新的思想观念和精神意向,科技创新、知识创新、制度创新、文化创新等等都将无从谈起。在新的历史时期和社会条件下,越文化开拓创新的特质延续到今天,进一步衍生为艰苦奋斗,知难而进,积极进取,敢于拼搏的文化力量。肇始于20世纪90年代的市场化改革实践,充分激发出了新时代绍兴人的创造性活力,使他们形成了冲破旧观念、旧体制的束缚,努力追求新生活的强烈冲动。在这种力量的支配下,敢于漠视所谓"姓社姓资"的抽象争论,理直气壮地鞭笞教条主义,在传统的计划经济体制外进行创新性实践,坚持"一退三进"的企业改革方略②,以"国退民进、集退民进"为主的企业产权制度改革在全省领先一步,使得绍兴成为民营企业的重要高地,在区域经济社会发展路径上创造了"绍兴模式"③,成为走在改革最前列的弄潮儿,这充分体现了新时代越商所具有的创新勇气和智慧。近年来,在经济社会快速、持续、健康发展的同时,一大批越商正在悄悄崛起,逐步成熟。在全国民营企业500强中,十分天下越商有其一,在浙江民营企业100强中,三分天下越商有其一。

需要指出的是,明清时代,越地经济迅速发展,受教育的士子陡然增

---

① 参见马克思:《政治经济学批判(1857—1858年草稿)》,《马克思恩格斯全集》第46卷(上),人民出版社1979年版,第104页。

② "一退三进"是指国有、集体资产要最大限度地从一般竞争性行业退出,进一步探索公有制多种实现形式,进一步转换企业经营机制,进一步发展非公有制经济。

③ 参见刘孟达、杨宏翔等,《绍兴模式研究》,中国人事出版社2007年版,第138页。

多,而因科举取士在各地实行配额制,众多越地人才无缘由科举晋身仕途,于是相当一部分人转入幕僚队伍,形成独特的"绍兴师爷"景观。"绍兴师爷"在文人笔下以利口机心著称,近于恶谥,其实并不简单。学做"师爷",要抛弃弄惯了的八股文,去熟悉钱粮、刑法等各种实务,还要通达人情世故,练就写公文的好手笔,对习举业的人来说,不啻是脱胎换骨,没有开拓进取精神是做不到的。

(二)海纳百川的开放包容性

文化是代表一定民族特点的,反映其思维水平的精神风貌、心理状态、思维方式和价值取向等精神成果的总和。越地经济的多元化结构,造就了越文化的开放包容性。

自古以来,吴越地域就是一个中原文化、闽粤文化与吴越文化交融汇通之地,离不开博大精深的中原文化的浸润与影响,对异质文化少有排异性,具有十分自然而不勉强的开放兼容气度。早在2400年以前,吴越人的大翼船就安装了要三个人才能掌握的巨大木舵,扬帆远航太平洋,开拓的足迹遍布大岛小屿。春秋时期落后小国吴国与越国,先后称霸诸侯,成功的条件就是不拘一格,广纳贤才。唐宋以降,"甬上四先生"(杨简、袁燮、舒璘、沈焕)、永嘉学派、阳明心学和浙东学派之所以成为大学派,重在兼采各派思想。比如,永嘉学派提出了"以利和义,不以义抑利"的观点,试图把两者统一起来,从而使儒家的学说不至于完全陷入纯讲求个人的心性修养。元明清时期,中国的资本主义萌芽在此孕育,从而使越文化的内涵特别丰富,特性更加鲜明,生命力十分强大,辐射全国甚至海外不少国家和地区,造就了"东南财赋地,江浙人文薮"的嘉年盛世。千百年来,越文化在发展流变之中形成兼容并蓄的传统。诸如黄宗羲的"一本万殊,会众合一"[①]、章学诚的"浙东浙西,道并行而不悖"[②]、全祖望的"广平尝切磋于晦翁,讲贯文献于东莱"[③],以及蔡元培的"兼容并包",无一不是这种传统文脉的历史演绎。

① [清]黄宗羲等:《明儒学案》,《黄宗羲全集》(增订版)第7册,浙江古籍出版社2005年版,第2176页。

② [清]章学诚:《文史通义·史德》,上海古籍出版社1985年版,第161页。

③ 朱铸禹:《全祖望集汇校集注》,上海古籍出版社2000年版,第498页。

越文化本身是一个开放的系统,它具有多领域、多层面和延续性的开放性特征。一是注重外来人才的引进,二是多层次、多渠道、多形式的对外交流,三是不固守家园,开拓进取,寻求新的发展空间。① 它的发端有赖于魏晋南北朝以后的南北文化交融:宋代两浙学术大盛,其主流皆非发源于浙境;阳明心学所以成为大学派,是因为兼采佛老的思想元素。同时,越地处于东南沿海,不仅在明中叶以后就受到西学的影响,而且,由于越地人多地少,且偏于一隅,为开拓生存空间,或实现自己的人生价值,形成了强烈的向外发展的冲动,除了遍布全国的浙籍七子外,还出现了龙游商帮、宁波商帮、绍兴师爷;近代以后,又有大批浙人侨居国外,例如在欧洲著名的青田侨民。此外,由于越地的人文氛围与青山绿水,又以杭州为中心,形成了文化凹地,集聚着大批的文化名人,对越地的社会发展起到了积极的推进作用。总之,悠久而发达的对外贸易经济,以及广泛的跨国文化交流,极大地开阔了越地民众的视野,培育出了乐于接受新事物,兼收并蓄、博采众长的开放性的文化心态。

从封闭走向开放,是现代化变迁过程中社会生活结构发展演变的必然趋势。正是在这样一种"扩展秩序"的发展演变过程中,人们的精神视野变得越来越开阔,闭关自守、夜郎自大和安贫乐道、因循守旧、不求进取的惰性心理越来越普遍地遭到人们的唾弃。长期以来,越人富有一种非常符合市场经济要求的心理素质,那就是敢于和舍得放弃自己原先熟悉的生产方式,大胆地尝试新的生产方式、经营方式;敢于走出自己熟悉的生活环境,前赴后继地走出家门,天南海北地闯荡市场。于是,弹棉花的可以一路弹到拉萨,修伞的足迹可以遍及大江南北,务工经商的更是天涯海角无处不见其身影。"满天飞"已经成为浙江人一种很有特色的生存和发展模式。

(三)不事张扬的内敛世俗性

现代化变迁反映到人的精神层面的一个重要趋向,是社会生活与人的思想观念日趋世俗化。随着宗教权威的式微,大众参与的日趋广泛,以及商品经济和大众文化的兴盛,社会个体不再向往和臣服于宗教僧侣、"劳心者"建构的某种神圣的价值系统,而是根据自己的意愿去追求自己世俗的

---

① 参见刘亦冰:《论越文化的开放性特色》,《绍兴文理学院学报》2003 年第 6 期。

幸福生活。与此同时,市场经济以经济利益作为调动市场主体积极性和创造性的杠杆也从根本上排斥各种乌托邦冲动和坐而论道的行为取向,以实干和巧干谋取实利,是市场逻辑在个体行为上的必然体现。人们由此而逐步摒弃了空想主义、道德理想主义和禁欲主义的冲动,不再受制于"正其谊不谋其利,明其道不计其功"、"君子喻于义,小人喻于利"之类的陈腐观念,而是大胆地追求实利,追求物质生活的享受,并由此而形成了由社会大众而不是少数特殊人物主宰、塑造社会生活的局面。比如,永嘉学派提出:"仁人正谊不谋利,明道不计功,此语初看极好,细看全疏阔。……既无功利,则道义者无用之虚语尔。"①明清以来,随着资本主义萌芽的出现,商业市镇的繁荣,越文化也出现了一种世俗化的趋向。大批文人书生不再一味在科举考试中寻求出路,转而热衷于通俗文学艺术的创作,以满足市民的文化娱乐需求。李渔、洪升、徐渭等都是其卓越的代表。与这种世俗化的市民生活情调相适应,一大批学者顺应商品经济发展的要求,对传统的道德观念进行大胆的反叛,提出了一系列崭新的价值观念。比如,黄宗羲就曾提出:人类社会的理想境界就是人人"各得自私,各得其利"②。他洞悉了人性的本质,认为追求"利己"是天经地义的法则。明代的思想家陈确也公开提出,人的自然欲望是人类社会充满生机和活力的重要根源,"所欲所聚,推心不穷,生生之机,全恃有此"。人欲是不可遏制的,更不可灭绝,"真无欲者,除是死人!"相反,"理在欲中","人欲正当处即是天理"。陈确还勇敢地为私利、私念辩护,提出"有私所以为君子。……彼古之所谓仁圣贤人者,皆从自私之一念,而能推而致之以造乎其极者也"③。肯定人的自然欲望和世俗价值追求的正当性,肯定私利的合理性,这不仅是对传统道德观念的公开否定,而且意味着对合乎商品经济发展和社会世俗化进程要求的新的价值观念与生存方式的诉求。这无疑是越文化走出中世纪的重要思想信号。

绍兴的市场经济发展之所以能先声夺人,就在于生存的压力,以及商业文化传统的熏陶,使绍兴人较早地摒弃了那种耻于言利、羞于经商的陈旧观念,较早地确立起了同市场逻辑相对应的一整套世俗化的价值观念和

① 叶适:《习学纪言序目》卷二十三,中华书局 1977 年版,第 316 页。
② 黄宗羲:《明夷待访录》,中华书局 1981 年版,第 497 页。
③ 《陈确集》卷十一,中华书局 1979 年版,第 1013 页。

行为模式,为绍兴的市场化改革提供了强大的社会动力。在此期间,各级党委和政府也顺应潮流和民意,逐步摆正了自己的位置。从最初以较为宽容和开明的态度默许广大群众为解决自己的生计问题而采取的某些冲破旧体制的举动,到进一步着眼于绍兴改革与发展的绩效而积极支持和引导群众自发性的改革创新,各级党委和政府把党的方针政策同绍兴的实际创造性结合起来,把对上负责与对下负责有机地统一起来,以"三个有利于"标准作为根本的价值取向,逐步形成了"允许试、允许看、允许改",以及"不动摇、不攀比、不张扬、不争论、不气馁"的工作思路,在力所能及的范围内为广大人民群众从脱贫致富,追求自己的幸福生活的世俗愿望出发,大胆地从事改革创新实践,创造了相对有利的社会政治环境。

(四)义利合一的务实功利性

丹纳认为,一个生存于艰苦环境之中的古老民族,其文化性格必然是以讲究"实际和实用"为特征的。他在《艺术哲学》中写道:"为了要生存,……他们没有时间想到旁的事情,只顾着实际和实用的问题。"①古越初民便是一个在极端艰苦险恶环境中生存的民族。越地"处海垂之际","披草莱而邑",洪水与出没丛莽间的虫蛇猛兽相继侵袭为害。他们必须不断辗转迁徙于山陵丘垫间以寻找可供耕种的水土资源,并以简陋的武器入密林猎取兽类以补粮食的不足。鲁迅指出:"其民复存大禹卓苦勤劳之风",正是最精当的概括。越文化性格这一精神特征体现在思想学术界,便是浙东事功学派的出现。他们公开与占据学术正宗地位、以"平时袖手谈心性,临危一死报君王"为事的程朱理学分庭抗礼。即使在理学樊篱内的金华学派吕祖谦,亦以标举"讲实理、育实才而求实用"而跟程朱划开了疆域。他们十分强调以务实功利为道德准则。如刘宗周认为"人心有独体",主张读经书以求吾心,强调"六经"之教皆以阐发人心之蕴,其目的是为了纠正当时不良的学风、士风,通过内省的慎读修养,使人人从善去恶,以解救世道之弊。王阳明是一个事功显赫的学者,他认为:"簿书讼狱之间,无非实学;若离了事物为学,却是着空。"②这反映了一种重视实事实功的精神。他反

① [法]丹纳:《艺术哲学》,张伟译,北京出版社 2004 年版,第 210 页。
② 《王阳明全集》卷一《知行录》中,上海古籍出版社 1992 年版,第 76 页。

对记诵词章之虚文,主张"知行合一",提出"致良知"之说,重视"闻见"之知;他主张踏踏实实,从点滴小事做起,而不要好高骛远,"不通其说,则不可以要其誉",不要图虚名。要长于实践,重视"闻见"之知。黄宗羲明确认为,治学的目的"大者以治天下,小者以为民用",其弟子万斯同也说,"经世之学,实儒者之要务"。这都反映了越人的务实素质。

同时,越地学者还特别强调义利合一、理欲相容,要与平凡的生产生活相联系。叶适主张"以利合义"、"义利并立",陈亮提出"义利双行",并肯定了人的欲望具有天然合理性。王阳明对商人予以相当同情,阳明后学则更有提出"理在欲中"的思想。这些思想因素是本质上务实的根本落脚点。正是在这样的文化底蕴下,越人以善于生产经营著称,在明末清初,最早出现资本主义萌芽;近代以后,宁波帮在上海崛起;改革开放以来,更成为市场大省。

越文化敢于冒险,重利事功的文化个性,在新的历史时期和市场经济条件下,总在不断被充实,不断被发展。讲究实际、注重功利的价值取向,勇于创新、敢为人先的个性精神,善于商谋、智巧灵变的文化品格,必将构成当代浙江人致力于经济发展的更大内在动力。

三、越地经济与越文化的精神底蕴

从根本的意义上讲,上述越文化特质的孕育,与越地独特的区域文化传统有着深刻的内在联系。越地7000年灿烂悠久的文化传统,为越文化特质的孕育、滋生,提供了丰富的精神营养,积淀了深厚的文化精神底蕴。

(一)发达的商业文化与鲜明的功利主义价值取向

越地有着悠久和发达的商业文化传统。在先秦时代,越国的范蠡(陶朱公)、计倪(计然)就曾提出了较为成熟的商业理论。随后的近千年时间,由于远离当时的政治、军事中心,当汉末、魏晋六朝及隋末发生的政治大动乱给中原地区的经济文化带来严重的浩劫之际,越地却相对稳定,社会经济持续发展。到唐代,越地已成为全国工商业最发达的地区之一。两宋以来,越地更一直是全国手工业、商业和国家财政税收来源的中心。工商业的繁荣带动了市镇的发展。唐代的杭州、明州(宁波)均已成为繁荣的商业都市。南宋时期,杭州已成为全国最大、最繁华的商业都市,全市人口达到了100万以上,市民从事的行业达414行之多。明清以来,随着具有资本主义萌芽性质的工商业的蓬勃发展,大大小小的市镇更是迅速发展起来。据史料载,明代以后杭州、湖州、温州等均辖有几十个市镇,小者千户,大者万家以上。发达的商品经济与商业市镇奢华的生活方式一旦成为越地文化历史传统的重要组成部分,就不可避免地对人们的思想观念和行为方式产生了深刻的影响。一个突出的表现,就是浙江人"舍本逐末"、"趋利好贾"。《宋史·地理志》上有关于越人"俗奢靡而无积聚,厚于滋味。善进取,急图利,而奇技之巧出焉"的记载,真切地反映了当时越地老百姓的生活观念与行为方式的特点。工商业以及与之相适应的商业文化的发达,大大削弱了儒家正统的重农轻商、重义轻利的思想观念在越地的实际影响力。

相比于中原文化具有浓厚的伦理文化的色彩,越文化具有突出的经济文化的特征。因而,如果说中原文化的理性更多地体现为实践理性或者说道德理性的话,那么,于越人的理性则带有鲜明的经济理性的性质。具有这种理性意识的人,在日常生活中习惯于按照"经济人"的行为偏好来进行选择。鄙薄空谈,崇尚实干;轻视说教,追逐实利,注重世俗享受,正是他们基本的行为取向。正是在这样的社会意识和社会心理的基础上,涌现出了在中华民族的文化传统中独树一帜,最能代表越文化精神传统的浙东事功学派。这些富有理性主义、功利主义、世俗主义气息的文化精神,与正统文化形成鲜明对照,深刻地反映了越人在自己的生产实践和社会实践中形成了一整套独具特色的价值观念、行为方式与生存性格。

注重实践的思维品性 叶适提出:"夫欲折衷天下之义理,必尽考详天下之事物而后不谬。"[①]他认为:"无验于事者,其言不合;无考于器者,其道不化。论高而实违,又是不可也。"[②]《宋元学案·艮斋学案》说:"永嘉之学,教人就事上理会,步步着实,言之必使可行,足以开物成务。"可见,注重实践确是越地学者相当崇尚的思想性格。

经世致用的精神素养 黄宗羲主张儒者之学当以"经天纬地"、经世致

---

① 《水心文集》卷二十九,中华书局1977年版,第1321页。
② 《水心文集》卷六,中华书局1977年版,第273页。

用为务,明确以"适用"、"应务"作为学问之道的价值准则。叶适强调:"读书不知接统绪,虽多无益也;为文不能关教事,虽工无益也;笃行而不合于大义,虽高无益也;立志不存在于忧世,虽仁无益也。"①陈亮对朱熹要求学者"以醇儒自律"的主张进行了有力的批判,认为人除了要有德(仁义),还要有"才",有"智勇",才能建功立业。吕祖谦也提出:"学者须当为有用之学",认为"百工治器,必贵于有用,器不可用,工弗学也。学也无所用,学将何为学耶?"②这种强烈的事功主义的精神传统,构成了绍兴人"不尚空谈、注重实干、追求实效"的精神素质的重要精神源头。可以说,绍兴人是"脑袋充实,工作做实,钱包殷实"的典范。

义利并重的功利价值 叶适对董仲舒"正其谊不谋其利,明其道不计其功"的主张提出了尖锐的批评,认为其说"初看极好,细看全疏阔",因为"即无功利,则道义者乃无用之虚语耳"。③他反对义利两分,明确主张"以利合义"、"义利并立"。同样,陈亮也提出了"义利双行,王霸并用"的观点。《宋元学案·龙川学案》就曾明确提出陈亮的永康之学与叶适的永嘉之学,"俱以读书经济为事,嗤黜空疏、随人牙垢谈性命者,以为尘埃。亦遂为世所忌,以为颇近于功利,俱目之为浙学"。

工商皆本的价值理念 越地的许多学者基于功利主义的价值取向,对传统的"本末"观念及鄙视商人的价值观念提出了质疑。例如黄宗羲就曾针对"农本商末"的传统观念,针锋相对地提出"工商皆本"的新观念。王阳明则大力倡导"四民平等"的近世观念,提出:"古者四民异业而同道,其尽心焉,一也。士以修治,农以具养,工以利器,商以通货,各就其资之所近,力之所及者而业焉,以求尽其心。其归要在于有益于生人之道,则一而已。"④

崇文尚礼的行为取向 孟德斯鸠在《论法的精神》中指出重商主义的出现使贸易得到了发展,而贸易的发展可以使民众逐渐摆脱以往"野蛮"的风俗而趋于温厚和文明。同样,基于事功重利的价值取向,也使"崇文""尚礼"成为越地民众的主基调。在"崇文""尚礼"文化背景下,一旦在社会生

---

① 叶适:《习学记言序目》卷二十三,中华书局 1977 年版,第 1034 页。
② 吕祖谦:《遗集》卷二十。
③ 叶适:《习学记言序目》卷二十三,中华书局 1977 年版,第 1068 页。
④ 《王阳明全书》卷二十五,上海古籍出版社 1992 年版,第 1863 页。

活中发生了矛盾和冲突,他们就会用这些基本的行为模式,以"家丑不可外扬"的心态,用"大事化小,小事化了"的方式来解决问题,从而维护社会生活的和谐秩序。《叶氏家谱·祖训家风》明文规定:"族内偶有争端,必先凭劝谕处理,毋得速兴词讼。"越地的乡镇就盛行用一种"吃讲茶"的方式来解决民间的纠纷。① "吃讲茶"是个民间切口语,邻里和朋友之间遇到纠纷而不能很快解决时,就"吃讲茶"去。这"吃讲茶"含有"讲""开"算数,以"茶"敬客之义。在绍兴县,凡民间纠纷,当事人必约定于茶馆调解。家族或乡里的长老、族长和士绅围坐一圈,纠纷双方和风细雨,各自循理申述,而后由听者当众仲裁,理亏者付茶钱。在诸暨,曾经是古越文化"尚勇好斗"的主要传承地,但在处理民众之间的纷争时,却并不主张用"武"而是崇尚用"文"的方式来解决,一般采用"诉祖"的办法来处理,即由村中的年长者主持,让当事人双方在祠堂中摆好各色供品,点上蜡烛,而后跪于祖先之前,细说原由,最后由长者予以定夺,无理者在事后需送一只鸡给有理一方,以谓"吉"也,表示和好,此后则依然是"乡里乡亲",仍然得"乡里相帮"。由此,是非得以辨析,冲突能够消弭,而社会可以有序。

(二)独特的文化环境与鲜明的主体性精神

越地区域文化精神传统的一个显著特征,是不靠天不靠地,自做主宰的主体性精神。在长期的生产实践和社会实践中,越地人较早和较多地摆脱了对外部自然与社会共同体(国家与宗法家族)的依附心理,以及对于正统观念和行为模式的盲从心理,形成了依靠自己的聪明才智和坚韧意志去谋求生存和发展的自主精神。面对外部的压力和挑战,越人既不消极沉沦,听从命运的摆布,也很少表现北方燕赵之士那种慷慨激昂的刚烈之气,而是"柔而不屈,强而不刚"②,充分高扬主体的能动精神,充分发挥自己敏于机变和富有韧性的特长,去克服困难,实现自己既定的最终目标。越王句践能屈能伸,为雪大耻、图远志,卧薪尝胆,坚忍不拔,直至最终实现复国灭吴的抱负,正是越人这样一种智慧而坚韧的品质的生动体现。从理论形态上讲,这种自主精神在阳明心学那里得到了最集中的表达。由王阳明集

---

① 参见朱小田:《近代江南茶馆与乡村社会运作》,《社会学研究》1997 年第 5 期。
② 《国语·越语》,上海古籍出版社 1978 年版,第 176 页。

其大成的宋明心学,在人们的思想受到经学和理学的严重禁锢的时代,直指人的本心,主张"心之本体即是天理",将作为外在道德律令的"天理"化作人内心的良知,用"良知"去"知恶知善",从而极大地高扬了人的主体性地位。因为以"吾心"作为万事万物的"主宰",个体就从受"天理"宰制的客体转化成为拥有"天理"的自主者。"吾心"由此成为善恶是非的最高标准,成为每个人心中具有至高无上地位的良知法庭。于是,一切外在权威都因此而丧失了天经地义的神圣性。阳明心学以其鲜明的张扬个体自觉的思想色彩而构成了近世中国启蒙思潮最重要的内容之一。晚明以来出现的个性解放思潮,在中国思想文化史上留下了光彩夺目的一页。这些狂放思潮几乎无不滥觞于对王阳明独信自家良知,提倡"狂者胸次"学说的发挥和改造。① 甚至在五四新文化运动中,心学也仍然是接受和阐释西方启蒙主义思想的最重要的本土思想资源之一。尽管越文化的自主精神传统,并不完全等同于近现代意义上个性解放学说,但它们在精神实质上是相通的。

从越文化发展演变的历程来看,越地是受中原文化同化较晚的地区之一。此前创造的越文化传统的影响,赋予了越文化许多不同于中原文化的个性。尽管南宋时期越地一度成为全国政治、经济和文化的中心,但就长期而言,越地一直处于全国政治与主流文化的边缘地带。越人受到的国家机器和正统意识形态的控制显得相对薄弱,容易形成富有自主性和个性的思想观念与行为方式。自古以来,越地游离于正统主流文化之外的边缘甚至"异端"思想家代不乏人。东汉的王充"不守章句",同当时流行的以董仲舒为代表的神学目的论展开了针锋相对的斗争;西晋的嵇康公然主张"越名教而任自然",对压抑和束缚人性的礼法名教进行了猛烈的批判;宋代以陈亮、叶适为代表的事功学派,则同以程朱理学为代表的主流思想形成分庭抗礼之势;明代王阳明提出的"六经皆史"、"良知良能"、"知行合一"等学说,黄宗羲提出的"无君说",无不是离经叛道的惊世骇俗之论;有清一代,开近代中国风气之先的龚自珍,对专制政治扼杀人才、摧残人性、禁锢智慧的罪恶进行了愤怒的控诉,特立独行的章太炎更是首倡革命的著名精神领袖。直到五四时期,蔡元培、鲁迅、钱玄同等都是对传统主流文化的阴

---

① 参见吴光等编:《王阳明全集》,上海古籍出版社 1992 年版,第 116 页。

暗面进行彻底清算的新文化运动的精英。这些都说明越人的思想观念是比较富于自主性和独立性的。当代绍兴的改革开放实践之所以能打破单纯依靠政府运用行政力量自上而下地推进改革进程的被动局面，形成主要由基层群众，由民间的力量自下而上地推进改革进程的内生型的发展模式，是与绍兴人在求生存求发展的奋斗历程中所形成的富有自主意识的精神传统，及其激发出来的广大人民群众从事创新性实践的积极性、主动性和创造性分不开的。

（三）开放性的社会环境与富于创新的精神活力

越文化特质的一个重要方面是勤于探索，富于机变，敢于创新，勇于开拓。创新的活力来自开放的心灵。只有视野开阔，思想活跃，头脑灵活，不盲从，不迁执，乐于接受新生事物的主体，才能对环境的变迁作出机敏的反应，抓住稍纵即逝的机遇；才能摆脱各种陈旧观念和僵化体制的束缚，大胆地吸取一切有利于改善自己的生存处境，丰富自己的生活的文化成果；才能以敢冒风险、敢闯天下的勇气和超常规的思路，积极从事创新性的社会实践。应当说，越人是比较富于这种精神素质的。从文化历史渊源来讲，越人的这种精神气质与三方面的文化因素有着密切的关系。

海洋文化的传承　越人傍海而居，出海而航的生活环境与生产实践，培育出了他们心胸开阔、富于冒险精神和开拓精神的性格。正如梁启超所说的："海也者，能发人进取之雄心者也。陆居者以怀土之故，而种种之系累生焉。试一观海，忽觉超然万累之表，而行为思想，皆得无限自由。彼航海者，其所求固在利也。然求之之始，却不可不先置利害于度外，以性命财产为孤注，冒万险而一掷之。故久于海上者，能使其精神日以勇猛，日以高尚。此古来濒海之民，所以比于陆居者活气较胜，进取较锐，虽同一种族，而能忽成独立之国民也。"[①]越地浙江早在先秦时代就同朝鲜、日本、印度、大食以及其他沿海省份有贸易往来。北宋时期，杭州、明州、温州都已是全国最重要的对外贸易港口之一。南宋时，杭州、明州（宁波）是全国四大对外贸易口岸之一，对外贸易往来更是盛极一时。元朝统治者在全国七地设

① 梁启超：《地理与文明之关系》，《饮冰室合集·文集之十》，中华书局1989年版，第411页。

立主管对外贸易的机构,其中浙江就独占其四,足见地位之重要。鸦片战争后,宁波被辟为"五口通商"的口岸之一。不久,温州、杭州也相继辟为通商口岸。悠久而发达的对外贸易经济,以及广泛的跨国文化交流,极大地开阔了浙江人的视野,培育出了越地民众乐于接受新事物,兼收并取,博采众长的开放性的文化心态。

移民社会的背景 西汉末年、东汉末年、西晋末年、北宋末年因战乱而引发的北方人口大规模南迁,越地几乎都是北人南渡的首选之地。北人南渡,给越地带来了大规模的人口与文化的融合。据历史资料,在晋末的人口大迁移中,越地的人口增加了近8万户(从西晋太康元年到刘宋大明八年)。在北宋末年的北人南渡期间,越地增加了56万。在杭州等地甚至出现了外来流民远远多于当地土著居民的情形。这种大规模的人口融合,极大地促进了越地经济的发展和文化的融合。伴随大批北方移民涌入越地的,是北方先进的生产技术和文化的广泛传播。从社会心理和文化心态发展的角度讲,这种由人口流动带来的文化融合与碰撞,及其形成的多元价值与文化并存的局面,必然会极大地削弱人们对某一种价值信仰体系的盲从,带来人们思想观念的大解放,形成宽容的文化心态。在文化的交融过程中,人们得以见识和学习各种先进的生产技术和文化成果,得以体验和感知各种不同的价值观念、行为习惯与风土人情,对新事物的敏锐意识,学习的能力,创新的愿望等等都由此得到了增强。越人不默守陈规,有较强的应变能力,正是渊源于这种独特的历史文化背景。

西方文化的熏陶 越地是近现代中西方文化交流的前沿,也是同西方经济文化联系最紧密的地区之一。西学东渐最初是从基督教的传入开始的。地处东南沿海的越地,经济发达,文化昌盛,一直是基督教在华的主要传教区域之一。传教士在传教的同时,也大量输入西方的科学技术和思想文化。在客观上使中国知识分子第一次接触到了全新的西方文化,他们的思想视野由此变得大为开阔。越地也由此成为得风气之先的地区。特别是这一次的西方文化传播,正值越地产生资本主义萌芽,人们的思想观念开始朝着理性化、世俗化、功利化的方向发展的时期,这对于传播启蒙主义思潮,利用西方文化的思想资源突破传统思想的禁锢,加快越人走出中世纪的历程,起到了积极的作用。许多具有早期启蒙思想的学人都是西学的热衷者,如李之藻、杨廷筠对西方科学技术及教育制度的推崇和对西学的译介,黄宗羲对西方科学知识的广泛吸收,朱舜水对西学务求实证的科学精神的倡导,等等。这些对于更新人们的思想观念,开阔人们的视野都产生了积极的影响。鸦片战争以后,随着中国逐步沦为西方列强的半殖民地,西方的政治、经济、文化势力大举入侵中国。这一方面使越地的经济文化发展受到了严重摧残,另一方面客观上也为越地经济文化的发展注入了新的生机。近代工商业的兴起,近代教育的开办,中西人员的往来等等,都使越人较早和较多地接触到了近代商品经济的生产方式和管理模式,接触到了大量同资本主义文明相关的价值观念、思维方式、行为模式及生活方式。

上述具有区域特色的文化精神,经长期的流变和熏陶,已深深地积淀在越地深层的价值观念和行为习惯之中。即使受到一时的压抑,一旦外部环境提供了相适应的氛围,又会重新苏醒和焕发出来。正如美国人类学家克拉克洪和凯利所说:"文化是在历史的进展中为生活而创造出的设计,包括外显的和内隐的,理性的、非理性的和无理性的,在任何特定时间内,这些设计都作为人类行为的潜在指南而存在。"①越商以强烈的脱贫致富的追求,在不同时期对所适应和选择的环境不断地进行了一系列行为的文化设计,使得"绍兴模式"得以不断地创新、发扬以适应新的经济发展的需求。可以说,在今天绍兴的改革发展进程中大放异彩的"胆剑精神"②,在一定意义上就是越地独特的区域文化精神传统的当代体现与升华。

---

① 引自胡潇:《文化现象学》,湖南出版社1991年版,第6页。
② 中共绍兴市委五届三次全体(扩大)会议提出了"卧薪尝胆、奋发图强、敢作敢为、创新创业"的"胆剑精神"。

主要参考文献

1. ［西汉］司马迁:《史记》（全十册），中华书局 1984 年版。

2. ［东汉］袁康、吴平辑:《越绝书》,《中国古代文化全阅读》丛书,时代文艺出版社 2008 年版。

3. ［东汉］赵晔:《吴越春秋》,江苏古籍出版社 1986 年版。

4. ［宋］王十朋:《鉴湖说》上篇,《王文忠公全集》第七卷。

5. ［明］王在晋:《通番》,《越镌》卷二十一。

6. ［清］悔堂老人:《越中杂识》,《浙江地方史料丛书》,浙江人民出版社 1983 年版。

7. ［清］李慈铭:《越缦堂日记》（全十八册），广陵书社 2004 年版。

8. ［清］范寅撰,绍兴市档案馆、绍兴市越文化研究会编:《越谚》（手抄版）,上海古籍出版社 2006 年版。

9. 《绍兴丛书》编辑委员会编:《绍兴丛书·地方志丛编》（1—10 册）,中华书局 2008 年版。

10. 傅建祥、颜越虎主编:《绍兴历史文化丛书》（15 册）,中华书局

2004 年版。

11. 顾颉刚:《古史辨》,朴社 1926 年版。

12. 范文澜:《中国通史简编》,人民出版社 1965 年版。

13. 陈桥驿:《绍兴地方文献考录》,浙江人民出版社 1983 年版。

14. 陈桥驿:《吴越文化论丛》,中华书局 1999 年版。

15. 董楚平等编:《国际百越文化研究》,中国社会科学出版社 1994 年版。

16. 董楚平:《吴越文化新探》,浙江人民出版社 1988 年版。

17. 王建华主编:《中国越学》第一辑,中国社会科学出版社 2009 年版。

18. 马洪路:《中国远古暨三代经济史》,人民出版社 1997 年版。

19. 刘永佶:《经济文化论》,中国经济出版社 1998 年版。

20. 陈安金、王宇:《永嘉学派与温州区域文化崛起研究》,人民出版社 2008 年版。

21. 范金民:《明代地域商帮的兴起》,《中国经济史研究》2006 年第 3 期。

22. 范金民:《明清江南商业的发展》,南京大学出版社 1998 年版。

23. 冯筱才:《在商言商:政治变局中的江浙商人》,上海社会科学出版社 2004 年版。

24. 张海英:《明清江南商品流通与市场体系》,华东师范大学出版社 2002 年版。

25. 川胜守:《明清江南市镇社会史研究》,日本东京汲古书院 1999 年版。

26. 张海鹏、张海瀛主编:《中国十大商帮》,黄山书社 1993 年版。

27. 陈国灿、奚建华:《浙江古代城镇史研究》,安徽大学出版社 2000 年版。

28. 赵靖主编:《中国经济思想通史》(修订本,1—4 卷),北京大学出版社 1991 年版。

29. 魏明孔主编:《中国手工业经济通史》(全四卷),福建人民出版社 1988 年版。

30. 史晋川、罗卫东主编:《浙江现代化道路研究》,浙江人民出版社 2000 年版。

31. 史晋川等:《制度变迁与经济发展:温州模式研究》,浙江大学出版社 2004 年版。

32. 费君清主编：《中国传统文化与越文化研究》，人民出版社 2004 年版。

33. 陶水木：《浙江商帮与上海经济近代化研究（1840—1936）》，上海三联书店 2000 年版。

34. 王孝通：《中国商业史》，商务印书馆 1936 年版。

35. 杜正贞：《浙商与晋商的比较研究》，中国社会科学出版社 2008 年版。

36. 金普森、陈剩勇主编：《浙江通史》（1—12 卷），浙江人民出版社 2005 年版。

37. 徐和雍、郑云山等：《浙江近代史》，浙江人民出版社 1989 年版。

38. 包伟民主编：《浙江区域史研究》，杭州出版社 2003 年版。

39. 沈善洪主编、费君清执行主编：《浙江文化史》，浙江大学出版社 2009 年版。

40. 何福清主编：《纵论浙江》，浙江人民出版社 2003 年版。

41. 秦榆编著：《浙江人的创新思路》，中国电影出版社 2007 年版。

42. 季羡林：《从宏观上看中国文化》，《中华书局成立八十周年纪念论文集》，中华书局 1992 年版。

43. 程恩富主编：《文化经济学》，中国经济出版社 1993 年版。

44. 陈振中：《先秦手工业史》，福建人民出版社 2009 年版。

45. 陈立旭、祁茗田：《文化与浙江区域经济发展》，浙江人民出版社 2001 年版。

46. 陈立旭：《从传统到现代——浙江模式的文化社会学阐述》，中国社会科学出版社 2007 年版。

47. 吕福新主编：《浙商创新——从模仿到自主》，中国发展出版社 2008 年版。

48. 王凤贤、丁国顺：《浙东学派研究》，浙江人民出版社 1993 年版。

49. 陈学文：《龙游商帮研究》，杭州出版社 2004 年版。

50. 樊树志：《明清江南市镇探微》，复旦大学出版社 1990 年版。

51. 林华东：《河姆渡文化初探》，浙江人民出版社 1992 年版。

52. 林华东：《良渚文化研究》，浙江教育出版社 1998 年版。

越文化通论

主要参考文献

53. 姜彬：《稻作文化与江南民俗》，上海文艺出版社 1996 年版。

54. 林华东：《试论河姆渡文化与古越族关系》，《百越民族史论集》，科学出版社 1982 年版。

55. 绍兴市地方志编纂委员会编，任桂全总纂：《绍兴市志》（1—5 册），浙江人民出版社 1996 年版。

56. 傅振照：《绍兴史纲》（全三册），百家出版社 2002 年版。

57. 绍兴县地方志编纂委员会编，傅振照主编：《绍兴县志》（1—4 册），中华书局 1999 年版。

58. 费君清、王建华主编：《海峡两岸越文化研究》，人民出版社 2005 年版。

59. 洪惠良、祁万荣：《绍兴农业发展史略》，杭州大学出版社 1991 年版。

60. 卓贵德、赵水阳、周永良：《绍兴农业史》，中华书局 2004 年版。

61. 黄懿陆：《中国先越文化研究》，云南人民出版社 2007 年版。

62. 王立导：《绍兴民俗风情》，中国文史出版社 2009 年版。

63. 李海平：《江南市镇旅游文化研究》，浙江大学出版社 2008 年版。

64. 刘晓华：《吴山越水的民俗与旅游》，旅游教育出版社 1996 年版。

65. 张荷：《吴越文化》，《中国地域文化丛书》，辽宁教育出版社 1998 年版。

66. 刘孟达、杨宏翔：《绍兴模式研究》，中国人事出版社 2007 年版。

67. 李永鑫、张伟波主编：《越文化研究文集》，中华书局 2001 年版。

68. 李永鑫主编：《酒文化研究文集》，中华书局 2001 年版。

69. 孟文镛：《绍兴越文化》，中华书局 2004 年版。

70. 绍兴市政协文史委编，钱茂竹、何信恩主编：《绍兴茶文化》，浙江文艺出版社 1999 年版。

71. 绍兴市城建委等编，钱茂竹、罗关洲主编：《绍兴桥文化》，上海交通大学出版社 1997 年版。

72. 盛鸿郎：《绍兴水文化》，中华书局 2004 年版。

73. 杨旭主编：《绍兴陶瓷志》，中国美术学院出版社 1995 年版。

74. ［日］斯波义信：《宋代江南经济史研究》，方健、何忠礼译，江苏人民出版社 2001 年版。

75. 马雪芹：《古越国兴衰变迁研究》，《越文化研究系列丛书》，齐鲁书社 2008 年版。

76. 王建华主编：《鉴湖水系与越地文明》，人民出版社 2008 年版。

77. 葛金芳：《南宋手工业史》，上海古籍出版社 2008 年版。

78. 绍兴市越文化研究会编：《越风》，西泠印社出版社 2008 年版。

79. 邱志荣：《绍兴风景园林与水》，学林出版社 2008 年版。

80. 越文化与水环境国际研讨会组委会编：《越文化与水环境研究》，人民出版社 2008 年版。

81. 曹锦炎：《吴越历史与考古论丛》，文物出版社 2007 年版。

82. 吴子慧：《吴越文化视野中的绍兴方言研究》，浙江大学出版社 2007 年版。

83. 朱志勇、李永鑫主编：《绍兴师爷与中国幕府文化》，人民出版社 2007 年版。

84. 李永鑫主编：《绍兴市非物质文化遗产读本》，西泠印社出版社 2007 年版。

85. 祝兆炬：《越中人文精神研究》，百花洲文艺出版社 2006 年版。

86. 绍兴市文物管理局编，宣传中主编：《绍兴文物志》，中华书局 2006 年版。

87. 寿永明主编：《绍兴方言研究》，上海三联书店 2005 年版。

88. 邹志方点校：《会稽掇英总集》，人民出版社 2006 年版。

89. 陈桥驿：《史前漂流太平洋的越人》，《文化交流》1996 年第 22 期。

90. 林华东：《吴越农业初论》，《农业考古》1988 年第 2 期。

91. 林华东：《越国富中大塘和吴塘小考》，《浙江学刊》1988 年第 6 期。

92. 陈立旭：《论文化的超越功能》，《中国社会科学》2000 年第 5 期。

93. 吕福新：《论浙商的"个众"特性——具有中国意义的主体性分析》，《中州学刊》2007 年第 1 期。

94. 张杨：《大禹宗谱与绍兴水文化》，《浙江师范大学学报》（社会科学版）2007 年第 4 期。

95. 朱杏珍：《越商与资本主义精神》，《绍兴文理学院学报》2007 年第 5 期。

96. 肖养蕊：《从陆游诗作看南宋时期绍兴的农业发展》，《绍兴文理学

越文化通论

主要参考文献

院学报》2007 年第 1 期。

97. 高利华：《古老而鲜活的地域文化记忆——论绍兴的非物质文化遗产》，《绍兴文理学院学报》2008 年第 6 期。

98. 李生校：《基于人文特性的越商研究》，《商业经济与管理》2007 年第 7 期。

99. 战明华：《浙商精神宜于支撑经济的长期增长么?》，《社会科学战线》2005 年第 6 期。

100. 张仁寿、杨轶清：《浙商:成长背景、群体特征及其未来走向》，《商业经济与管理》2006 年第 6 期。

101. 李生校、王华锋、娄钰华：《转型与升级背景下的民营企业接班人选择及其实证研究》，《管理学报》2004 年第 2 期。

102. 吕福新：《"浙商":从企业主到企业家的转型研究》，《管理世界》2007 年第 2 期。

103. 陈荣昌：《绍兴农村工业经济发展文化动因的思考》，《绍兴文理学院学报》1999 年第 1 期。

104. 刘亦冰：《论越文化的开放性特色》，《绍兴文理学院学报》2003 年第 6 期。

105. 顾琅川：《古越文化精神研究》，《绍兴文理学院学报》2004 年第 5 期。

106. 潘起造：《浙东学术的地域文化渊源及其文化精神》，《浙江社会科学》2006 年第 4 期。

107. 陈越：《剑与书:越文化模式新探》，《学术月刊》2006 年第 10 期。

108. 张兵：《越文化特征新论》，《云南大学学报》(社会科学版)2004 年第 2 期。

109. 马怀云：《论范蠡的商业经营之道》，《安阳师范学院学报》2006 年第 4 期。

110. 仲富兰、何华湘：《论民俗对于建设绍兴文化水乡的价值》，《绍兴文理学院学报》2007 年第 4 期。

111. 王华锋：《论越文化对越商创业的影响》，《绍兴文理学院学报》2007 年第 5 期。

112. 骆高远、罗守忠、胡恩勤：《绍兴的黄酒文化与旅游》，《经济地理》

2005 年第 5 期。

113. 周露阳、朱杏珍：《绍兴黄酒品牌对越文化的吸纳与超越》，《绍兴文理学院学报》2007 年第 2 期。

114. 项文惠：《试论绍兴师爷与商人、绅士、官吏之关系》，《绍兴师专学报》1991 年第 1 期。

115. 杨永贤：《绍兴地方戏曲与绍兴精神》，《中国音乐》2002 年第 3 期。

116. 宋良：《文化与经济增长关系视角下的越商研究》，《绍兴文理学院学报》2007 年第 5 期。

117. 张佑林：《现代经济增长的文化动力探源》，《财经论丛》2005 年第 2 期。

118. 傅祖栋：《由明清小说中的饮食词看绍兴饮食文化》，《南宁职业技术学院学报》2007 年第 1 期。

119. 王瑾：《越商精神与绍兴纺织产业链升级》，《绍兴文理学院学报》2009 年第 1 期。

120. 陶水木：《绍兴商人与绍兴旅沪同乡会》，《绍兴文理学院学报》1999 年第 1 期。

121. 周露阳：《越文化困境与绍兴黄酒品牌国际化》，《绍兴文理学院学报》2008 年第 10 期。

122. 章剑鸣：《浙商文化的历史探源》，《广西社会科学》2005 年第 11 期。

123. 李正爱：《鱼稻文化对江南城市生活的影响》，《江苏社会科学》2006 年第 4 期。

124. 郑士有：《稻作渔捞的生产方式与吴越文化的个性特征》，《浙江学刊》1989 年第 3 期。

125. 陆红权：《江南文化精神与长三角地区经济发展》，《经济师》2006 年第 8 期。

126. 张佑林、陈朝霞：《区域文化精神与区域经济发展的理想思考——兼论"浙江工业化模式"的形成机理》，《浙江社会科学》2005 年第 3 期。

127. 朱杏珍：《基于越文化视角的绍兴市文化产业发展研究》，《绍兴文理学院学报》2008 年第 5 期。

主要参考文献

后　记

本书是浙江省哲学社会科学重点研究基地——省"越文化研究中心"重点课题《越文化通论》子项目的研究成果。

抚摸着即将付梓的厚厚一叠书稿，我们感慨良多。一年多前，我们酝酿写这本书，是肇始于对越地经济文化的酷爱和冲动。但是，在写作过程中的艰辛却大大出乎意料。也许不敢相信，本书已是三易其稿。凑巧的是，在电脑键盘上的最后一个字，居然是和虎年的钟声一起敲响的。至此，我们惴惴不安的心才总算有了着落。

记得一位伟人曾经说过：如果说我比别人看得更远些，那是因为我站在了巨人的肩膀上。是的，本书之所以能够如期付梓出版，得益于绍兴文理学院党委书记王建华教授、校长叶飞帆教授的鼎力支持，得益于绍兴文理学院越文化研究院领导的悉心指导，正是他们的重视和帮助，更激发了我们的热情，增强了我们的信心。本专题的深入研究，除了汲取了越地浩如烟海的历史文献中的营养外，也得益于我省陈桥驿、董楚平、林华东、费君清、史晋川、金普森、陶水木、吕福新，以及我市任桂全、孟文镛、盛鸿郎、傅振照、阮庆祥、裘士雄、顾琅川、吴国群、邹志方、钱茂竹、陈荣昌、陈越、洪惠良、卓贵德等地方文史专家、区域经济专家的无私奉献。我们参阅和引用了他们许多相关的研究成果。正是他们的辛勤劳动，更丰富了我们的知识，拓展了我们的视野。特别值得一提的是，省、市以及绍兴文理学院图书馆为我们提供了大量参考资料；学术界不少亲朋好友也提出了诸多宝贵建议。人民出版社的陈来胜先生也为本书的出版做了大量工作。在此，我们一并致以最诚挚的感谢。我们还应当特别感谢两位作者的爱人高雅芳女士、寿清和女士，如果没有她们的关心、理解和支持，我们俩的研究成果是根本不可能顺利问世的。

诚然，经济与文化互为研究视角去探究一个区域，是一种崭新的逻辑思维。迄今为止，国内学界尚没有有关越地经济文化方面的专门论著。我们在为此而感到由衷的激动和兴奋之余，也是怀着忐忑不安的心情匆匆搁笔的。本书作为越地经济文化的研究，只是尝试性的，是极其粗浅的。由于作者所知非常有限，加之时间仓促，拙著中疏漏、遗憾乃至谬误之处肯定在所难免，谨请读者不吝赐教。

作　者

2010 年 2 月 20 日

越文化通论

· 249 ·

后记